criminal justice
and scholars' mission

刑事正义与
学者使命

中国人民大学出版社
·北京·

序

    2016 年春节期间，在一个"城中二月不知春"① 的晚上，闲坐在书桌前随意浏览电脑中储存的过往文档，却发现近十多年来，自己在有关报刊上曾发表数十篇涉及各类法律问题的小品文，还有诸多重要会议的发言或演讲、对实务部门的咨询答疑，以及接受新闻媒体访谈的文字记录，其中很多内容以前尚没有公开发表过。于是，脑海中闪过一个念头：何不把这些文稿结集出版呢？如果公开出版，既是对自己过去某些方面思考的审视与总结，也可以让读者诸君了解我在一些法律问题上的见解与立场，并可接受大家的议论与评说——无论是赞赏的还是批评的，我都会真切期待。正是在这种想法的驱使下，我利用节假日时间，对本书文稿进行了系统整理。

    本书汇集了我以不同形式，在不同场合，零散发表的主要针对刑事法问题的一些"散论"，其中也包括若干篇非刑事法问题的评论或会议发言。全书分为三个部分：一是"法事评论"，该部分主要收集了我发表在有关报刊上的一些评论文章和在部分重要会议上的评论发言或演讲。之所以将该部分名之曰"法事评论"，是因为这些评论多数涉及的是当时社会关注度较高的热点法律问题或法律事件（也有若干篇学术性短评）。文稿所涉内容，绝大部分更大程度上具有鲜明的实践特性。考虑到本书的"散论"性质，我在诸多大学或司法机关等部门所做的专论性讲演文稿② 均未收入其中。二是"咨询答疑"，本部分乃是针对有关

---

① 出自宋代诗人苏辙"送陈安期都官出城马上"诗文：城中二月不知春，唯有东风满面尘。归意已随行客去，流年惊见柳条新。簿书填委休何日，学问榛芜愧古人。一顷稻田三亩竹，故园何负不收身。见《唐宋八大家全集》卷五，4723 页，北京，国际文化出版公司，1998。

② 在过去十多年中，我曾经应邀到中山大学法学院、中南财经政法大学法学院及刑事司法学院、国家检察官学院、国家法官学院、武汉大学法学院、华中科技大学法学院、西南大学法学院、四川大学法学院、西北政法大学法学院、清华大学法学院、中国政法大学刑事司法学院、北京外国语大学法学院、南京财经大学法学院、东南大学法学院、苏州大学法学院、上海财经大学法学院、同济大学法学院、吉林大学法学院、山东大学法学院、山东政法学院、中央司法警官学院、湖南大学法学院、贵州民族学院法学院、中央民族大学法学院、海南大学法学院、暨南大学法学院、广州大学法学院、河北大学法学院、郑州大学法学院、河南财经大学法学院、河南大学法学院、南昌大学法学院、江西财经大学法学院等四十多所大学做学术讲座。此外，还到一些司法机关、律师协会等部门做过专题讲座。由于这些讲座内容与本书趣旨并非相同，故均未收入。

立法、司法、执法部门提出的疑难问题作出的书面答复，或者是参加这些部门讨论会议时准备的书面发言文稿。过去十多年中，我参加了立法、司法、执法部门诸多实务问题的研讨，本部分记录了我对一些疑难法律问题发表过的独立见解。三是"刑事访谈"，本部分主要是我接受有关新闻媒体访谈时，针对涉及的刑事问题提出的个人见解或看法，或者是向采访的记者就某个问题作出的书面答复。

也许本书并非一部严格意义上的学术专论，但是，它还是从不同方面反映了作者在一些法律问题上的学术立场或观点。由于法律理论的复杂性和多元性，持不同学术立场的学者完全可能就同一问题提出与他人不同甚至相反的看法。所以，本书涉及的法律问题，仅仅是作者在特定时空对某一问题的思考，纯属个人的一己之见或一时心得。为了保留文稿真实性，本次出版时，只对某些字句作了修改，而没有改变文稿的观点和内容。对于涉及已有新的立法或司法解释变化的内容，读者需要联系当时的立法或司法背景来解读。

虽然煞费苦心，试图给本书配上一个雅而得体的书名，最终却还是难以遂愿。在与本书责任编辑方明先生反复磋商之后，干脆将书名名之曰——《刑事正义与学者使命》。之所以如此，因为"刑事正义"（criminal justice）乃是全部刑事法学与刑事司法所追求之目标，也是我国"全面推进依法治国"的应有之义，而本书涉及的课题，绝大多数围绕刑事问题而展开。故以此命名，基本上可谓名实相副。至于"学者使命"，当然是客观中立地执着追求学术真理并推而广之。如果学者丧失了学术自由与中立的立场，则学者也就失去了独立存在的意义！在国家司法改革如火如荼进行、民情舆论之诉求复杂而多样、学术却越来越攀龙附凤而功利之风盛行的当下，呼唤刑事正义、关注民情舆论、践行学者使命，我想这或许应该是每一个法律学人应有的情怀吧。

让我们再次重温被尊为中国传统知识分子最高理想的宋代鸿儒张载的名言："为天地立心，为生民立命，为往圣继绝学，为万世开太平"，而中国古代思想家的此种思考，不是正好与法国思想家拉贝莱（Rabelais）"学术无良知是灵魂的毁灭，政治不道德是社会的毁灭"之警世呐喊有着异曲同工之妙？

是为序。

谢望原

于人民大学明德法学楼 918 室

2016 年 6 月 11 日

目录
Contents

三、刑事访谈　191

1. 司法正义、民情舆论与学者使命

（本文是《许霆案的深层解读：无情的法律与理性的诠释》的序，其基本内容曾发表在 2008 年 5 月 13 日《法制日报》）

一

古希腊哲学家柏拉图曾经把城邦的正义与智慧、勇敢、节制联系起来加以阐释，认为一个"完善"的城邦（国家）必然是一个具有各种美德的城邦，而这些美德包括"智慧（wisdom）""勇敢（courageous）""节制（temperance）"和"正义（justice）"；正义虽然是最后发现的美德，但却是建国的基础，其基本精神乃是"每个人必须在国家（城邦）里执行一种最适合他天性的职务"，也就是"只做自己的事不做别人的事"，"只有正义最能使城邦至善，最能维持城邦的秩序与和谐"①。虽然现代意义上的"正义"与古希腊时代的"正义"并非完全同一，但是关于正义的本质和起源仍然可以理解为：国家为了平衡各方利益"制定出公认的法律，以使每一个人尽可能地多获利而少受害"并"把守法与践约叫合法、正义的"②。这也就是为什么人们常说法律乃是正义的化身或者法律就是正义的同义语。似此，那么司法正义就是指法律执行或者适用的正义。当然，此乃在法律是正义的前提下讨论司法正义。

有必要说明，由于司法正义的内涵与外延过于宽泛，在一篇短文里不可能面面俱到，故本文仅仅论及刑事司法过程中定罪量刑问题。司法正义要求国家公平

---

① ［古希腊］柏拉图著，郭斌和、张竹明译：《理想国》，147、152、154 页，北京，商务印书馆，1986。
② 王乐理主编：《西方政治思想史》第一卷，140 页，天津，天津人民出版社，2006。

或公正地保护刑事诉讼中各方主体的合法利益。理所当然，在刑事诉讼中处于主导地位的国家代表——法院及其法官，应当视刑事法律为至高无上的行为准则，正如古罗马学者西赛罗所言：法官是法律的奴隶，法官只服从法律，从而始终秉持法律的正义精神，公平、公正地履行司法职责，有效保护国家、被告人以及被害人的合法利益。对于司法正义而言，其关键点在于：忠实于法律的正义精神，不受任何干扰地保障法律面前人人平等！质言之，法院及其法官应当以其对法律的忠贞，本着基于其专业素养的良心与德性，确保法律的正确理解与适用。

在刑事司法领域，司法正义对法院及其法官的基本要求可以概括为如下三个步骤：首先，准确界定案件事实，确认被告人的行为是否违反刑法禁止性或命令性规范，确定是否应当追究其刑事责任；其次，在有必要追究刑事责任的前提下，正确理解刑法对被告人违反禁止性或命令性规范的规定，亦即准确把握被告人行为所触犯的具体刑法规范；再次，在罪刑法定的前提下正确解释刑法的具体规定，并将其恰当地适用于被告人。一般而言，对于那些没有争议、事实清楚、证据充分的案件，司法正义的实现并不困难。此种情况下，法院及其法官一般都能正确理解和正确适用法律，因而能够给被告人、被害人乃至社会以公正的感受。问题在于，当案件事实虽然清楚，但是定性产生严重分歧从而影响刑罚轻重时，如何才能保证司法正义？我以为，此种情况下应当坚持"有利于被告原则"。我之所以持此种见解，其理由完全出于司法正义与人权保障的考量——当个人面对国家刑罚权时，个人是无法抗衡国家无比强大的刑罚力量的，如果此种情况下任凭国家对犯罪人选择不利的刑事制裁，显然有违司法正义理念；因此，为了避免过分危及公民个人权利，国家有必要以宽大为怀的胸襟处置犯罪，而不必斤斤计较是否会让犯罪人占了便宜！这种刑事司法立场不但符合司法正义的精神，且乃当今世界主流国家刑事司法价值取向的已然趋势。

二

无须讳言，民情舆论对于国家刑事司法正义与否具有重要影响力，古今中外，概莫能外。古人云："国人皆曰可杀，然后察之；见可杀焉，然后杀之。"[①]用今天的话来说就是——如果国人认为被告人确实可杀，就应该杀了他。就中国情况而言，这实在是民情舆论影响司法正义与否的法文化传统来源。在现实生活

---

① 《孟子·梁惠王下》。

中，民情舆论影响刑事司法的实例屡见不鲜，对于实现司法正义发挥了重要作用。这里仅举一例：1997 年 8 月 24 日晚，原郑州市某区公安分局局长张金柱酒后驾车沿人行道逆向行驶，撞上一对推自行车行走的父子。11 岁的孩子不治身亡；父亲和自行车被卷在车下，拖行长达 1 500 米，致使全身大面积挫伤，但最终被治愈。8 月 25 日，当地《大河报》率先报道了这一惊人血案，之后又做了连续报道。8 月 26 日，时任河南省委书记的李长春、郑州市委书记王有杰等省市领导要求有关部门对此事件尽快严肃查处，决不姑息。8 月 27 日，郑州市公安局金水分局将涉嫌交通肇事的张金柱刑事拘留。同日，金水区检察院以涉嫌交通肇事罪批准逮捕张金柱。10 月 13 日晚，中央电视台《焦点访谈》播出"8.24"血案的重大新闻，引起社会强烈反响。10 月 16 日，河南省公安厅长王民义在纪律作风整顿广播电话会上说：张金柱恶性汽车肇事案是近几年罕见的民警违法违纪犯罪案件，令人发指，天理国法难容：谁对不起人民群众，我们就对不起谁！12 月 3 日，郑州市中级人民法院开庭审理此案。检方认为张金柱不仅构成交通肇事罪，而且构成故意伤害罪。理由是张金柱撞人后还能驾车回到自己的顺行道上，并在围追堵截的情况下驶过一座桥，一个十字路口，三个丁字路口，能在障碍物前主动停车，在被打了一耳光后说犯了法也不应该挨打，所有这些都表明张金柱是有清醒意识的，由此推断他应当知道车底下拖着人，并得出他有伤害故意的结论。法院最终认定这两个罪都成立，并判处张金柱死刑。① 张金柱的最后归属也许是罪有应得，但谁又能否定张金柱被判死刑不是受到了民情舆论影响的结果呢？民情舆论影响刑事司法审判的情况在国外也时有所见。如德国的"网络杀人案"。2002 年 12 月，德国警方接到报警后搜查了计算机专家麦维斯的家，在其院子里找到一具尸骨，并在他家的冰箱里发现几包还未被吃掉的人肉。德国卡瑟尔法院以"杀人罪"正式开庭审理此案。庭审中被告人称被他吃掉的工程师是他在网上结识且主动献身的。他还用录像机记录下了杀人和肢解的全过程。在两个多月的庭审过程中，检察官认为麦维斯是"谋杀"，应处以十五年监禁；辩方律师则坚称麦维斯是"应他人要求杀人"，并非"谋杀"，所以最多只能判五年刑。2003 年 1 月 30 日，德国卡瑟尔法院作出裁决，判处德国首位

---

① 参见 http://blog.chinaunix.net/u/28256/showart_219232.html，访问日期：2008 年 5 月 1 日。

食人犯麦威斯八年零六个月徒刑。① 迈维斯案第一审判决公告后，在德国立即引起轩然大波，社会舆论对该荒唐判决口诛笔伐，在强大的社会舆论压力下，2006年1月，德国联邦法院决定推翻此案，并由法兰克福地方法院重审，最终以谋杀罪判处迈维斯终身监禁。② 可见，西方的刑事司法也会受到民情舆论的重要影响。故而可以得出结论：当下仍被热议的许霆案因民情舆论影响而重审改判实在是十分正常的事情。

毋庸置疑，国家司法机关有必要充分考虑民情舆论对实现司法正义的积极价值。然而，由于民情舆论很多时候可能具有非理性、情绪化的冲动特性，因而具有不可避免的负面价值，为此，刑事司法决不能人云亦云的总是附和乃至自觉一味追随民情舆论！否则，刑事司法将会成为社会舆论的工具而丧失其应有的独立性与公正性，乃至动摇其权威性！因此，善于拒绝某些不恰当的民情舆论影响，使刑事司法免遭不当民情舆论影响，这也是实现司法正义的必然要求。在此方面，美国纽约三警察射杀肖恩·贝尔案的审判值得回味：纽约皇后区法院法官阿瑟·库珀曼 2008 年 4 月 25 日宣布，警员迈克尔·奥利弗（36 岁）、杰斯卡德·伊斯诺拉（29 岁）所受一般杀人罪和其他指控均不成立，警员马克·库珀（40 岁）所受因疏忽使他人置身危险的指控也不成立。这三名警察在 2006年曾向一位手无寸铁的市民射击 50 枪致其死亡，遇害者当时用手伸向口袋去拿什么东西。美国纽约皇后区地方法院经审理认为，被指控的三名纽约警察无罪，其行为符合正当防卫成立要件。③ 尽管纽约的法院受到了来自于民众（特别是黑人群体）的巨大压力，但是法院还是坚持了该州关于正当防卫认定的法律标准。此种坚持法律原则的刑事司法立场无疑符合司法正义的要求，并且值得我们研究借鉴。

三

法国学者拉贝莱曾经指出："学术无良知就是灵魂的毁灭，政治无道德就是社会的毁灭。"④ 那么如何以其良知和学识促进司法正义则是每一个法律学者的历史使命。换言之，社会之所以需要法律学者，是因为他们能够为社会的发展进

---

① 参见 http://www.jcrb.com/n1/jcrb347/ca195726.htm，访问日期：2008 年 5 月 1 日。
② 参见谢望原：《中国刑法学研究向何处去？》载 2007 年 8 月 1 日《检察日报》。
③ 参见 http://www.ycwb.com/news/2008-04/27/content_1873877.htm，访问日期：2008 年 5 月 1 日。
④ ［法］路易斯·博洛尔著，蒋庆等译：《政治的罪恶》，封面引语，北京，改革出版社，1999。

步创造并提供有价值的法律思想，能够为司法正义的实现提供理论支持。就一个真正的刑事法律学者而言，他不仅应当精通自己的刑事法律研究领域的基本理论，还应当了解其所在国的国情民意且熟悉刑事法律的实践事务，同时还应当具有同情心、正义感和诚实正直的品格；他应当从国家刑事法制的大局出发，以其可信赖的学养推动刑事司法正义的最大化；他不应当为了一己之私坚持某种学术偏见而无视司法正义；他更不应当迎合某种不符合法律理性的纯功利主义价值选择，而将法学研究和刑法解释论引入误途；……德国哲学家费希特在谈到学者的责任时曾经指出："严肃热爱真理是学者的真正道德。他们应当确实发展人类的知识，而不是愚弄人类。他们应该像一个有道德的人那样，忘怀于这个目的。"①尽管东西方文化哲学根基及其传统存在巨大差异，但是关于学者的使命与责任的理解却有殊途同归之妙——当代中国学者所承担的使命与责任正是：清平自在，富贵不淫，威武不屈，秉持学术客观、公允、中立、批判之精神，为维护和促进中国社会进步与繁荣而履行其道德义务，奉献其良心与良知！关于这一点，在许霆案引发的思考方面，已有足够体现。

2. 言论自由的法律边界：不得诽谤中伤他人

（原载 2013 年 9 月 12 日《人民日报》）

一段时间以来，由于种种复杂原因，国内信息网络上各种不实言论——甚至公然诋毁、中伤他人的信息甚嚣尘上，严重侵犯了相关公民的权利，损害了国家或社会整体利益。因此，为了严密刑事法网，有效打击与防范利用信息网络诽谤、中伤他人的犯罪，最高人民法院、最高人民检察院联合发布了《关于办理利用信息网络实施诽谤等刑事案件适用法律若干问题的解释》（以下简称《解释》）。这一《解释》对《刑法》第 246 条规定的有关诽谤罪的认定标准与本罪在何种情况下将由亲告罪转化为公诉罪做出了明确规定，为司法机关正确处理本罪提供了切实可行的指南。

一、言论自由要坚守法律底线，恶意诽谤他人必须承担责任

法治国家毫无疑问赋予公民充分的言论自由。但即便如此，这并不意味着我

① ［德］费希特著，梁志学、李理译：《伦理学体系》，347 页，北京，中国社会科学出版社，1995。

们可以随心所欲地发表任何不负责任的言论。西方国家奉行的一条著名法律原则——"相邻原则"（neighbour principle）即要求：人们有义务必须保持必要的注意或谨慎，以免以可预见的作为或者不作为伤及四邻。其基本含义可以解读为：公民虽然依法享有意思自治的权利，但是人们在行使意思自治权的同时必须履行高度的注意义务或谨慎义务，不得以自己能够预见的行为（包括发表言论的行为）损害他人的权利。就言论自由而言，我们在充分享有发表个人意见高度自由的同时，必须自觉遵守国家法律为言论自由设定的底线——这就是任何人都不得以行使言论自由权为由而侵害他人的权利！正因为如此，绝大多数国家刑法均规定有"诽谤罪"。例如，英国《诽谤罪法》第4条规定：明知诽谤内容虚假而恶意发布诽谤信息的，构成诽谤罪，处在普通监狱或者矫正所服不超过两年的监禁刑，并处罚金。又如《丹麦刑法典》第268条规定：恶意指责他人或者扩散指责内容，若行为人没有合理理由认为其具有真实内容，则构成诽谤罪，应当处以不超过两年之监禁……

与大多数国家一样，我国《刑法》第246条第1款也规定了诽谤罪。该款规定：捏造事实诽谤他人，情节严重的，处3年以下有期徒刑、拘役、管制或者剥夺政治权利。诽谤罪的行为要件乃是"捏造事实诽谤他人"。为了正确认定利用信息网络实施的诽谤犯罪，《解释》第1条明确规定，具有下列行为之一的，应当认定为"捏造事实诽谤他人"：（1）捏造损害他人名誉的事实，在信息网络上散布，或者组织、指使人员在信息网络上散布；（2）将信息网络上涉及他人的原始信息内容篡改为损害他人名誉的事实，在信息网络上散布，或者组织、指使人员在信息网络上散布。该条第2款还规定：明知是捏造的损害他人名誉的事实，在信息网络上散布，情节恶劣的，以"捏造事实诽谤他人"论。与其他国家刑法关于诽谤罪的规定相比，我国《刑法》规定的诽谤罪一个显著特点就是——只有"情节严重的"诽谤行为才构成诽谤罪，而一般的诽谤行为只能作为民事侵权或行政违法行为处理。何谓"情节严重的"？长期以来，这一直是诽谤罪认定中的一大难题。现在，《解释》第2条明确地将下列四种利用信息网络诽谤的行为规定为"情节严重的"诽谤行为：（1）同一诽谤信息实际被点击、浏览次数达到5 000次以上，或者被转发次数达到500次以上的；（2）造成被害人或者其近亲属精神失常、自残、自杀等严重后果的；（3）二年内曾因诽谤受过行政处罚，又诽谤他人的；（4）其他情节严重的情形。虽然这是专门针对利用信息网络进行诽谤的违法行为作出的规定，但无疑也为司法机关认定其他形式的诽谤行为提供了重要参考。由此可以得出结论：凡是利用信息网络恶意发表诽谤他人信息，达到前述四项标准之一的，均构成诽谤罪，行为人必须承担相应的刑事责任。

二、亲告罪或公诉罪：诽谤罪告诉主体之界分

我国《刑法》将诽谤罪主要定性为"告诉乃论"的犯罪——即亲告罪。正如《刑法》第246条第2款规定："前款罪，告诉的才处理，但是严重危害社会秩序和国家利益的除外"。由于我国《刑法》规定了一个除外条款——即"严重危害社会秩序和国家利益的除外"，这就意味着，严重危害社会秩序和国家利益的诽谤罪，完全脱离了亲告罪的范畴而具有了公诉罪的独立性质，其告诉主体不再是个人而是国家的公诉机关——检察机关。如此，我国的诽谤罪的告诉主体就一分为二：《刑法》第246条第1款规定的一般诽谤罪，只能由被害人、法定代理人、近亲属提起告诉；而第2款规定的"严重危害社会秩序和国家利益的"诽谤罪，其告诉主体则是检察机关。换言之，作为亲告罪的一般诽谤罪的告诉权只能由被害人方面行使；而作为公诉罪的"严重危害社会秩序和国家利益的"诽谤罪的控告权则由检察机关行使，被害人自己将无权干预此类诽谤罪的起诉与否。

无论是刑法理论上还是司法实践中，对于哪些诽谤行为属于"严重危害社会秩序和国家利益的"，长期以来理解上存在诸多分歧，没有形成共识，此种局面十分不利于检察机关主动介入诽谤罪的诉讼程序，也就无法有效发挥检察机关在打击与防范诽谤罪方面的积极作用。为了解决这一问题，《解释》第3条专门针对《刑法》第246条第2款进行了解释：利用信息网络诽谤他人，具有下列情形之一的，属于"严重危害社会秩序和国家利益"：（1）引发群体性事件的；（2）引发公共秩序混乱的；（3）引发民族、宗教冲突的；（4）诽谤多人，造成恶劣社会影响的；（5）损害国家形象，严重危害国家利益的；（6）造成恶劣国际影响的；（7）其他严重危害社会秩序和国家利益的情形。

毋庸置疑，"两高"及时发布的《解释》，既为当前认定利用信息网络实施的诽谤犯罪提供了科学的、操作性极强的指南，又为检察机关积极主动地对"严

重危害社会秩序和国家利益的"诽谤行为行使检察权提供了司法根据。不过，这里有必要指出，在具体认定诽谤行为是否构成诽谤罪的过程中，必须坚持主客观相统一的犯罪构成理论准则。这就是务必坚持诽谤罪的成立，必须是行为人主观上具有诋毁、中伤他人的意图或目的，客观上实施了散布有损他人人格、名誉等方面信息的行为。对于那些出于维护国家或社会公共利益目的，提出的监督、批评性意见或报道，即使有失真实，也切切不可以诽谤罪论处。

3. 中国刑法学研究向何处去

（原载 2007 年 8 月 1 日《检察日报》）

自清末西学东渐以来，中国的人文社会科学日益受到西方社会科学的深刻影响。其中，发端于欧洲的马克思主义理论与学说对中国的影响更是到了无与伦比的程度。就刑法制度与刑法学而言，延续了数千年并一度对世界产生过重要影响的封建中华王国的刑法制度及其理论，随着满清王朝的覆灭而成为明日黄花，代之而起的是掺和着西洋或东洋刑法思想的刑法制度的诞生。及至新中国成立之后，民国时期几经反复建立起来的法律制度与学说（当然包括刑法制度与刑法学）又因为阶级斗争的需要而被扫进了历史的垃圾堆，前苏联的刑法制度与刑法学则被直接移入中国。虽然因为政治历史原因而曾经使中国刑法立法和刑法学研究在 30 余年的时间里基本停顿，但是自上世纪 70 年代末以来，随着民主与法制建设的复兴，中国的刑法立法与刑法学研究在过去近三十年中已经取得举世瞩目的成就——不仅刑法立法的繁荣已经造就了较为完备的刑法制度，而且刑法学的理论体系也逐渐形成。在此种背景下，中国刑法学界关于刑法学理论体系的思考出现了若干新的动向。

一方面，有些中青年学者不满足于中国当前刑法学的研究现状和刑法学理论的不成熟，主张彻底扬弃来源于苏俄刑法学的四要件犯罪构成理论，直接引入德日刑法学犯罪成立的三要件理论，并在此基础上重构中国刑法学的理论体系。另一方面，有些学者则认为现行中国刑法学的理论体系（特别是四要件犯罪构成理论）并无大碍，完全可以在体系内进行完善性研究，没有必要彻底推倒已经建立起来的中国刑法学理论体系。毫无疑问，这些关于中国刑法学理论体系的思考虽然学术立场有所不同，但都是极具使命感的有识之见。此种不同学术立场的观点之争既打破了刑法学研究的沉闷局面（中国刑法学研究实在太缺少学派之争了），又提出了一个令人深思的中国刑法学研究与发展方向问题，这就是：中国刑法学研究究竟应当向何处去？对于这一重大问题，应当引起中国刑法学人的热切关注。这里，我仅发表以下未必成熟的几点个人看法：

第一，中国刑法学研究及其理论体系的构建，应当符合我国国情，应当具有中国特色，完全照搬照抄他国刑法学理论并不可取。中国是一个具有 5 000 年文明史（其中当然包括法律史）的古国，有近 14 亿人口，有 56 个民族，无论从历史的层面还是从现实的视角来看，中国没有理由没有自己的刑法学理论体系！中国刑法学经过近三十年的研究发展，已经初步建立起有自己特色的刑法制度和刑法学理论，刑事司法实务部门已经完全接受并熟练运用已经建立起来的刑法学理论，如果彻底扬弃现有刑法学理论，那就不仅意味着对我国数十年刑法学研究的否定，而且将在相当长时期内导致刑事司法实践中案件处理的混乱。这恐怕绝大多数中国刑法学者甚至绝大多数刑法立法和刑事司法工作者都不能接受。

第二，德日刑法理论固然精密，但并非没有缺点，如果完全照搬照抄到中国来，恐怕会生东施效颦之效。德国的刑法立法和刑法学理论，因严谨而享誉世界。尽管如此，德国刑法和刑法学理论在刑事司法实践中还是暴露出诸多缺点。2001 年，德国曾发生一起令全世界震惊的"网络杀人案"——德国男子迈维斯被认定在 2001 年 10 月杀死、肢解并吃掉了一名 43 岁男子，并在网络上进行了现场直播。由于有证据表明，受害者是自愿被吃掉的，德国的一个地方法院在 2003 年判定，迈维斯的行为属于过失杀人罪，判处其 8 年半监禁。由于德国刑法没有关于吃人行为的专门规定，而其刑法理论又认为被害人自愿被吃掉排除了被告人的犯罪故意，甚至可以排除行为人之行为的犯罪性（著名德国刑法学家罗克辛教授 2006 年在中国人民大学刑事法律科学研究中心的一次学术报告上指出：在当今德国，刑法学理论认为"帮助他人自杀并不构成犯罪"！而迈维斯吃掉自愿被其吃掉者，本质上属于帮助他人自杀），故有前述不得已的判决结论。然而，此种判决背后的刑法学理论的正确性实在值得怀疑。因为，刑法之所以规定杀人罪，其核心所在就是法律禁止任何人非法剥夺他人生命，被害人是否自愿被杀害不能排除行为人的犯罪故意。对此，我们从包括德国在内的世界上绝大多数国家刑法立法和刑事司法实践仍然禁止安乐死或者其他帮助他人自杀的法律立场就可以得出肯定的结论。事实上，迈维斯案第一次判决公告后，在德国立即引起轩然大波，社会舆论对该荒唐判决口诛笔伐，在强大的社会舆论压力下，2006年1月，德国联邦法院决定推翻此案，并由法兰克福地方法院重审，最终以杀人罪判处迈维斯终身监禁。上述案件的认定与处理过程充分暴露了德国刑法立法与刑法学理论的局限性。由上分析可知，全盘照搬他国刑法学理论实在不是一种明智而科学的理性选择。

第三，当今世界上有重要影响的国家鲜见有完全照搬他国刑法学理论者。就英美法系而言，当代美国的刑法与刑法学理论是在英国刑法与刑法学的直接影响下形成的。但是，随着美国社会的发展，其刑法与刑法学日渐与英国刑法及其理论分道扬镳。虽然他们依然同属英美法系，但在刑法立法以及犯罪认定上均表现出巨大的差异性，英国普通法上的犯罪仍然占有极其重要的地位，而美国一些州却废除了普通法上的犯罪而代之以成文刑法。又如大陆法系的情况，德国刑法及其理论确实曾给欧洲大陆国家的刑法立法和刑法学带来重要影响，但是当今欧洲诸国中，且不说法国从来没有完全接受德国刑法学理论，就是深受德国刑法学理论影响的西班牙，其刑法立法与刑法学关于罪数的理论就不采德国学说而采纳了英美刑法的认定原则。又如俄罗斯刑法及其刑法学理论的发展道路，十月革命前，俄国的刑法与刑法学受到过德国刑法与刑法学理论的重要影响。十月革命后，由于社会政治制度和意识形态的需要，前苏联的刑法学家们改造出了符合自己国情的完整刑法学理论并建立起相应的刑法制度。虽然上世纪90年代初前苏联解体，但是俄罗斯至今仍然坚持了苏联时代的刑法学理论。难道这些事实不能给我们带来某些有益的启示吗？

第四，中国刑法学研究应当坚持立足本土、洋为中用、兼收并蓄的实用主义原则。现代刑法制度和刑法学产生于西方发达国家，经过二百多年的发展，西方刑法制度和刑法学理论已经十分完善与成熟，其中很多东西值得尚处于社会主义初级阶段的中国学习。但是学习只是手段，其目的仍然是要解决中国的刑事法治问题。因此，立足本土，充分认识和了解中国国情，尊重中国法文化传统与现实政治法律制度，学习借鉴他国先进的刑法制度和刑法学理论，并结合中国的实际情况，创建有中国特色且能够有效解决中国的定罪量刑、预防和减少犯罪、维护中国社会秩序、保障公民权利，进而实现刑事法治正义的刑法制度和刑法学理论，才是当代中国刑法学研究发展的正确方向！众所周知，人文社会科学不同于自然科学，其真理性并无世界统一衡量标准。而刑法学理论的真理性就在于它能够在公平正义的价值体系内有效解决刑事法治问题。也正因为如此，虽然大陆法系与英美法系国家的刑法制度与刑法学理论存在重大差异，但他们所面对的基本问题都是如何公正地解决犯罪与刑事处罚问题，并且两大法系的不同国家都尽可能地做到了这一点。对于中国而言，我以为对两大法系的刑法制度与刑法学理论完全不必厚此薄彼，而应当采取实用主义的立场，即凡是对建立和完善中国特色刑法制度和刑法学理论体系有用的，凡是能够被借鉴来有效解决中国刑事法治问题的，就不妨使其洋为中用，而对那些不适合中国国情的刑法制度与学说则应当加以拒绝。

4. 彩票：亟需法律规制的游戏

（原载 2001 年 1 月 17 日《法制日报》）

彩票，又称"奖券"，俗称"白鸽票"。据史书记载，早在 15 世纪，欧洲便开始流行彩票，有由政府发行的，也有由私人发行的。在我国，较早的彩票，是清朝末年，由江苏、安徽、湖北等地官府以招募捐赈款名义发行的彩票。本质上言之，彩票是以抽签给奖或摇奖的方式进行筹款或敛财所发行的凭证。彩票的最大特点乃是：不还本，不计息，其运作机理则是利用人们生而有之的追逐财富且相信可以侥幸致富的心理借以募集钱财或敛财。

从世界各地的彩票发行主体来看，一般可分为两种：一是官方发行的彩票，二是私人发行的彩票。从彩票发行主观动机与目的来看，又可将彩票分为公益性彩票与营利性彩票。如我国一个时期以来由特许机构依法发行的体育彩票、福利彩票就是公益性彩票。而海南等地一些不法之徒售卖的彩票则是私人彩票。虽然在一些国家或地区，私人发行彩票只要依法进行便为官府认可，但在我国，私人彩票尚没有被合法化。

应当肯定，我国近些年发行的公益彩票产生了重要的社会效益。以北京市 2000 年 1 月—11 月所发行的体育彩票为例，就募集了超过 2.26 亿元的资金。仅北京"卖彩票"这一需求，就为 3 000 人提供了就业机会，这对缓解紧张的就业市场多少有些助益。此外，通过购买彩票，一部分人（尽管是极少数人）一夜之间富了起来。这无疑对社会或个人都是一件幸事。而当人们在报上获悉，一位曾经因家境贫寒辍学来京打工的河南小伙子在获得 500 万彩票大奖后要用该款去完成中学和大学学业时，人们无不赞叹：彩票，功莫大焉！

然而，我们在看到彩票事业的种种成就之时，也要看到我国的彩票发行与管理尚存诸多问题。这主要表现在：（1）缺乏完整彩票管理法律制度；（2）缺乏专门彩票监督管理机构；（3）彩票发行品种单一；（4）私人彩票发行猖獗。

针对上述问题，我认为应采取以下措施：

第一，完善彩票管理法律制度。我国尚没有正式的有关彩票管理的法律，而仅有若干党中央、国务院发布的通知或人民银行、财政部以及民政部、国家体育总局制定的零散彩票管理行政规章。这与我国当前彩票市场发展形势极不相称。目前，在一些博彩市场发达的国家或地区，博彩管理法律十分健全。就拿我国澳门地区来说，关于博彩管理的行政法律至少有四部。我们可以借鉴澳门地区有关博彩的立法，及时制定彩票管理法律。

第二，建立专门彩票管理机构。我国当前彩票管理的一大弊端就是政出多门。国家体育总局和民政部是我国发行彩票的两个特许单位。而国务院有关部门、人民银行、财政部分别对彩票有管理的权限。此种二元彩票发行主体、多元彩票管理模式常常导致彩票发行管理的混乱。为了改变此种混乱局面，国家有必要成立专门的、统一的彩票管理机构，协调不同彩票的发行。

第三，增加彩票发行品种。我国现在彩票的发行还限于体育彩票与福利彩票。但从我国彩民认购彩票的情况来看，彩票市场潜力极其巨大。据国家统计局中国经济景气监测中心对北京、上海、广州三城市的居民进行的关于彩票的调查显示，中国有近一半的城市居民购买过彩票。如果此种调查真实可信，那么这就意味着我国已有数以亿计的彩民。对于如此众多的彩民，仅有的体育彩票与福利彩票远远不能满足彩民需求。因此，国家有必要开发诸如爱心助学彩票、救灾彩票、扶贫彩票、见义勇为彩票等等。

第四，严惩非法彩票发行。就我国的情况而言，发行彩票只有具有公益性时才应当受到肯定和鼓励。因此，对于那些非特许单位和个人以中饱私囊为目的的营利性彩票，应当毫不犹豫地加以取缔。因为彩票并不能实质性增加社会财富，它只不过是通过一定游戏规则使社会财富进行再分配而已。如果一个国家的发展和资金的取得过度依赖彩票，这无异于鼓励公民去进行公开赌博。因为，购买彩票以求中奖与投机取巧赢钱的赌博具有相同的社会心理基础———碰运气。显然，如果一国不是正面积极引导其国民艰苦奋斗创业，却误导他们崇尚于"碰运气"，那么国运势必衰竭！也许正是基于此种推理，我国香港地区的刑法规定了"筹办非法彩票罪""售卖非法彩票罪""发行非法彩票罪"以及"持有非法彩票罪"。我国有必要借鉴香港地区有关博彩的法律规定，将那些严重违法，且具有极大社会危害性的彩票买卖等行为犯罪化。

5. "专家法律意见书"的是与非

（原载《中国律师》2001 年第 10 期）

一、"专家法律意见书"产生的社会背景

诉讼当事人邀请法律专家就自己涉讼的案件进行分析论证、提出法律意见，并将其提交司法机关或有关国家机关或上级主管部门，试图通过此举最大限度地维护其合法权益，这是近些年出现的社会现象。为什么会出现此一现象？显然有其深刻的社会原因。

从历史的层面来看，新中国成立后，由于政治历史原因，我国在 20 世纪 60 年代到 70 年代，民主与法制建设以及法学教育中断了近二十年。这一历史性悲剧对我国司法领域的直接影响就是导致了法律专业化司法人员严重不足。虽然经过 20 来年的大力培养教育，司法人员整体水平有了极大提高，但由于我们用人制度上客观存在的问题，很多没受过严格法学教育的人员被充实到司法部门来，少数曾经受过正规法学教育却因为缺乏激励机制而疏于研习致使其专业水平不符合司法发展要求的现象也客观存在。《法官法》《检察官法》和《人民警察法》虽然颁布，但远没落到实处，这些因素严重影响了我国的司法水平。据美国的统计，美国的已决刑事案件中有 1% ~ 5% 的错案。我国的已决案件有多少比例错案？我们没见公开统计数字，但毋庸置疑，错案是肯定有的。此乃"人非圣人，孰能无过"所必然决定的。因此，在诉讼实践中就不可避免地出现两种情况：一

方面，当事人因担心某些专业素养较差的司法人员因理解法律的偏差而出现"糊涂官判糊涂案"的错误结局，从而使自己的合法权益得不到应有保护，于是他们便求助于有关法律专家，请求法律专家就其案件的基本事实和法律适用提供意见，以供司法机关处理案件时参考。另一方面，一些较认真的司法机关或司法人员为了避免错案，主动约请有关法律专家就某些疑难案件进行论证，提供法律意见。

从司法层面来看，我国客观上还存在权大于法的不良现象（尽管是个别现象），司法实践中更是时有"以权压法"的不幸事件发生。当某些案件的审理过程中出现"以权压法"的悲剧时，当事人为了避免不公正的审判结果，又无力抗制不公正的司法，于是他们便请有关权威法律专家就案件的事实和法律适用出具法律意见书，希望借助法律专家的权威意见来抵消个别司法不公的消极影响。

凡此种种，便使"专家法律意见书"有了社会需求的主客观基础。

二、"专家法律意见书"的是与非

应当指出，法律是一门严肃的科学，如同任何其他科学一样，法律有着自己的深厚理论根基与严密体系。而法律专家之所以成其为法律专家，正是因为他们在法律领域长期研习与实践法律的结果。专家不是自封的。特别是法律专家，更是因为他们毕生精心研习与实践法律，并创造了令社会公认的研究成果与贡献，大家才承认他们是某法律领域的权威。因此，当诉讼当事人甚至司法机关遇到疑难、重大案件时，请求法律专家根据法律与案件事实进行论证分析，提出法律意见，以求案件的公正处理，这是具有极其重大社会意义的。因为，法律专家以其深厚的法律理论功底和对法律精辟而正确地理解，能够对案件提出客观公正的评价。如果此种正确法律意见被司法机关接受，显然有助于确保司法公正，进而促进国家的民主与法制建设。也许正是出于此种考虑，我国最高人民法院等部门专门聘请有关权威法律专家担任特约咨询员或顾问，并请他们对重大、疑难案件提出法律意见。事实证明，最高法院等部门的这一举措对我国司法公正的伟大实践发挥了巨大作用。

当然，专家法律意见也有一定的局限性。特别是在诉讼当事人或司法机关提供的案件材料不全面、不客观的时候，由于受到不全面的案件材料误导，可能出现专家意见不客观、不公正的情况。这时就需要受理专家意见的有关机关或司法人员正确对待、冷静分析，不可盲从。

至于那些打着法律专家的旗号，以敛取钱财为目的，不顾事实和法律而作出的不客观、不公正的所谓专家意见，则已不是真正意义上的法律专家意见，自然不应受到尊重。但这种情况应属极个别情况，我们不能以极个别人违背专家良心与良知而作出的法律专家意见来以偏概全，从而全盘否定法律专家意见的重要司法实践价值。

三、与"专家法律意见书"相关的几个问题

（一）"专家法律意见"会干扰司法公正吗？

对此，答案无疑是否定的。众所周知，专家就案件事实和法律适用作出的解释只具有学理上的意义。法律专家不是司法官员。他们不能审理案件，更不能对案件作出具有法律效力的裁判。法律专家对案件事实和适用法律提出的看法对案件的审理至多只有参考意义。事实上，社会生活中人们更重视权力的权威性，而较少尊重学术的权威性。司法机关和其工作人员往往会对法律专家的法律意见作出判断，是否采纳，他们有权利也有能力作出选择。如果个别专家的错误法律意见被司法机关采纳而导致错判，这固然是不幸事件，但是如果司法机关面对法律专家的正确意见不予采纳而偏要作出相反的判决，这才会真正导致司法不公正。我认为，司法是否公正会受到的政治制度、法律制度、司法人员自身素质与品格的影响，而不会受到专家的学术见解影响。

（二）提供"专家法律意见"，收取适当报酬是否腐败？

前不久，有人泼妇骂街似地指责提供法律专家意见行为是"话语权腐败"或"雅腐败"。我们完全可以不去质问此君对法律和法律专家提供法律意见的实际情况究竟了解多少，单就他把提供法律意见收取适当报酬与腐败混为一谈的偏激言辞来看，就可洞悉其对腐败的含义知之甚少。腐败者，意指伦理丧失、腐化堕落之谓也。然而，专家应当事人之请求以其法律专业知识为其提供法律意见，这是一种高智力的劳务活动。既然是劳务活动，当事人根据具体情况支付适当劳动报酬就是合情合理也合法的。似此，岂有腐败可言？难道法律专家只有免费提供或者不给当事人提供法律意见才不会挨此君的骂？社会生活中，我们经常看到病人和医院请医学专家会诊、工程技术专家应邀对某工程难题进行论证并提出解决问题的意见，而这些医学专家和工程专家也是要收取适当费用的。但是不会有

人认为这些医学与工程技术专家收取报酬是腐败。为什么当法律专家从事高智力劳动（对案件事实和法律适用进行分析论证提出法律意见）而适当收取报酬的时候就有人出来说三道四、指手画脚？

（三）提供"专家法律意见书"与治学有无矛盾？

有一种奇谈怪论：法学专家对涉讼的案件事实和法律适用进行分析论证、提出法律意见，这是管了不该管的事、说了不该说的话，有违学者的治学品格。此种论点的谬误显而易见。法律学是一门实践性极强的科学。作为法律专家，他们不仅应当潜心研究法律理论，而且还应当积极参加社会法律实践，并用自己的研究成果推动国家的法制建设。法律专家对涉讼案件和法律适用进行研究并提出法律意见供司法机关参考，这是法律专家参与法律实践的重要表现之一，它不仅不会妨碍法学研究，而且有助于法学专家加深对法律的理解。我们不能用早已过时的"两耳不闻窗外事，一心只读圣贤书"的传统读书人的伦理准则来捆住当代法学家的手脚。

6. 商业贿赂：原因与对策

（原载《深圳大学学报》2007 年第 3 期）

近年来，"商业贿赂"乃是新闻媒体和社会生活中使用频率最高的词汇之一。显然，商业贿赂并非什么新鲜事物，而是古已有之的事情。本文并不打算对商业贿赂问题进行完整而全面的研究，而仅仅是从犯罪学或刑事政策的角度，对我国社会中的商业贿赂现象之原因与如何有效遏制商业贿赂进行粗线条的探讨。有必要说明，本文所称"商业贿赂"，泛指发生在经济交往或者商业领域的行贿与受贿，而不是指刑法学上相对于普通贿赂犯罪的商业贿赂犯罪。

一、中国反商业贿赂之由来

商业贿赂（bribery in business），意指发生在商业领域的贿赂，是相对于普通贿赂而言的一个概念。现代商业贿赂行为是随着商品经济的产生而发展起来的一种违法行为，最初出现在 19 世纪中叶的西方经济活动中，其起源是西方国家的铁路运输部门为增加货运量而付给托运方或其代理人一定数额的回扣，本质上是一种为了获得高额利润而采取的一种不公正竞争措施。2003 年以来，发生在中国具有重大意义的几起商业贿赂事件引发了中国全社会对商业贿赂的关注：其一，2003 年以来，一场关于医生收受"红包"是否触犯中国刑法的讨论在国内各种媒体展开，并由此拉开了卫生系统反商业贿赂斗争的序幕。其二，2003 年12 月，云南省对外贸易经济合作厅原党组书记、厅长彭木裕因在审批昆明沃尔玛管理服务有限公司项目时，默许其妻收受昆明沃尔玛管理服务有限公司董事邹丽佳价值 10 万元人民币的"礼物"，被判处有期徒刑五年。2004 年 3 月，世界 500 强之一的默沙东（MSD）公司解雇了二十多名中国分区副经理和医药代表，原因是"假以学术推广的名义报销娱乐费"。2004 年 4 月 6 日，朗讯向美国证券交易委员会递交汇报文件，指出朗讯将解除其中国区总裁戚道协、首席运营官关赫德及财务主管和市场部经理的职务，理由是他们为合作方提供回扣。2005 年 5 月，美国司法部报告指出，天津德普公司从 1991 年到 2002 年期间向中国的实验室工作人员及国有医院医生行贿 162.3 万美元的现金，用来换取医疗机构购买 DPC 公司的产品和服务，德普公司从中赚取 200 万美元的利润。

上述事件在媒体先后曝光，商业贿赂不仅在社会上成为人们街头巷尾议论的热门话题，而且引起了我国党和国家高层领导及其决策机构的关注。尤其是 2005 年 5 月德普事件曝光后，同年 7 月底，中共中央总书记胡锦涛作出批示，要求有关部门拿出方案解决中国的商业贿赂问题。我国反商业贿赂由此提速。2005 年 8 月 16 日和 11 月 25 日中纪委先后两次召开会议，就商业贿赂以及相应的行业自查问题邀请有关部委的纪检部门负责人进行讨论研究。此间，其还牵头在 9 月成立了由 18 个部门组成的治理商业贿赂领导小组，并成立了"治理商业贿赂办公室"。与此同时，相关的调研也随之展开。2005 年 12 月 20 日，中共中央政治局召开会议，研究部署党风廉政建设和反腐败工作。根据此前的调研结果，中央正式决定把治理商业贿赂作为 2006 年反腐败工作的重点，同时将负责单位从原来的 18 个增加到 22 个。一个包括立法机构、司法机构和执法机构在内的高规格领导小组随之成立。其成员包括全国人大常委会法工委、最高人民法院、最高人民检察院、公安部、监察部、财政部、国土资源部、建设部、交通部、信息产业部、商务部、卫生部、审计署、国务院国有资产监督管理委员会、国家工商行政管理总局、国家食品药品监督管理局等单位。2006 年 2 月 15 日，温家宝在部署行政监察工作时，要求认真开展治理商业贿赂专项工作，并重点查处政府机关公

17

务员在其中利用行政权力收受贿赂的行为。同年2月24日，国务院总理温家宝主持召开第四次全国廉政会议，部署2006年政府系统廉政建设和反腐败工作，"治理商业贿赂"成为重点之一。在2006年1月6日举行的中央纪律检查委员第六次全会上，反商业贿赂首度作为反腐败的重要内容被提出，并被确定为2006年的工作重点。中国的反商业贿赂由此被提高到反腐败的高度。

二、商业贿赂犯罪的原因

犯罪学的研究表明，犯罪的原因是极其复杂的，一个人为什么会犯罪是由多种因素造成的。就商业贿赂而言，其犯罪原因也是极其复杂的。但是，从宏观上言之，我们可以根据中国的情况，将商业贿赂犯罪的原因归主要结为以下几方面：

其一，从历史层面来看，中国传统文化中的"人情"乃是商业贿赂大行其道的社会原因。众所周知，中国是一个讲究"礼尚往来"的国度，而礼尚往来的核心即是崇尚"人情往来"，换言之，中国人的做人准则要求人与人之间有人情往来。经典名著《红楼梦》中佳句"世事洞明皆学问，人情练达即文章"更是把中国传统文化中的"人情世故"上升到了文化哲学的高度。此种传统文化延伸至商业领域，就演变成"如果要从别人那里赚取利润，就要给人家相应回报"的商业哲学理念。由此一来，"如果要从别人那里赚取更大的利润，则应当给予别人更大的回报"便是理所当然的了。这种具有悠久历史的传统使得人们在商业活动中很自然会去考虑送给商业合作伙伴一定好处，特别是在自己有求于人时更会如此。这就使得在商业活动中行贿受贿成为一种普遍认可的"商道"或"潜规则"了。

其二，从现实权力分配情况来看，我国垄断行业太多，某些管理部门及其工作人员权力太大，这无疑给商业贿赂大行其道奠定了制度基础。事实表明，我国商业贿赂犯罪大多发生在工程建设、土地出让、产权交易、医药购销、政府采购以及资源开发和经销这六大领域。而这六大领域恰恰是在我国具有部门垄断性的特点。上个世纪六七十年代，西方经济学家曾经提出"权力寻租"理论，用以解释掌握有公共权力者以其掌控的权力为筹码谋求获取自身经济利益的现象；"权力寻租"本质上是一种非生产经营性活动，它本身不会产生实际经济效益；任何一种"权力寻租"行为，都是因为先有"租金"的诱惑；公共权力的"租金"，那就是产生于行政垄断的利润，在西方经济学中，这就是由于垄断而获得的"消费者剩余"。根据"权力寻租"理论，掌握权力的一方势必会寻找机会通过出租自己的权力获取好处，而拥有金钱却没有支配权力的一方则自然而然地会用自己的金钱换取（租取）权力。在没有科学有效的民主化和法制化权力制约机制的前提下，这就不可避免地出现钱权交易。如果此种现象发生在商业领域，就形成了商业贿赂。

其三，从行为人内心角度来看，追求最大化利益的巨大内在动力则是商业贿赂的心理原因。趋利避害乃是人的本能。每个人都会选择有利于自己的活动方式。在商业领域，人们往往会挖空心思去追求最大的利益。马克思在《资本论》中引用的一段名言极好地说明了人们追求最大利益的心态："一有适当的利润，资本就会非常胆壮起来。只要有百分之十的利润，它就会到处被人使用；有百分之二十，就会活泼起来；有百分之五十，就会引起积极的冒险；有百分之百，就会使人不顾一切法律；有百分之三百，就会使人不怕犯罪，甚至不怕绞首的危险。"那么，在此种心态驱使下，行为人为了获取最大的商业利益，当然会不择手段——包括使用行贿与受贿手段。

其四，从市场供需资源分配来看，供求关系不平衡乃是产生商业贿赂的市场经济条件。尽管我国的社会主义市场经济已经较为成熟，生产经营者也在不断提高管理水平和投入产出的风险预测能力，但市场的风云变幻总会造成始料不及的事件发生，无论是供方或需方，都不能总是保证他们的生产经营行为永远保持在良好平衡水平。因为自然的原因或者人为的原因，有些物资可能属于稀有物资，会处于需要大于供给的状态；有些产品又会出现供给大于需求的状态。因此，在商品流通的过程中，为了推销过剩的商品或者买到紧缺的商品，拥有过剩商品的一方或需要紧缺商品的一方就会不择手段。因此，采取商业贿赂行为谋求市场供需资源分配平衡就在所难免了。

三、反商业贿赂之对策

关于商业贿赂给国家和社会造成的危害，我们可以将其简要地概括为：破坏了市场经济公平竞争的秩序；败坏了中国在国际商业领域的良好形象；削弱了我国的在国际市场的核心竞争力；造成国家与社会大量经济损失等等。但是问题的关键在于：面对甚嚣尘上的商业贿赂行为，我们必须尽快找到有效扭转局面的措施！不少实务部门的专家与学术界的有识之士提出了诸多遏制商业贿赂的措施。有人建议国家立法机关应当尽快进行专门的反商业贿赂立法；有人则认为我国现行法律制度已经有完善的反商业贿赂立法，无须进行专门立法；还有人从宏观与微观不同角度提出了若干有益的反商业贿赂建议。但是在我看来，综合考虑我国实际情况，我们认为应当重点解决如下主要问题：

其一，借鉴国外反商业贿赂经验，建立健全反商业贿赂立法。我国关于反商业贿赂的刑事法律主要是刑法（第163条、第164条对公司、企业人员的商业贿赂犯罪做了规定。《刑法修正案（六）》已将第163条和164条的主体范围修改为"公司、企业或者其他单位的工作人员"、第385条至393条对国家工作人员和国有单位的贿赂犯罪做了规定），此外，还有少数行政法律、法规以及经济法律、法规的一些规定。但是，我国对自己的跨国公司的商业贿赂行为如何规制，目前尚无完备法律可资遵循。因此，我认为国家立法机关应当尽快对反商业贿赂进行统一立法，为反商业贿赂提供完备的法律依据。

其二，严肃认真执行有关国际公约。我国已经在于2003年12月签署《联合国反腐败公约》，全国人大常委会于2005年10月批准《联合国反腐败公约》。该公约对各类国际性腐败行为（包括国际商业贿赂行为）作出了具体规定。我国一方面应当及时调整国内法律，以与国际法相协调；另一方面，根据"国际法效力高于国内法效力"的原则，对我国的跨国公司违反《联合国反腐败公约》的行为，应当严格按照该公约严肃惩处。

其三，确立法律至上原则，培养唯法是从精神。现代法治国家的经验告诉我们，有效管理国家的唯一途径就是依法治国。换言之，大到国家的内政外交事务，小到商品交易秩序，只有严格按照法律规定的原则进行，社会事务才能有序进行。因此，应当教育全体国民，特别是教育那些掌控商业交易大权的人士，必须严格约束自己的行为，即自觉把自己的行为控制在法律许可的范围内。如果掌控商品交易大权者自觉在商品交易中依法行事，那些试图通过行贿受贿达到获取非法利益目的者便无法得逞。

其四，加大反商业贿赂力度，严惩腐败官员。总结中国历史上打击贪污腐败犯罪的经验，一个值得借鉴的做法就是对腐败官员严惩不贷。明朝初年的朱元璋皇帝曾经创造了"剥皮揎草"的严酷刑罚方法，即对那些贪污腐败官员剥其皮，并将稻草塞进皮囊之中，然后将该皮囊放在该官员身前办公座椅上，以警示后来的官员：如有胆敢以身试法者，此即其下场。据说此种做法收到了很好的预防贪污腐败的效果。新中国成立之初，毛泽东主席也曾经运用从严治吏的刑事政策惩治贪污腐败。上世纪50年代，刘青山、张子善因为贪污财物而被处以极刑。此后近三十年间，我国党政机关干部两袖清风，在人民群众心目中树立了良好的公仆形象。而今天，我国对贪污腐败行为虽然规定有死刑，但是现在已经较少适用。尽管我并不主张对贪污腐败分子一律适用死刑，然而我认为对其应当加大打击力度，即使不对其适用死刑，也应该多适用无期徒刑，并附加没收或者罚金刑。

其五，加快体制改革，制约特殊权力。针对我国公用企业、特殊行业中出现的问题，可以借鉴国外做法，尽量引入公平自由竞争机制，将带有独占性的服务与一般经营活动明确分开。我国存在的突出问题就是垄断行业偏多！国家有必要加大体制改革力度，加快引入市场竞争机制，使垄断行业失去滥用优势的条件和机会，从而从体制上防止商业贿赂、强制交易等不正当竞争行为产生。

其六，给予新闻媒体更大的自由，发挥舆论监督的特殊作用。众所周知，新闻媒体的主要任务之一就是社会监督。从世界范围的经验来看，凡是新闻自由程度高的国家和地区，社会政策、法律制度的公正性就高；凡是新闻自由度低的国家和地区，社会政策、法律制度的公正性程度就低。就反商业贿赂而言，如果允许新闻媒体直接介入，随时将那些见不得人的行贿受贿行为揭露于光天化日之下，使那些人们深恶痛绝的丑行无处藏身，行贿受贿者一经披露，则其马上成为过街老鼠，人人喊打。似此，谁还敢行贿受贿？而且新闻媒体反商业贿赂的成本最低，能够收到其他手段无法达到的效果。

7. 军人激情犯罪及其自我预防

（本文是2001年4月在武警某部所作演讲的文稿）

各位令人敬重的军人，大家上午好！

十分高兴有机会和大家一起探讨"激情犯罪及其自我预防"的问题。但是首先应当声明，犯罪问题是一个十分复杂的问题，我对犯罪学问题并无特别深入研究，今天给大家讲的，只是我个人的一些也许并不成熟的关于犯罪问题的粗浅看法。

一、人为什么会犯罪——犯罪原因面面观

犯罪是触犯刑事法律、并要受到刑事处罚的行为。由于犯罪往往严重危害社会，所以各国专门制定了刑法并建立起相应的司法机关（在我国包括法院和检察院，有时候还包括公安及狱政管理部门）来打击与防范犯罪。尽管犯罪令人深恶痛绝，但是犯罪又是不可避免的。从某种意义上来讲，自从有了阶级和国家以来，一部社会发展史，就是一部人类同犯罪作斗争的历史。那么，人为什么会犯罪？长期以来，人们一直试图找到此一问题的答案。纵然中外学者关于犯罪原因的见解，林林总总，这里仅介绍几种主要观点：

其一，意志自由论。德国学者康德、费尔巴哈等均是这一观点的代表人物。这是刑事古典学派用来解释人为什么会犯罪的一种理论，也是他们用来解释为什么犯罪要接受国家制裁的理论根据。在这些学者看来，人的意志是自由的，人的行为受着人的意志的支配，人之所以会犯罪，完全是个人在意志自由的前提下自我选择的结果。

其二，三原因论。代表人物为意大利学者菲利等。这是刑事社会学派（又称新派）的学者用来解释人为什么会犯罪的一种理论。该理论是作为意志自由论的对立观点出现的。该理论认为，人的意志并非自由的，而是受着社会、自然环境等多方面因素的影响。人之所以会犯罪，是由社会、环境和个人的多个因素所决定的。

其三，天生犯罪人论。代表人物为意大利的龙勃罗梭。该派学者认为，犯罪的原因在于隔代遗传。所谓隔代遗传，乃是生物学上的一概念，本指一种生物或生物的任何一部分重现远离他双亲的祖先的典型形状。龙勃罗梭的所谓隔代遗传，是指某些现代人的本质或精神状态回复到原始人或低于原始人的种型的一种返祖现象。这些人类个体由于未知的原因，突然脱离了人类种族进化的链条，而在体型、生理机能以及性情上在现出人类远祖（野蛮人、类人猿，甚至某些低级动物）具有的那些特征。因此，他们的思想、行为就不可避免地与现代文明社会的法律规范相抵触，故常常陷于犯罪。

其四，潜意识论。其代表人物是奥地利学者弗洛伊德。该理论认为：欲望与心理受压抑到一定程度，就会产生心理冲突；侵犯性、破坏性、性欲乃是人的本

能。这就决定了人人都有犯罪的倾向（潜意识）存在。但是，大多数人都有控制能力，所以没有犯罪，那些控制能力较差者或者没有控制能力的人，就会实施犯罪。

其五，不同接触论。代表人物是美国学者萨瑟兰。该派理论认为：人是各有所别的，无论是性情、思想，还是行为与价值追求；在社会生活中，人们与不同类型的人接触，彼此相互就会受到不同影响；犯罪就是在这种影响中习得并传播开去的。换言之，犯罪就是因为人们通过与不同的人的接触而受到不良影响后产生的。

其六，社会变迁论。该理论是中国学者严景耀在其博士论文（1934 年芝加哥大学）中提出来的。该理论认为：人们走上犯罪道路不是完全由个人生理或心理缺陷与变态造成的，犯罪乃是社会环境发展变迁的产物——由于社会变迁，个人不能适应社会秩序的变迁，旧有观念与新的规范冲突使社会中的人失去方向，进而使其行为失去规范，犯罪就成为不可避免的了。

以上关于犯罪原因的种种学说均有一定道理，但又很难说哪一种观点绝对正确。我认为，犯罪原因是复杂多变、千差万别的。但总的来说，意大利学者菲利的犯罪三原因论更有说服力。

二、激情犯罪的心理学分析

激情犯罪（passion-based crime），是指行为人因情感冲动失去控制而实施的犯罪。所谓激情，则是指由于周围环境的刺激因素所引起的一种特别强烈的情绪反应。社会经验告诉我们，激情既能使人们焕发革命青春，从而干出一番轰轰烈烈的事业，也能使人丧失理智从而作出铤而走险的反社会行为。因此，现实生活中，我们需要的是能够激发出革命青春的激情，决不需要促使我们违法犯罪的激情。

从犯罪学的角度来看，在激情状态下，行为人的情感波动起伏很大，辨认和控制自己行为的能力明显减弱，但行为能量却大大增强。在正常情况下不会（敢）说不会（敢）做的事情，在激情状态下往往能（敢）说能（敢）做。所以激情一旦与犯罪相联系，那将祸害无穷！

案例 1：武警某部战士张某家与其所在村的支部书记张某甲素有矛盾。1998年，张某父亲去世。其母亲带两个儿子艰辛度日。张某甲仗势欺人，故意在张某家门前建猪圈，妨碍了张某家的正常生活。从此，两家发生争执打斗。张某入伍后，张某甲又率兄弟7人先后将张某的母亲打伤。张某的部队知道后多次打电话给当地政府，请求协调关系，化解矛盾。但是当地政府一直没有给部队明确回答。为此，张某义愤填膺，发誓要报复张某甲。2001年1月2日18时许，张某借上哨之机，携带执勤的"八一"式自动步枪一支、子弹3发逃离哨位，乘出租车回到家中。当晚20时许，张某持枪来到与其积怨太深的村支部书记张某甲家中，将张某甲打死。后张某因涉嫌故意杀人被军事检察机关批准逮捕。

本案就是一种典型的激情犯罪。

那么，犯罪的"激情"是怎样产生的呢？人是一种感性动物。人的精神世界是由情感与理智构成的。如果说情感是汹涌的潮水，那么理智便是控制潮水的闸门。当现实生活中的人们受到客观外界的刺激之时，情感就会像一湾湖水在风力的作用下荡起波浪。由此可以想见，激情乃是客观外界事物对人的情感世界刺激的结果。如同闸门对潮水的控制力总是有限度的情况一样，理智对情感的控制力也是有限度的。当汹涌澎湃的潮水的冲击力大于控制潮水的闸门承受力之时，闸门便会被冲开缺口，潮水也就失去了控制而可能导致殃及万物生灵的恶果。同理，当人在外界的刺激作用下引起情感冲动的强度超越了理智的闸门所能承受的压力之时，情感便会失去理智的控制，人就会干出不顾后果的事情。激情犯罪正是在行为人受到客观外界的强烈刺激下作出的失去理智的过激反应。

三、军人激情犯罪特点

从司法实践中发生的激情犯罪来看，激情犯罪具有以下特点：

第一，貌似合理性。激情犯罪大多是出于义愤而实施的，因此表面上看，激情犯罪好像是一种具有相当合理性的行为。

案例2：某部战士杜某2000年12月回家休假。他发现自己的妻子被同村村民杜某甲驾拖拉机将腿撞成骨折，已经花费医疗费10 000余元。杜某便数次找杜某甲的父亲杜某乙协调处理此事。但均无结果。2001年1月27日上午10时许，杜某外出买煤，途径杜某甲叔父杜某丙家门口时被其叫住。二人为医疗费的事发生口角，杜某丙先动手打杜某两耳光。这时，杜某想到妻子被杜某甲撞伤，他家不但不支付医疗费和赔礼道歉，现在其叔父还动手打人，杜某实在觉得无法忍受下去了！于是，杜某拿出随身携带的水果刀，在杜某丙身上连轧4刀。后来，杜某丙因抢救无效死亡。

这个案例就是一起让人觉得杜某行为具有一定合理性的事例。但是，法律是禁止任何人泄愤报复的。杜某及其家人存在令人同情之处，但这绝不能成为我们将他人伤害致死的理由！因此，杜某还是必须为自己的行为付出代价。

第二，行为突发性。这是就发案的情况而言的。由于激情犯罪通常是因为行为人受到突如其来的强烈刺激而引发的犯罪，故多数情况下行为人之行为都是临时起意。

案例3：某部战士王某在部队服役已经两年。他听说自己的妻子在家有外遇，心里很不是滋味。一天，他借到家乡城市出差的机会，想考察一下他妻子行为是否端正。这天晚上11时许，王某没给家里通气，悄悄地摸回了妻子的住所。当他突然打开妻子房门时，发现自己的妻子和一个男人躺在床上！此情此景，令王某怒火中烧！他不假思索地顺手抄起一把菜刀，冲上去朝那个男人便是一阵乱砍，直到他觉得出够了气才停下手来。后来发现那个男人已经被砍死，便到当地派出所投案。

现实生活中，很多犯罪都是行为人临时起意而实施的。就本案而言，王某起初并没有杀害或伤害被害人的故意。他只是想确证关于自己妻子的某些传闻的真实性。但是，当他亲眼看见发生在眼前那一与传闻完全吻合的事实时，他就完全失去了理智，进而突然做出了激烈的行动。

第三，不计后果性。由于激情犯罪是在行为人的情绪处在极度亢奋情况下实施的，因此，行为人在行为之时往往来不及甚至根本不会考虑行为后果。但在事后，行为人总会后悔。

案例4：在家乡城市服役的武警战士李某，一天私自带手枪回家。正好碰上其母因为所养的爱犬与邻居发生争执。邻居家人多势众，冲突中李母被邻居家的人将鼻子打得鲜血直流。李某见状，拔出手枪便向邻居的儿子连开两枪，将其当场打死。事后，李某悔之不及。

这就是一起典型的冲动型不计后果的故意杀人事件。

第四，江湖义气性。豪侠仗义虽然是一种值得肯定的优良传统，但必须注意的是，豪侠仗义也有正负两方面效应——如果豪侠仗义表现得当，就是助人为乐、仗义执言、勇于同坏人坏事作斗争的优良美德，反之，如果豪侠仗义表现不当，就会演变成没有原则的江湖义气。而激情犯罪有时就具有十足的江湖义气性。

案例5：现役武警战士刘某武功高强，和做买卖的孙某、吴某是交往多年的好朋友。孙、吴二人因与钱某做买卖发生纠纷，双方矛盾日益加深。一天，吴、孙去找钱某讨要欠款10 000余元，正好碰上钱某和一帮哥儿们在喝酒。当吴、孙二人说明来意后，钱某认为使其丢了面子，借着酒意破口大骂，并说根本不认识孙、吴二人，还让那帮哥儿们把孙、吴打走。孙、吴觉得实在咽不下这口气，便当即传呼刘某过来帮他们讨个说法。刘某迅即赶到，并责问钱某："为什么欠账不还，还动手打人？"钱某觉得自己人多势众，不仅不认错，反而骂刘某："臭当兵的，谁让你来管闲事？关你什么事？"刘某一听，气就不打一处来。没等钱某一帮人反应过来，就冲上去将钱某提起来扔了出去。结果，钱某的头重重地摔在水泥地上，当场就因为头颅受重创而死亡。

本案可以说是一个为朋友两肋插刀而酿成的悲剧。刘某因为江湖义气而介入与他毫无关系的争斗，最终造成他人死亡，自己也因此而必须承担严重的法律后果。

四、军人激情犯罪的自我预防

针对以上分析的激情犯罪的特征，我认为，对于军人来说，激情犯罪的自我预防主要应采取以下措施：

（一）加强军人思想修养，提高自身道德水平

我国是一个具有五千年悠久历史的文明古国，长期以来，我国人民十分重视修身养性，不断提高自身的道德水平。在我国传统的伦理道德中，有很多内容至今仍然闪耀着真理的光芒。如人们常说的"宽以待人""戒急用忍""息事宁人""谦和礼让""化敌为友""与人为善"等等，都是中华民族代代相传的美德。如果我们的军人在加强政治学习与军事训练的同时，注重对优良传统道德的习得，自觉用传统美德约束自己日常生活中的言行，那么，我们军人在政治水平与军事水平大大提高的同时，其道德水平肯定也会得到升华，而那种"匹夫见辱，拔刀而出，挺身而斗"的有损现代军人文明形象的莽夫之举就会得到最大限度的遏制。

应当特别指出的是，江总书记前不久提出了"依法治国，以德治国"的纲

领，更是把道德的重要性提高到了"治国"的高度。作为人民军队的一员，我们有充分的理由积极响应国家号召，加强思想修养，提高道德水平，放弃自己的一己之私，立即投身到"依法治国，以德治国"的伟大历史潮流中去！

（二）加强军人法律学习，培养依法行事习惯

法律是现代各国用来管理国家事务、协调国家与公民关系以及协调公民与公民之间关系的主要手段。一个高度文明的国家，应该是尊重法律、崇尚法律、法律至上的国度。就我国的情况而言，党和国家的领导人早就系统提出了建设社会主义民主与法制国家的纲领。在20世纪80年代，我国就有计划地开展了全民普法运动，这一运动一直持续到今天，并结出累累硕果。当前，深入学习法律、严格依法行事，正在成为我国各族人民的一种时尚。作为当代军人，我们更应该成为学习法律、严格依法行事的模范。

有必要说明，我们强调培养依法行事习惯，就是要使我们养成自觉以法律作为我们行为准则的习惯。法律既赋予了我们很多权利，同时，法律又给我们的行为设定了界限。我们应当明确哪些行为是法律允许我们做的，哪些行为是法律禁止我们做的。我们只有在法律许可的范围内行为的自由，我们不得超越法律设定的界限！因此，当我们的合法权益受到不法侵害之时，我们应当采取合法的方式来维护自己的权益，切不可以原始的"以牙还牙、以眼还眼"的方式来对侵权人采取报复！否则，我们就会为自己的鲁莽行为付出惨重代价。

（三）正确运用防卫权，避免盲目过激行为

从大量实例来看，军人涉足激情犯罪，一般都是自己的合法权益受到了非法侵害后，气急之下做出了鲁莽行为。对于一些激情犯罪的军人来说，他们可能认为自己是在维护某种合法权益，甚至认为自己的行为是一种正当防卫行为。

应当肯定，正当防卫行为完全是合法的行为，它不仅不会受到法律的追究，还会受到法律的鼓励。但是，什么是正当防卫呢？我国刑法第20条对此作出了明确规定。所谓正当防卫，是指为了国家利益、公共利益、本人或者他人的人身、财产免受正在进行的不法侵害，而采取的制止不法侵害并对侵害人造成损害的行为。成立正当防卫，必须同时具备以下条件：

（1）有实际的正在进行中的不法侵害存在；（2）必须是为了使国家利益、公共利益、本人或者他人的人身、财产免受正在进行的不法侵害；（3）防卫行

为只能针对不法侵害人本人；（4）防卫行为没有明显超过必要限度，没有造成重大损害。

但是应当指出，为了有效保护合法权益，刑法第 20 条第 3 款规定了"无限防卫权"。所谓无限防卫权，是指刑法允许公民对正在进行的行凶、杀人、抢劫、强奸、绑架以及其他严重危及人身安全的暴力犯罪，采取防卫行为，造成不法侵害人伤亡的，不属于防卫过当，不负刑事责任。换言之，国家允许公民在遭遇正在进行行凶、杀人、抢劫、强奸、绑架以及其他严重危及人身安全的暴力犯罪侵害时，有权采取任何措施维护合法利益。

通过以上分析可以看出，防卫权只有在正当行使之时，才是合法有效的、受法律保护的。否则，当防卫超出了一定限度，行为性质就会发生质的转变——原本合法的行为就可能变成不合法的，甚至变成违法犯罪了。因此，当我们感受到合法利益受到侵害或者威胁之时，应当保持相当冷静和理智，要正确而及时地行使防卫权，切不可因盲目冲动而采取过激行动。

8. 死刑错案主要成因与防范

（原载《中外法学》2015 年第 3 期）

毫无疑问，我国在相当长时期内不可能废除死刑。由于死刑适用关涉被告人的生杀予夺，故司法机关适用死刑，必须严格遵守刑事法律规定，且还需慎之又慎。最近几年来经由媒体披露的死刑错案——这里仅在狭义上使用"死刑错案"，即仅指对被告人犯罪事实认定错误且被适用了死刑（包括"死缓"）的刑事案件，确实令人触目惊心！现就其成因与防范发表如下粗浅看法：

一、死刑错案主要成因

其一，违背刑事法治规律，奉行错误刑事政策。所谓规律，就是指决定着事物发展必然趋向的事物发展运动轨迹。遵循事物发展规律，事物就会有序发展前进；不遵循事物发展规律，事物演进就会混乱失范。刑事法治规律就是决定国家有关认定犯罪与刑事处罚事务必然发展方向的运动轨迹。刑事法治规律一个基本要求就是——国家必须在科学合理的刑事政策指引之下处理刑事法治事务。一个时期以来，我国刑事法治领域之所以出现诸多错得离谱的死刑错案，首先就因为我们违背了刑事法治规律，奉行了错误刑事政策。比如说，在犯罪侦查方面，刑侦主管部门推行"有奖破案""限期破案""命案必破"等，这些完全不符合刑事侦查规律的政策，势必导致办案人员为了"破案获奖"，或者为了"如期破案"或者"百分百命案侦破率"，在处理涉案的犯罪嫌疑人时无所不用其极，这就必然造成冤假错案。又比如说，在犯罪控制方面，从上世纪80年代以来一直推行"严打""从重从快"刑事政策，虽然从表面上看这样的犯罪对策似乎有效遏制了当时的某些严重犯罪，但事实上这样的严重违背刑事法治规律且不科学更不合理的刑事政策却导致了严重后果——一方面并没有真正有效防止犯罪，而是引起某些严重犯罪反弹，另一方面，这样的刑事政策更是直接造成一批死刑错案的"元凶"。佘祥林案和呼格案等正是"严打""从重从快"刑事政策的直接恶果。

其二，刑事法治被过分"工具主义化"。我国是一个有着五千年悠久文明历史的国家。而一部中国法制史，其实很大程度上就是一部刑法史。所以自古以来，历代国家政权都十分重视运用刑事法治维护国家的长治久安。毋庸讳言，及至现代，刑事法治在中国从来都是作为政治统治工具而存在的。长期以来，由于受到历史法文化传统影响，再加上现实政治法律生活中"专政意识""稳定压倒一切"等治安控制方略的影响，司法机关与司法工作人员在处理刑事案件（特别是重大敏感刑事案件）时，就会自然而然"选边站"，他们往往会自觉把刑事法治当作达到某种社会治理的工具或手段。而如此一来，司法机关与司法工作人员的中立性或公正性就会荡然无存。如此进行刑事司法，造成冤假错案就不足为怪了。

其三，无视程序正义，公然践踏刑事诉讼法规范。从刑事法制史的角度来看，中国向来重实体而轻程序，重定罪而轻量刑。直到当今，这一现象虽有好所转，但并没有从根本上改变忽视程序正义的不良司法习惯。历数已经揭露出来的死刑错案——从河南赵作海案到浙江张氏叔侄案等，无不是办案机关及其工作人员漠视刑事诉讼法规定，全然不遵守刑事程序规定所造成的。无论是旧刑事诉讼法还是新刑事诉讼法，都规定有"重证据、重调查研究、不轻信口供原则"（1979年《刑事诉讼法》第35条，2012年《刑事诉讼法》第53条），该原则的立法目的在于：淡化口供在刑事案件处理中的作用，强调其他非口供证据在定罪中的重要作用，进而杜绝刑讯逼供。然而在实际办案过程中，有些办案机关及其工作人员仍然坚信"口供乃证据之王"的信条，为了找到案件突破口，他们仍然习惯并且依赖刑讯逼供以获取证词。现已发现的死刑错案，几乎均与刑讯逼供有关。

其四，轻视辩护律师的辩护意见。在现代刑事诉讼的制度设计上，辩护律师具有极其重要的地位，作为一个独立的刑事诉讼主体，辩护律师应当与公诉人具有同等刑事诉讼地位。他们的辩护意见理应成为人民法院在处理具体案件时的重要参考依据。但事实上，不仅在侦查阶段辩护律师的工作时常因为侦查机关故设障碍而无法开展——如检察院的反贪部门常常以刑事诉讼法第37条第3款为由，拒绝让律师会见涉嫌受贿的犯罪嫌疑人，而且在刑事案件的处理过程中，人民法院往往更重视（甚至主动配合检察机关）公诉人的意见，通常不会平等对待控辩双方意见。正因为如此，在一些疑难复杂案件审理过程中，辩护律师的合理意见得不到应有尊重就成为某些死刑错案的重要原因。例如河南张振风案，辩护人吕继超在辩护词中已经指出：当事人张振峰被定罪存在诸多疑问，如涉案5个被告人涉及14起案件，许多案件的主要事实模糊不清，特别是案件发生的时间、地点不清；并且该案证据采信也存在严重问题——没有被告人去辨认犯罪现场的笔录，怎么能证明被告人到过现场？受害人王某竟然能够辨认出蒙着脸部的人，难道有特异功能不成？并且，在前面笔录中他说没有看清被告人，而后面却又说看清了并辨认了出来，这明显是不真实的。然而不幸的是，这些具有充分道理的辩护意见并没有受到人民法院及其办案法官的重视，相反，他们宁可采信检察官事实与证据并不充分的指控，最终认定张振峰构成抢劫罪、强奸罪，并处以死刑缓期两年执行，直到2010年真凶王银光被发觉，张振峰案才得以水落石出。

二、死刑错案之防范

古人云："人非圣贤，孰能无过？过而改之，善莫大焉。"要求绝对不出现错案——包括死刑错案——是不现实的。问题在于知过即改——即应当尽可能不要让死刑错案再次发生，也就是要最大限度地有效防止死刑错案。在我看来，要有效防止死刑错案，主要应当采取以下措施：

首先，构建科学合理的刑事法制体系，真正做到法、检、公各司其职，确保法院独立审判。虽然新旧刑事诉讼法均规定了法、检、公分工负责，互相制约原则，但客观而论，这一原则并没有被认真地遵守。究其原委，是因为我们的刑事法制体系设计并不合理。一方面，刑事诉讼法规定了人民法院、人民检察院依法独立行使职权原则，可是宪法却明确赋予了检察机关"法律监督机关"的地位，这就意味着检察机关拥有对法院审判工作进行监督的权力，既然如此（且不说还有党政部门的干预），法院又怎么能够真正独立审判？另一方面，在现实政治法律生活中，国家又赋予了公安机关太大的权力，无论是社会治安日常管理，还是"维稳"以及打击与防范犯罪，国家主要依靠公安机关，而且过去很长时间一些地方的公安机关首长还兼任当地政法委书记，这就造成了公安机关权力事实上远远大于法院和检察院的实际情况，进而造成在处理刑事案件过程中，法、检、公名义上分工负责，但实际上无法相互制约。已经揭露出来的那些死刑错案，也证明了这一分析结论。要真正避免死刑错案，必须建构科学的刑事法制体系，即只有法院才是最权威的刑事司法权力拥有者，检察机关可以或应当指导或监督公安机关办理刑事案件，但是不能去监督法院的司法审判。只有如此来进行刑事法制体系设计，才能真正确保法、检、公各司其职，进而确保法院独立审判，尽可能减少冤假错案发生。

其次，尊重犯罪嫌疑人或被告人的基本权利，坚持无罪推定原则。毫无疑问，在处理刑事案件过程中，听取并考虑被害方诉求是实现刑事处罚目的、促使被告人认罪悔罪的重要因素。但是，由于办案机关是以国家名义展开刑事调查并进行刑事诉讼，相对于强大的国家机器，犯罪嫌疑人或被告人显得多么渺小或多么微不足道！强调尊重犯罪嫌疑人或被告人的基本权利，就是要约束国家权力，把犯罪嫌疑人或被告人真正当"人"来看待，不允许随意剥夺其依法享有的权利。英国法哲学家密尔曾经指出："针对文明社会的成员，违背其意志，国家权力正确行使的唯一目的就是防止对他人的损害……社会成员不能被合理地强迫去做什么或者忍受什么。"[1] 这一精辟论述对于我们理解为什么应当约束国家权力仍然具有重要意义。为了有效保护犯罪嫌疑人或被告人基本权利，刑事诉讼法已经规定了科学合理的办案程序，严格遵守这些程序性规定，就可以确保办案质

---

[1] ［英］威廉姆·威尔逊著，谢望原、罗灿、王波译：《刑法理论的核心问题》，21页，北京，中国人民大学出版社，2015。

量。尊重犯罪嫌疑人或被告人的基本权利，某种意义上来说，就是要求办案机关严格遵守刑事诉讼法规定的办案程序，避免造成冤假错案。此外，无罪推定原则乃是现代法治国家共同遵循的基本刑事司法原则。我国刑事法律虽然没有明文规定无罪推定原则，但一般认为，刑事诉讼法第 12 条规定的"法院定罪原则"（未经人民法院依法判决，对任何人都不得确定有罪）就是无罪推定原则。无罪推定原则的基本要求乃是：不得强迫犯罪嫌疑人或被告人自证其罪、检察机关承担其指控犯罪的举证责任以及疑罪从无。与无罪推定紧密相连的还有"有利被告原则"或"如有疑点，利益归被告原则"。毋庸讳言，我国司法机关在刑事案件处理过程中并没有真正落实无罪推定以及相关原则的精神，相反，我国的法院、检察机关对于一些重大敏感案件常常"提前介入"，事实上形成"未审先判"的结论。凡此种种，都可能增加了冤案发生的几率。为了杜绝死刑错案，在今后刑事司法实践中，有必要着力推行无罪推定原则。

最后，依法科学合理追究有关责任人的法律责任。就我国目前做法来看，在追究有关死刑错案办案人员法律责任方面，通常是追究侦查机关具体办案人员的法律责任，很少追究检察机关和法院办案人员的法律责任。在具体法律责任问题上，通常是依据刑法第 247 条追究有关侦查人员刑讯逼供罪、暴力取证罪等刑事责任。这显然是不够科学合理的。就中国现行政治法律制度设计而言，法院、检察院、公安机关都属于国家机关的范畴，法官、检察官和警官都具有公务员身份或者说都是国家机关工作人员。因此，如果他们在办案过程中具有严重的滥用职权或者玩忽职守的渎职行为，刑法上关于渎职罪的相应规定也是可以适用于法院、检察院和公安机关的办案人员的。此外，如果有关办案人员故意制造死刑错案，例如，侦查人员故意伪造证据或隐匿对犯罪嫌疑人或被告人有利的关键证据，公诉人明知侦查人员伪造证据或隐匿对被告人有利的关键证据，且明知据其提出的指控，被告人有可能被判处死刑而仍然提起公诉，法官明知前述情况仍然据以判处被告人死刑的，则有关侦查人员、公诉人和法官均可能成立杀人罪的共同犯罪。由上分析可知，在处理死刑错案追究有关人员法律责任时，应当根据具体案件实际情况，严格依据法律规定科学合理地分清不同情况下的法律责任。

9. 完善刑法规定三题

（原载《人民检察》2007 年第 19 期）

1997 年刑法颁布施行已经 10 周年了。毫无疑问，该新刑法是一部在刑法立法与刑事法治史上具有里程碑意义的重要法典，它在维护国家社会秩序、保护国家与集体财产和公民个人财产、保护公民（包括犯罪人）人身权利、民主权利以及预防犯罪、减少犯罪等各个方面均发挥了无可替代的作用。但是，毋庸讳言，通过 10 年来的刑事司法实践，新刑法也显露出一些亟待完善的地方。这里，仅就进一步完善刑法谈几点个人看法。

其一，刑法用语应该尽可能严密、严谨。尽管现行刑法已经具有较高立法水准，无论是立法用语，还是刑法分则各条文内容，立法者都予以充分斟酌、考量，但由于种种原因，现行刑法立法用语以及法条内容规定还是出现了若干不尽如人意的问题。比如刑法第 121 条规定了"劫持船只、汽车"的犯罪行为，却没有规定劫持"火车""电车"等交通工具的犯罪，尽管现实生活中劫持火车、电车的行为极为罕见，但是谁能担保就不会出现劫持火车、电车的犯罪行为？如果司法实践中发生了劫持火车、电车等行为，如何处理？事实上，立法者只要在原条文中加上劫持"交通工具"的词语，这一问题就很容易解决了。类似情况刑法分则中还有一些，应当引起立法机关的重视。

其二，扩大单位犯罪范围。虽然由于"单位"的模糊性，给司法实践中处理单位犯罪带过一些麻烦，但还是应该肯定，现行刑法明确规定单位犯罪是一个重大的立法进步。如果能够尽快按照国际社会通行做法规定法人犯罪则更好！事实上，不仅英美刑法上关于法人犯罪的罪种越来越多，已经远远超出了经济犯罪的范围，就是大陆法系的法国等，其刑法关于法人犯罪的规定也越来越多，很多传统的只能由自然人实施的犯罪，现在其立法也规定可以由法人实施了。其实在我国，由单位组织实施的犯罪也越来越多，不仅涉及经济犯罪，而且也不断向自然人犯罪领域蔓延。由于认识模糊，我国司法机关曾经将单位组织实施的盗窃电力的行为不作为犯罪处理。这显然是十分错误的。之所以出现这样的错误，是因为现行刑法没有明确规定盗窃罪可以由单位实施，而实行犯往往是在单位领导授意或命令下为了单位的利益而实施危害社会的行为。有人认为，此种情况下如果处罚自然人，违反了罪刑法定原则。为了避免这样此类荒唐认识，我建议国家立法机关进一步拓宽单位犯罪种类，并明确规定单位决定实施只能由自然人实施的犯罪行为时，应当按照自然人犯罪处理。

其三，大力推行刑罚制度改革。一个不容忽视的问题是：我国更加重视定罪与量刑，而对刑罚制度改革以及刑事处罚多元化、科学化、人性化等问题较少关注。1997 年刑法施行以来，我国立法机关颁布了 6 个刑法修正案和 9 个立法解释，"两高"也作出了大量司法解释，但基本上均与定罪量刑有关而没有涉及刑罚制度改革问题。其实，我国刑罚制度在过去半个多世纪中基本上一成不变——5 个主刑、3 个附加刑，另加上一个适用于非中国公民的驱逐出境。而过去 30 年间，世界上一些发达国家的刑罚制度改革风起云涌，刑事处罚种类及其执行制度发生了重大变革。这种变革主要是废除死刑、非刑罚化处置犯罪、扩大财产刑适用范围、以非监禁刑代替监禁刑（推广社会服务刑等）、行刑社会化以及恢复性司法，等等。事实证明，国外的这些做法取得了较好的效果，值得我国学习借鉴。因此，我建议立法机关认真对我国刑事处分制度现状进行调查研究，同时认真研究分析国外的成功经验，就可能及时地对我国刑事处分制度进行大规模调整，从而有效提高我国刑事司法制度应对犯罪以及保障人权的能力。

10. 中国内地刑法立法的最新发展

（2011 年 7 月在香港律师公会的演讲稿）

各位香港律师，大家下午好！非常高兴有机会来到贵会和大家分享中国内地刑法立法的最新发展情况。

回顾中国五千年文明史，我们不难发现，一部中国法制史，其实就是一部中国刑法史！中国各个朝代无不高度重视刑法立法。新中国成立以来，中国内地颁布过两部刑法典——1979 年刑法典和 1997 年刑法典。现行刑法典从 1997 年 10 月 1 日施行以来，全国人大及其常委会又分别颁布了八个刑法修正案、三个单行刑法和九个立法解释。因为时间关系，今天我只就 2011 年 5 月 1 日生效的《刑法修正案（八）》（以下简称"修八"）和大家讨论内地刑法立法的最新发展。

一、"修八"指导思想：宽严相济刑事政策

"宽严相济"是2004年以来内地逐渐形成并大力推广的一项刑事政策，是对上世纪80年代以来我国长期推行的"严打""从重从快"刑事政策的理性反思。其核心思想就是：该严则严，该宽则宽，宽严有度，实现刑罚公正。我们可以通过内地近年发生的两起引起社会关切的杀人案——付某杀人案和药某杀人案，来诠释宽严相济刑事政策。前者基本案情是：付某因为和自己女朋友感情出现危机而迁怒于被害人，有预谋地用菜刀将正在讲台上上课的某教授砍死，然后拨打110电话投案自首。后者基本案情是：药某超速开车并将被害人撞倒在地，药某害怕被害人记下自己车牌号并追究自己法律责任，进而用随身携带的水果刀连捅被害人8刀，将其杀死。药某后来也投案自首。后来，付某被当地法院以故意杀人罪判处死刑缓期两年执行；药某则被以故意杀人罪判处死刑立即执行（已执行）。同样是故意杀人，同样有自首法定可以从轻量刑情节，但法院作出了生死有别的不同判决！这是因为：现代刑罚制度，并不单纯追求报应效果，必须综合考虑案件全部情况，公正适用刑罚，付某虽然凶残杀害了老师，但从其杀人动机和起因来看，仍然属于应当判处死刑但不必立即执行，故法院作出了前述判决；而药某完全丧失了人性，在已经交通肇事违法犯罪情况下，又杀人灭口，连捅被害人八刀！如果刑法中还有死刑制度，对药某这样穷凶极恶的杀人犯不适用死刑，就是天理不容的！可以肯定，这两个案子的判决，较好地体现了"宽严相济"精神。一般而言，"修八"对总则的修正更多地体现了宽严相济刑事政策中从"宽"的一面；而分则的修正，则主要体现了宽严相济刑事政策中从"严"的一面。

二、"修八"涉及内容广，新增七个罪名

"修八"对现行刑法中51个条文进行了重大修改，其内容涉及刑法总则的一些基本原则以及分则规定的一些具体犯罪的构成要件和处罚轻重的调整。同时，"修八"新增了7个罪名，分别是：危险驾驶罪（133条之一）、对外国公职人员、国际公共组织官员行贿罪（164条第2款）、虚开发票罪（205条之一）、持有伪造的发票罪（210条之一）、组织出卖人体器官罪（234条之一）、拒不支付劳动报酬罪（276条之一）、食品监管渎职罪（408条之一）。

新增的这7个罪名，都是近些年来社会反响强烈而原来刑法典没有将这些行为犯罪化的严重危害社会的行为。例如，醉酒驾驶机动车辆和飙车等，在西方各国早就将其规定为犯罪，而按照以往我国刑法规定，醉酒驾驶机动车只有造成人员重大伤亡或者财产重大损失时才按照交通肇事罪（过失犯罪）论处，这显然十分不利于对民众生命、健康和财产权益的保护。又如，原来刑法典没有规定对外国公职人员和国际组织官员行贿方面的犯罪，遇有一些不法之徒为了个人利益而向外国人或国际组织官员行贿，却不能以刑罚手段加以有效规制。再如，一些不法分子利用贫困地区的老百姓急需钱款应付子女上学或治病救人的困境，组织这些穷困者出卖自己器官给那些需要器官移植的病人，并从中谋取巨额利益，由于以往刑法没有对此作出专门规定，很多不法之徒没有得到应有处罚，而有的地方司法机关对这些组织出卖人体器官的违法行为虽然做出了处理，也只能牵强地按照"非法经营罪"论处。总之，"修八"新增的这些罪名，为刑事司法实践处理有关犯罪及时提供了法律根据。

此外，"修八"还对三个罪名做了重大修改，主要是降低了入罪门槛，加大了处罚力度。这三个罪名是：生产、销售不符合安全标准的食品罪（143条）、强迫劳动罪（244条）、污染环境罪（338条）。

三、"修八"体现了尊重人权，关爱生命的价值追求

内地刑法典原有68个条款规定的罪名有死刑。长期以来，内地刑法中死刑太多而饱受国际社会非议，国内学者也曾多次呼吁减少死刑。"修八"特别值得称道的就是大幅消减死刑适用范围——废除了13个罪名的死刑！废除死刑的13个罪名分别是：走私文物罪（151条第2款），走私贵重金属罪（151条第2款），走私珍贵动物、珍贵动物制品罪（151条第2款），走私普通货物、物品罪（153条），票据诈骗罪（194条第1款、199条），金融凭证诈骗罪（194条第2款、199条），信用证诈骗罪（195条、199条），虚开增值税专用发票、用于骗取出口退税、抵扣税款发票罪（205条第2款），伪造、出售伪造的增值税专用发票罪（206条第2款），盗窃罪（264条），传授犯罪方法罪（295条），盗掘古文化遗址、古墓葬罪（328条第1款），盗掘古人类化石、古脊椎动物化石罪（328条第2款）。虽然内地刑法典还有55个带有死刑的罪名，但一次废除13个罪名死刑已经是一个了不起的历史进步！

不仅如此，"修八"还明确规定：75周岁以上的人犯罪的，原则上不适用死刑，除手段特别残忍致人死亡者外。中国自古就有"矜老恤幼"的法文化传统，"修八"规定对年满75周岁的犯罪人原则上不适用死刑，是对中国优良法文化传统的继承和发扬。

应当肯定，"修八"大幅度废除死刑，顺应了历史潮流，合乎尊重人权，关爱生命的理念。

四、调整刑罚结构，推进刑罚改革

毫无疑问，"修八"的最大亮点乃是刑罚制度方面的修改与完善。在以往的历次刑法立法与刑法修正案中，基本上没有涉及刑罚制度改革。"修八"则十分重视刑罚制度修改完善，在多个方面推进了刑罚改革。这主要体现在以下方面：

1. 第一次将社区矫正制度写进了刑法典。社区矫正制度是内地借鉴西方"恢复性司法"理念而在一些省市已经试行多年的一项制度，但是长期以来由于没有立法根据，使得社区矫正实践进展缓慢。"修八"明确规定：对被判处管制、宣告缓刑和被假释的犯罪人，依法实行社区矫正，这就为社区矫正健康发展提供了立法根据。

2. 限制死缓犯、无期徒刑犯减刑幅度。根据有关学者的统计，以前，我国内地被判处死刑缓期两年执行的犯罪人，实际在监狱执行的期限大约15年左右，而被判处无期徒刑的犯罪人在监狱实际执行的期限也只有十几年，这就使死刑缓期两年执行与无期徒刑的实际执行年限相差无几，不能体现两者应有的严格界限。现"修八"明确规定：死缓犯即使有重大立功表现，两年考验期满后，减为25年有期徒刑；对死缓犯减刑后，其实际在监执行年限不能少于20年。同时，"修八"明确规定：被判处无期徒刑的犯罪人减刑后，其实际在监执行年限不能少于13年。

3. 增设了坦白制度。尽管长期以来内地主张"坦白从宽，抗拒从严"，但是由于以往刑法典没有将坦白作为法定可以从轻处罚的情节加以规定，故司法实践中并没有认真严肃贯彻"坦白从宽"政策，以至于人民群众将实践中的做法归结为："坦白从宽，牢底坐穿；抗拒从严，回家过年！""修八"吸取了刑事司法实践的经验教训，明确规定：犯罪嫌疑人虽然不具有自首情节，但是如实供述自己罪行的，可以从轻处罚；因其如实供述自己罪行，避免特别严重后果发生的，可以减轻处罚。

4. 加大了对暴力犯罪的打击力度。首先，扩大特别累犯范围。原刑法典规定的特别累犯只限于危害国家安全罪。"修八"对刑法第 66 条进行了重大修改，增加规定：恐怖活动犯罪、黑社会性质的组织的犯罪分子，在刑罚执行完毕或者赦免以后，在任何时候再犯上述任何一类罪的，都以累犯论处。累犯乃是法定从重处罚的情节，此规定显然加重了对恐怖活动犯罪、黑社会性质组织犯罪的处罚。其次，增加规定对投放危险物质、有组织暴力犯罪的犯罪人不得假释。原刑法第 81 条规定：对累犯以及因杀人、爆炸、抢劫、强奸、绑架等暴力犯罪，被判处 10 年以上有期徒刑、无期徒刑的犯罪分子，不得假释。"修八"又增加了两类犯罪不得假释——因投放危险物质和有组织暴力犯罪而被判处 10 年以上有期徒刑、无期徒刑的犯罪分子。

5. 延长了数罪并罚期限。以前内地刑法典规定数罪并罚有期徒刑的最高期限为 20 年。"修八"将其修改为：数罪判处的总和刑期不满 35 年的，对犯罪人应当判处最高不能超过 20 年有期徒刑；数罪判处的总和刑期在 35 年以上的，对犯罪人应当判处最高不能超过 25 年有期徒刑。

五、结语：内地刑法立法的应然发展趋势

1. 应当进一步加大尊重人权、维护人的尊严刑法保护力度。

2. 吸收借鉴先进的刑罚理念，进一步推进刑罚制度改革。

3. 将备受争议的劳动教养制度纳入刑事司法范围。

11. 英国道路交通法犯罪规定的启示

（原载 2009 年 8 月 5 日《法制日报》）

一、英国道路交通犯罪基本规定

英国关于道路交通犯罪的立法，可谓在西方国家中为最完备者之一。1988 年英国颁布道路交通法之后，又在 1991 年和 1996 年两次进行了修订。该法规定：在道路上或其他公共场所，以危险的方式驾驶机动交通工具造成他人死亡的，构成"危险驾驶致人死亡罪"；在道路上或其他公共场所，以危险的方式驾驶机动交通工具的，构成"危险驾驶罪"。所谓"危险驾驶"是指如果在一个有能力的和谨慎的司机看来，在某交通工具处于可能造成危险的状态下，而行为人仍然驾驶之，则此人应当被认为实施了危险驾驶的行为，其具体表现为：（a）其驾驶的方式远远低于人们对一个有能力的和谨慎的司机的期望；（b）对于一个有能力的和谨慎的司机而言，如此驾车显然是危险的。这里所谓"危险"是指对人身造成伤害或对财产造成严重损害的危险。

如果行为人在道路上或其他公共场所驾驶机动交通工具，没有对正在使用该道路或公共场所的其他人尽到合理谨慎之注意义务或者合理的照顾义务的，则构成"疏忽的和不顾他人的驾驶罪"。如果行为人有下列情形之一，在道路上或其他公共场所驾驶机动交通工具，没有对正在使用该道路或公共场所的其他人尽到合理谨慎和注意义务或者合理的照顾义务，因此致人死亡，构成"在酒精或毒品的影响下疏忽驾驶致人死亡罪"：（a）驾驶车辆时正处于酒精或毒品的影响下，不适合驾驶车辆；"不适合驾驶"是指当一个人的正确驾驶能力被削弱时，他应当被认为不适合驾驶。（b）饮用了太多的酒精以至于其呼出的气体、血液或尿液中的酒精成分超过法定限制。（c）被要求在事件发生后18个小时内提供该法第7条规定的标本，没有合理的理由而不提供。此外，该法还规定了"在酒精或毒品的影响下驾驶罪"和"在酒精浓度超标的情况下驾驶或掌管机动车交通工具罪"。

由以上分析可知，英国采取了更为严格的公路交通安全管理措施。英国刑法不仅有关于交通道路犯罪的危险犯、行为犯等规定，对于受酒精影响而驾驶的行为规定了多个罪名，在处罚上，对于危险驾驶机动车辆致人死亡的，按照普通法的传统，应当认定为非预谋杀人罪，应当判处14年监禁或罚金，或者二者并罚之。而且，英国刑法对危险驾驶类犯罪与酒后驾驶类犯罪规定了远重于德国刑法典对同类犯罪规定的刑罚（德国对同类犯罪的处罚是5年以下自由刑或者罚金）！

二、我国道路交通犯罪立法存在的问题

我国关于在公路与水上驾驶机动车辆和船舶而引起交通运输安全的犯罪，只有刑法第133条规定的交通肇事罪，与之配套的刑事司法解释是最高人民法院2000年11月10日《关于审理交通肇事刑事案件具体应用法律若干问题的解释》。刑法规定与司法解释存在的主要问题是：

第一，立法粗糙简单，不能适应同复杂的交通犯罪作斗争的需要。虽然1997年修订刑法时对1979年刑法规定的交通肇事罪做了某些增补，但并无实质性进步——只是明确了"交通运输肇事后逃逸"的加重构成要件以及增加"因逃逸致人死亡的，处七年以上有期徒刑"的规定，提高了该罪的量刑幅度。与驾驶机动车辆和船舶有关的违法犯罪本来无比复杂，但是刑法第133条只是极其简单地表述为"违反交通运输管理法规，因而发生重大事故……"如此粗糙简单地描述本罪客观要件，就难免将很多本来应当作为犯罪处理的行为遗漏殆尽。

我国刑法学界和立法者似乎总是认为"交通肇事罪"只能是过失犯罪，故未能突破传统思维进行创新型立法。其实，认为交通肇事罪只能是过失犯罪乃是一种天大的误解！交通肇事罪的一个核心概念就是"肇事"，而"肇事"即"引起事故""闹事"的意思。在本来意义上，"肇事"既有过失引起事故的含义，也存在故意挑起事端的意思。而现实生活中的酒后驾驶、严重超速驾驶行为造成的交通事故，很多场合更可能是故意放任所为！由于以往我们偏执而狭隘地将交通肇事罪置于过失犯罪的理解来进行立法和司法，导致刑法第133条不能适应同繁纷复杂的与驾驶机动车辆有关的违法犯罪作斗争的需要。

第二，交通肇事罪成立条件要求太高，不利于有效打击与防范此类犯罪。根据刑法第133条，交通肇事必须发生重大事故，致人重伤、死亡或者公私财产遭受重大损失才构成犯罪。2000年11月10日《关于审理交通肇事刑事案件具体应用法律若干问题的解释》更是明确要求"死亡一人或者重伤三人以上，负事故全部或者主要责任"等才构成犯罪！如此苛刻的成立犯罪要件恐怕在世界各国刑法中都属罕见。这不能不使人认为我们的刑法对人的生命与健康太不尊重！而正是这种不合理、不科学的规定，使得很多造成严重危害后果的交通肇事行为逍遥于刑事处罚之外。

第三，司法解释欠合理，没能为刑事司法实践提供科学根据。为了弥补刑法第133条立法的粗疏，最高人民法院2000年11月10日发布了《关于审理交通肇事刑事案件具体应用法律若干问题的解释》，该解释针对刑事司法实践遇到的诸多问题进行了提炼，并提出了具体处理办法。应当肯定，该司法解释为我国司法机关处理交通肇事刑事案件提供了统一标准，一定程度上解决了司法实践中遇到的一些问题。

但是必须指出，该解释仍然存在诸多漏洞。试举一例：该解释第2条第1款第3项规定：造成公私财产或者他人财产损失，负事故全部或者主要责任，无能力赔偿数额在 30 万元以上的，构成交通肇事罪。这就意味着：行为人交通肇事后如果赔偿了交通肇事造成的 30 万元损失，行为人就不构成交通肇事罪；反之，行为人无能力赔偿 30 万元损失，就构成交通肇事罪。这种以事后行为人是否能够赔偿违法行为造成之损失作为判断行为人之行为是否构成犯罪的主张，完全使刑法失去了规范意义！

三、完善我国交通犯罪立法的基本构想

我认为，我国当前道路交通犯罪极其严重，不仅引起全社会的不安与广泛关注，而且已经造成了大量人员伤亡与财产重大损失。因此，有必要借鉴英国前述有关道路交通犯罪的立法经验，认真检讨现有的与驾驶机动车辆有关的交通犯罪立法，及时修改完善我国刑法立法的不足。基本设想是：

其一，借鉴英国关于有关驾驶机动车辆的犯罪规定，将此类犯罪分为故意类犯罪与过失类犯罪，明确规定此类犯罪存在危险犯和行为犯两种类型，同时规定此类犯罪的结果加重犯。

其二，专门设立"酒后（包括醉酒后）驾驶机动车辆罪"，即明确规定酒精含量超过一定安全标准而驾驶机动车辆的，无论是否造成危害后果，均应认定成立犯罪。至于我国酒精含量的安全标准，可以在征询有关医学专家意见后确定。有关国家规定的血液含酒精浓度禁止驾驶机动车标准并不一样。德国为血液中酒精含量达到千分之 1.1 时，就是德国刑法典第 316 条规定的"不能安全驾驶"的起点，即刑事责任的起点。英国为：（a）呼吸中的酒精浓度是：35 微克酒精/100 毫升呼出气体；（b）血液中的酒精浓度是：35 微克酒精/100 毫升血液；（c）尿液中的酒精浓度是：35 微克酒精/100 毫升尿液，或者国务大臣制定的规则规定的其他别的此类浓度标准。我国关于酒后驾驶的行政处罚标准，根据国家质量监督检验检疫局发布的《车辆驾驶人员血液、呼气酒精含量阈值与检验》（GB19522—2004）中规定，驾驶人员每 100 毫升血液酒精含量大于或等于 20 毫克（1 毫克 = 1000 微克），并且每 100 毫升血液酒精含量小于 80 毫克为酒后驾驶；每 100 毫升血液酒精含量大于或等于 80 毫克，为醉酒驾车。我国规定的酒后驾驶的酒精含量标准远高于德国和英国！

其三，增设"危险驾驶罪"，禁止在公共交通或人们日常生活区域飙车（赛车）或者其他危险驾驶行为，将那些以取乐、竞技等为目的的在公共交通或人们

日常生活区域飙车（赛车）等危险驾驶行为犯罪化。同时，将那些超过法定时速一定比例的驾驶行为犯罪化。至于以超过法定时速什么样的比例作为犯罪化的起点，可以征询有关方面专家意见后确定。

其四，大幅度提高有关非法驾驶机动车辆犯罪的量刑幅度，从而有效阻吓非法驾驶机动车辆危害他人生命、健康以及财产安全的行为。

12. 高检院指导性案例：为办案提供重要参考

（原载 2012 年 12 月 17 日《检察日报》）

2012 年 11 月 21 日，最高人民检察院《关于印发第二批指导性案例的通知》发布。本次共发布了五个与职务犯罪有关的典型案例，主要涉及犯罪主体身份、犯罪情节、因果关系以及一罪与数罪认定等实体刑法问题。应当充分肯定，这五个典型案例无论是在罪名确定、事实认定方面还是在刑法学基本理论运用方面，都十分恰当。这些指导性案例为我国刑事司法实践中正确处理相关刑事案件提供了重要参考。

一、正确认定了国家机关工作人员身份

本次发布的"崔某环境监管失职案（检例第 4 号）"和"陈某、林某、李甲滥用职权案（检例第 5 号）"，其共同难点在于正确认定行为人是否具有国家机关工作人员身份。"检例第 4 号"中的崔某原系江苏省盐城市饮用水源保护区环境监察支队二大队大队长，其所在单位属于国有事业单位。刑事审判过程中，崔某以自己对标新公司只具有督查的职责、不具有监管的职责以及自己不符合环境监管失职罪的主体要求等为由进行辩解。本案关键在于：国有事业单位工作人员是否可以认定为国家机关工作人员？"检例第 5 号"中的被告人林某，原系上海市奉贤区四团镇杨家宅村党支部书记、村民委员会主任、村镇保工作负责人；被告人李甲原系上海市奉贤区四团镇杨家宅村党支部委员、村民委员会副主任、村镇保工作经办人。该案的关键问题是：村党支部以及村民委员会负责人可否认定为国家机关工作人员？

我国特定的政治制度与社会组织体系形成了一些我国特有的法律上的术语与概念，国家机关工作人员就是其中的一个。对于标准的国家机关工作人员（如各

级政府机关工作人员），一般并不存在理解上的分歧。问题在于如何准确把握那些准国家机关工作人员（或拟制的国家机关工作人员）？为了解决司法实践中的这一难题，全国人大常委会在2002年12月28日发布了《关于〈中华人民共和国刑法〉第九章渎职罪主体适用问题的解释》，该解释明确指出："在依照法律、法规规定行使国家行政管理职权的组织中从事公务的人员，或者在受国家机关委托代表国家机关行使职权的组织中从事公务的人员……构成犯罪的，依照刑法关于渎职罪的规定追究刑事责任。"

"检例第4号"中的崔某，身为盐城市饮用水源保护区环境监察支队二大队大队长，其所在单位正是受国家机关的委托代表国家机关履行环境监督管理职责的环境监察部门，因而，崔某无疑具有国家机关工作人员的身份。由于他工作中严重不负责任，导致发生重大环境污染事故，致使公私财产遭受重大损失，其行为当然构成环境监管失职罪。"检例第5号"中的林某、李甲虽然是村党支部、村民委员会负责人，但他们事实上受国家机关委托负责或经办被征地人员就业和保障工作，这就使其具有了在受国家机关委托代表国家机关行使职权的组织中从事公务的人员的特性，因而具有了国家机关工作人员身份。他们在负责或经办被征地人员就业和保障工作过程中，故意违反有关规定，共同或单独擅自将不符合镇保条件的人员纳入镇保范围，致使公共财产遭受重大损失，并造成恶劣社会影响，其行为足以构成滥用职权罪。

二、正确认定了"致使公共财产、国家和人民利益遭受重大损失"

"致使公共财产、国家和人民利益遭受重大损失"乃是滥用职权罪、玩忽职守罪的客观构成要件。换言之，构成刑法第397条规定的滥用职权罪、玩忽职守罪必须是行为人之行为造成了公共财产重大损失与国家和人民利益的重大损失之一。因此，是否"致使公共财产、国家和人民利益遭受重大损失"就是区分该罪与非罪的重要界限。

在"检例第6号"中，罗甲、罗乙、朱某、罗丙均为原广州市城市管理综合执法局黄埔分局大沙街执法队协管员。"城市管理综合执法局"乃是具有城市公共管理职能的政府职能部门，故当属国家机关的范畴。而被告人罗甲、罗乙、朱某、罗丙则属于"虽未列入国家机关人员编制但在国家机关中从事公务的人员"。他们在代表国家行使城市管理职权时，长期胡作非为，大肆勒索辖区部分无照商贩钱财，造成无照商贩非法占道经营十分严重，暴力抗法事件不断发生，其行为严重危害和影响了该地区的社会秩序、经济秩序、城市管理和治安管理，造成了恶劣的社会影响。但问题在于，四被告人虽然造成了恶劣社会影响，却并没有直接"致使公共财产遭受重大损失"。那么，被告人的行为是否属于"致使国家和人民利益遭受重大损失"的行为呢？这就涉及刑法解释问题，即"致使国家和人民利益遭受重大损失"是否包括国家机关工作人员的职务行为造成的"恶劣的社会影响"？显然，这里关键在于如何准确理解"利益"。不难理解，一般而言，"利益"包括物质利益与非物质利益。前者如各种可用金钱计价的财产性利益，后者则包括各种难以用金钱计价的利益，如良好的名誉、美好的形象等。因此可以肯定，"致使国家和人民利益遭受重大损失"，包括造成国家和人民的非物质性利益。由此分析不难看出，四被告人作为国家机关工作人员的胡作非为行为，严重败坏了国家机关声誉和形象，其造成的恶劣社会影响完全可以理解为"致使国家和人民利益遭受重大损失"。因而，认定其构成滥用职权罪是正确的。

三、正确行使了检察监督权

"检例第 7 号"就其事实与性质认定并无争议，但有重要启示意义之处在于该案是在检察机关查办其他案件过程中发现的。根据我国刑法第 402 条规定，行政执法人员徇私舞弊，对依法应当移交司法机关追究刑事责任不移交，情节严重的，构成徇私舞弊不移交刑事案件罪。本案被告人胡某、郑某身为工商行政执法人员，在明知查处的非法传销行为涉及经营数额巨大（1 600 万元），依法应当移交公安机关追究刑事责任的情况下，为牟取小集体利益，隐瞒不报违法事实涉及的金额，以罚代刑，致使犯罪嫌疑人在行政处罚期间，继续进行违法犯罪活动，情节严重，其行为均已构成徇私舞弊不移交刑事案件罪。

我国宪法第 129 条规定：中华人民共和国人民检察院是国家的法律监督机关。这就意味着，人民检察院对国家法律的实施负有监督责任。由于指控犯罪乃是检察机关的核心任务之一，因此，当发现有徇私舞弊不移交刑事案件的事实时，检察机关理所当然要依法履行监督职责。

四、正确认定了因果关系与罪数

"检例第 8 号"案情较为复杂，但主要涉及因果关系认定与罪数问题。其一，关于因果关系的问题。被告人杨某原系深圳市公安局龙岗分局同乐派出所所长，但却对辖区内的舞王俱乐部存在治安隐患和消防隐患等严重问题置若罔闻，没有督促责任区民警跟踪落实整改措施并及时排除舞王俱乐部的安全隐患，最终导致2008年9月20日晚发生特大火灾，造成44人死亡、64人受伤的严重后果。杨某作为派出所所长，对其辖区内的治安与消防安全具有监督管理的职责，其疏于职守的行为与后来发生的严重死伤事件无疑具有刑法上因果关系，因而杨某对此一后果负有不可推卸的责任。其二，本案涉及的罪数问题。本案例在事实描述上将其描述为三个犯罪——即玩忽职守罪、徇私枉法罪与受贿罪，但是在最终定罪时，只认定了两个罪，即玩忽职守罪与受贿罪。这是正确的。刑法第399条第4款规定：司法工作人员收受贿赂，有前三款行为的，同时又构成本法第385条规定之罪的，依照处罚较重的规定定罪处罚。就被告人杨某涉及的徇私枉法罪与受贿罪两相比较，受贿罪的处罚显然重于徇私枉法罪，故最后对杨某以受贿罪论处而不按数罪并罚原则处理是有法律根据的。

13. 中国量刑制度改革的重大举措——简评《人民法院量刑指导意见（试行）》

（原载2010年12月15日《人民法院报》）

如何设计与构建科学合理的量刑制度、制定规范的量刑标准、减少量刑偏差和量刑失衡，乃是世界各国刑事法学研究与刑事司法实践亟待解决的重大课题。西方国家自20世纪80年代开始新的量刑制度改革运动，出现了不同的量刑模式，如美国模式与英国模式等。美国采数量化量刑模式，联邦和很多州都颁行《量刑指南》，以数量式图表来描述各种罪行等级的数值，为法官们正确量刑提供了指南。英国则采论理式量刑模式，重点论证量刑的具体适用原则和法官应当注意的问题，具有灵活性，可以分段实施，主要为量刑标准的设立和发展提供良好的基础，所给予的量刑原则与法官的审判实践紧密相关，因此极具借鉴意义。此外，大陆法系的德国、日本等国都非常重视研究、开发和使用量刑信息系统——包括刑事案例数据库、量刑原则、量刑指南数据库、量刑法律依据等，而且不断更新的量刑信息数据库，为法官裁断提供丰富的量刑信息，既方便法官参阅，又为公诉人、辩护律师和社会公众查阅提供方便途径，故受到普遍欢迎。长期以来，我国法院也一直试图找到适合中国国情的统一量刑准则。最近，最高人民法院立足于中国刑事法律制度与刑事司法实际，通过大量调查研究、反复论证、定点实验之后，颁发了《人民法院量刑指导意见（试行）》（以下简称"指导意见"），从而为我国各级人民法院量刑工作提供了极其重要的纲领性司法文件。在我看来，该"指导意见"主要有以下亮点：

一、宏观上规定了量刑指导原则，确保量刑中正确运用刑事政策

刑事政策乃是刑事司法的灵魂，而正确运用刑事政策指导量刑工作则是实现刑罚目的的关键所在。"指导意见"在第一部分以四个条文专门规定了"量刑指导原则"，这既是对刑法典总则第四章（刑罚的具体运用）第一节（量刑）内容的补充与完善，更是对我国刑罚政策中量刑政策的总结与归纳。毫无疑问，"指导意见"第一部分规定的"量刑指导原则"就是我国当前的量刑（刑事）政策，而明确提出量刑原则无疑将有助于确保量刑中正确运用刑事政策。"指导意见"除了继续坚持刑法典所确定的"以事实为根据，以法律为准绳"的量刑原则外，重点增加了如下重要内容：

1. 界定了我国量刑目的，即"惩罚和预防犯罪"。长期以来，由于我国刑法典没有明确规定刑罚目的，导致理论界与实务部门对我国刑罚目的的理解产生严重分歧。现"指导意见"第一部分第 2 条明确指出"量刑……做到罪责刑相适应，实现惩罚和预防犯罪的目的"，据此，我们完全可以将我国的刑罚目的理解为"惩罚犯罪和预防犯罪"。我们有理由相信，作为重要司法文件的"指导意见"对量刑目的的明确规定，既能澄清刑法学界关于刑罚目的的纷争，又能为刑事司法审判追求科学合理的刑罚价值目标指明方向。

2. 明确指出"量刑应当贯彻宽严相济的刑事政策"。2005 年 12 月 5 日，中央政法委书记罗干首先提出要贯彻宽严相济的刑事政策，此后，宽严相济便成为我国刑事司法的核心政策之一，并促使"严打"逐步回归理性。"指导意见"第一部分第 3 条明确规定"量刑应当贯彻宽严相济刑事政策"，这是我国最高司法机关在正式司法文件中专门针对量刑宽严相济作出的具体规定。宽严相济的核心思想乃是"该宽则宽，当严则严，宽严相济，罚当其罪"。强调量刑要坚持宽严相济原则，就是要在坚持刑罚公正的前提下，摒弃传统的报复思想，否定一味追

求刑罚的惩罚功能，从而在量刑司法过程中体现刑罚人道与刑罚公正。

3. 强调同一地区同一时期案情相近或相似案件处刑基本均衡。我国幅员辽阔，民族众多，东西南北中发展很不平衡。长期以来，各省、市、自治区在量刑方面存在较大差别。但是一个不容忽视的问题就是——在某些同省级的不同地区，不同法院对相同或相近案件在量刑时客观上存在明显不均衡问题。为了纠正量刑偏差，"指导意见"第一部分第 4 条专门规定："对于同一地区同一时期，案情相近或相似的案件，所判处的刑罚应当基本均衡。"所谓"基本均衡"，并不是要求相近或相似的案件所判处的刑罚完全相同，而是要求相近或相似的案件所判刑罚不能过分悬殊，这是刑法面前人人平等原则的必然要求。

二、从微观上规定了具体量刑方法，为准确量刑提供了可操作指南

在以往的刑事审判中，由于最高司法机关没有制定适用于全国的量刑规范性文件，而刑法典关于量刑的规定又十分抽象，因此，各地各级法院在具体量刑操作上很不一样，有的法院甚至按照存旧的"估堆式"方法量刑，使得量刑带有明显的随意性。现"指导意见"第二部分专门规定了"量刑的基本方法"，从"量刑步骤""量刑情节调节基准刑的方法"和"确定宣告刑的方法"三个方面，对如何具体准确量刑作出了明确规定。

在"量刑步骤"一节，对如何量刑从逻辑顺序上作了完整规定。根据"指导意见"第二部分第 1 条的规定，在对具体案件裁量刑罚时——首先，应当针对基本犯罪构成事实，在相应法定刑幅度内确定量刑起点。所谓"基本犯罪事实"，应当是指符合犯罪构成要件的基本事实。其次，考量具体犯罪的犯罪数额、行为人犯罪次数、犯罪后果等影响刑罚轻重的事实，在量刑起点基础上适当增加刑罚量确定基准刑。所谓基准刑，应当是指一个具体犯罪的基本事实所应得的刑罚量，它不包括加重或减轻的刑罚量。再次，综合考虑全案情况，即客观而公允地考虑行为人犯罪的法定量刑情节或酌定量刑情节，继而对基准刑进行调节，最后在法定量刑幅度内依法确定行为人因犯罪而应得的刑罚。

在"量刑情节调节基准刑的方法"一节，对如何运用各种量刑情节调节基准刑作出了技术性规定。"指导意见"对具有单个量刑情节（从重或从轻或减轻）的犯罪、对具有多种量刑情节的犯罪、对具有刑法总则规定的法定从轻、减轻或从重量刑情节的犯罪等，逐一规定了具体而明确的量刑方法。

此外，"指导意见"还对如何确定宣告刑以 6 个条款专门作了具体规定。这些看似琐碎，实乃精细的技术规范，无疑为法院准确量刑提供了行之有效的操作规程。

三、将量刑情节适用数字化，对常见犯罪量刑规范化

"指导意见"第三部分不仅总体上对量刑情节的适用作了宏观说明，还以 14 个条文对 14 类常见量刑情节如何具体运用作了精细规定。这些精细规定的特点，就是将每个量刑情节对增减刑罚量的影响以百分比的数字表达出来，从而为各级法院准确运用量刑情节量刑提供了统一浮动空间。例如，"指导意见"第三部分第 1 条第 1 款规定：已满 14 周岁不满 16 周岁的未成年人犯罪，可以减少基准刑的 30% ~60%。假如成年人犯故意伤害（致人重伤）罪，应当确定 8 年有期徒刑为基准刑，如果已满 14 周岁不满 16 周岁的未成年人犯故意伤害（致人重伤）罪，则可以减少基准刑的 30% ~60% 对该未成年人适用刑罚，即对其处 2.4 年至 4.8 年即可。显然，如此精确的数字化规定，不仅为法院量刑提供了可靠依据，还为确保全国各级法院统一量刑标准、避免量刑偏差提供了司法保障。

为了规范交通肇事罪、故意伤害罪、强奸罪等常见多发犯罪的量刑，"指导意见"在第四部分以较大篇幅专门规定了"常见犯罪的量刑"——分别对交通肇事等 15 个常见多发犯罪依据其不同基本犯罪事实和具体情况确定起刑点或基准刑进行了描述，"指导意见"所规定的这些常见犯罪的量刑，实际上就是对该"指导意见"规定的量刑原则和量刑方法的具体图解。完全可以相信，"指导意见"关于 15 个常见犯罪的量刑规定，将有利于全国法院统一对该 15 个犯罪的量刑标准，并为全国各级法院对其他犯罪的准确量刑提供了范本。

14. 从邓玉娇案看如何认定防卫过当

2009 年 5 月 10 日发生在巴东县野三关镇的"邓玉娇案"，检察机关以"防卫过当性质的故意伤害罪"对邓玉娇提起公诉，并建议法院处理本案时充分考虑邓玉娇具有多个"应当减轻或者免除处罚""可以从轻或者减轻处罚"的情节。2009 年 6 月 16 日，湖北省巴东县人民法院对本案作出一审判决，确认了检察机关的指控，将邓玉娇的行为定性为防卫过当的故意伤害（致人死亡）罪，并免

于刑事处罚。无论是检察机关对邓玉娇的指控，还是法院对案件事实与证据的认定以及法律适用，均堪称是对处理防卫过当性质案件的一次经典实践。本文仅以该案为例，探讨防卫过当认定相关问题。我国刑法第 20 条第 1 款、第 3 款规定了正当防卫的认定和处理原则。该条第 2 款则明确规定了防卫过当的认定与处理原则。在司法实践中，认定和处理防卫过当，应当注意以下问题：

一、客观上存在防卫的前提

防卫过当以存在正当防卫的法定事由为前提。所谓正当防卫的法定事由，是指防卫人正面临国家、公共利益、本人或者他人的人身、财产和其他利益遭受不法侵害。这里，要注意正确把握以下问题：

（一）防卫人

所谓防卫人，是指采取防卫措施的行为主体（人）。我国刑法没有对防卫人的范围作出限制性规定，这就意味着任何人在面对国家、公共利益、本人或者他人的人身、财产和其他利益遭受不法侵害时，都可以采取防卫措施。一般认为，防卫乃是公民的一项权利，公民可以行使，也可以放弃。但是，对于那些具有特定职务或身份的人来说，防卫乃是他们的法定义务，如果在特定场合他们不履行防卫义务，可能构成违法乃至犯罪。例如，警察在其辖区范围内执勤时遇到犯罪嫌疑人伤害被害人，该警察就有义务采取防卫措施制止不法侵害，从而保护被害人合法权利不受非法侵害，如果该警察听之任之，放任犯罪嫌疑人的侵害行为发生，就可能构成不作为的伤害罪犯罪。就邓玉娇案而言，邓大贵等人无事生非对邓玉娇进行非礼，提出非法要求，使其人格尊严与人身安全受到严重威胁，邓玉娇为了自己的合法权利不受非法侵害，当然有权进行防卫反击，因而，邓玉娇具有合法的防卫人身份（资格）。

（二）防卫的范围

我国刑法规定的防卫范围，包括针对国家和公共利益的侵害，也包括针对防卫人本人的人身、财产的侵害，还包括针对他人的人身、财产的侵害。换言之，防卫人可以针对侵害国家和公共利益的行为采取防卫措施，也可以针对侵害其本人人身、财产的行为采取防卫措施，还可以针对侵害他人人身、财产的行为采取防卫措施。但是，防卫措施只能针对实施侵害行为的个人，不得针对侵害行为实施者的亲友或其他关系人采取防卫措施。所谓国家和公共利益，泛指国家整体利益与公共利益；其中，公共利益是指除国家整体利益以外的基于集体所有制的社会利益。所谓本人或者他人的人身、财产利益，是指本人或他人的人身健康权、生命权以及财产权。但是，并不是对任何犯罪都可以采取防卫措施，只有针对那些具有紧迫而现实危险的犯罪，才可以采取防卫措施。例如，对于一般受贿类犯罪等，没有必要采取防卫措施。特别应当指出的是，防卫不仅可以针对犯罪行为，也可以针对一般违法行为。例如，针对没有刑事责任能力人或精神病人的严重侵害行为可以采取防卫措施；针对违反治安管理的侵害行为也可以采取防卫措施，甚至对民事侵害行为亦能采取防卫措施。在邓玉娇案中，即使邓大贵等人的行为不是犯罪行为，但至少足以认定其属于违反治安管理处罚法的行为。因此，邓玉娇自我保护行为仍属于行使防卫权的范围。

二、主观上存在防卫的意图

就大陆法系的刑法学理论而言，存在着结果无价值论与行为无价值论之争。结果无价值论一般认为成立正当防卫不需要防卫人具有防卫意思，只要客观上符合正当防卫的构成要件，即成立正当防卫。因此，该说承认偶然防卫具有正当防卫性质。而行为无价值论则主张防卫意思必要说，即只有当防卫人出于明确的防卫意图制止侵害发生时，才可以认定为正当防卫。因而该说否定偶然防卫的正当防卫性质。我国刑法学理论强调主客观相统一的犯罪理论，在认定是否属于防卫性质的行为时，主流学说认为应当以防卫意思必要说为根据，即只有防卫人在防卫意思支配下实施的防卫行为才具有防卫性质，那种偶然防卫场合，应当排除在防卫性质行为之外。就邓玉娇案而言，她是在受到他人反复性骚扰的前提下，为了保护自己的人身安全采取的防卫措施，其防卫意图十分明显，因而其行为完全可以认定为具有防卫性质。

但是问题在于——如何认定防卫意图？司法实践中，有的行为人在没有防卫意图情况下实施的行为往往也辩称出于防卫意图。此种情况下，法官应当以自由心证原理来认定和处理案件。具体言之，应当综合分析案件主客观事实，实事求是加以认定。例如，某晚甲驾驶汽车超速在公路上行驶，将在马路上追杀丙的乙撞死。甲后来辩称其行为具有防卫性质。甲的行为是否具有防卫性质，关键要看甲是否具有防卫意图。如果甲自始至终都坚持自己知道乙正在追杀丙，自己正是出于防卫意图撞死乙的，那么，在没有相反证据情况下，应当认定甲行为的防卫性质。如果甲先是承认自己交通肇事撞死乙，后来又予以否认，导致前后供述矛盾。对此，就应当分析当时的案件具体情况——首先，甲是否知道乙正在追杀丙？（可根据甲是否认识乙和丙、是否知道乙和丙之间有仇、是否看见乙追丙时拿有凶器等来判断分析。）其次，是否有其他人证物证？再次，法官根据当时的具体情况，从一般人的生活经验与自己的专业素养能否相信甲的辩解？

三、明显超过了必要限度并造成了重大损害

防卫过当的本质特征就是防卫人的防卫行为明显超过了正当防卫的必要限度，并造成了重大损害。防卫的正当化根据就在于——任何人不得随意报复他人，即使在自己的权利受到侵害时，一般应当采取司法救济，只是在情况紧急，公民来不及采取司法救济情况下，国家法律才授权其采取个人防卫措施。然而，国家法律认可的这种个人防卫行为必须受到法律的约束，即个人不得任意行使防卫权利而造成他人人身或财产的过分损害。事实上，"造成了重大损害"乃是超过必要限度的判断标准。换言之，考察一个防卫行为是否超过必要限度，关键就在于其是否导致了"重大损害"。所谓"重大损害"，是指就具体案件事实而言，防卫行为"明显"超出了法律所能容忍的合理范围，造成了不应有的危害后果。这就意味着，即使防卫行为引起了一定损害后果，只要不是"明显"超过了必要限度，仍然不会改变正当防卫的性质。我国通说认为，合法的防卫行为引起的损害后果与侵害人之行为引起的侵害程度应当大体相当，在司法实践中，评价一个防卫行为是否超过了必要限度，应当考虑防卫行为所针对的具体侵害行为的手段、侵害客体、侵害对象等复杂问题。例如，2009年6月初发生在武汉大学的劫持人质案，犯罪人持枪劫持人质并首先向军警人员开枪，军警人员开枪将其击毙，虽然造成犯罪人当场死亡，但这无疑属于合理防卫而没有超出必要限度。就邓玉娇案而言，邓玉娇在受到他人无理纠缠、羞辱、骚扰之时，她当然有权采取防卫措施，但是就法庭认定的事实来看，邓大贵虽然明显存在性骚扰的违法行为，但其行为性质尚不至于受到足以付出生命代价的严重地步，因此，邓玉娇连续数刀将其捅死的防卫行为显然超出了必要限度。反之，如果有足够证据证明邓大贵当时存在强奸故意，且实施了强奸的着手行为，则邓玉娇的防卫行为就不能被认定为过当了。

四、应当减轻或者免除处罚

一般来说，刑法既是行为规范，又是评价规范。刑法第20条第2款明确指

出："正当防卫明显超过必要限度造成重大损害的，应当负刑事责任，但是应当减轻或者免除处罚。"该款规定，既向每位公民说明了行使防卫权的限度（不得超过必要限度），又向社会宣示了防卫过当应当受到的刑法评价（应负刑事责任）。但是，由于防卫过当首先是基于正当防卫的前提而采取的行为，因此，防卫人主观方面并无直接损害对方的意图，至多只是防卫人过失或者间接故意造成了不应有的重大损害，因而，防卫过当情况下的犯罪较之于一般犯罪具有可宽宥性。就邓玉娇案而言，正如检察机关起诉书和法院判决书认定的那样，邓玉娇虽然防卫过当，但是她同时具备自首、存在心境障碍两种可以从轻或者减轻处罚的法定事由，且刑法的 67 条第 1 款规定：犯罪后自首，且犯罪较轻的，可以免除处罚。因此，检察院和法院认定邓玉娇的行为构成犯罪，但依法免于刑事处罚是完全正确的。

15. 关于正当防卫的两个误区

（原载 2006 年 8 月 16 日《人民法院报》）

案例 1：A 与 B 晚 10 时回家路过一街心公园时，与男青年 C 发生争执。A 与 C 相互抓住对方的衣领推拉对方，B 过来帮 A 打了 C 一拳。C 挣脱后边跑边喊："你们等着，我马上找人来收拾你们！"A 与 B 因害怕遭到 C 的报复，赶紧往外走。当 A 与 B 走出 60 米左右时，C 领着七八个人手拿棍棒、砖头等追了过来。C 领头的这帮人中有三人去追 B，其余的人将 A 围住。A 见势不妙，拿出随身携带的水果刀，对众人说："我有刀，你们不要胡来！"但众人不理 A 的话，一拥而上，用棍棒和砖头打、砸 A。A 夺路而逃。当 A 又跑出 100 米左右时，众人又追上 A，将其团团围住。这时，A 前面的一人用砖头将 A 的额头砸出 4 厘米长、2 厘米深的伤口，另一人用小刀将 A 的右手划伤 4 厘米长、1 厘米深的伤口，A 后面一人则用棍棒猛击其背。此种情况下，A 在与围殴自己的人搏斗中用水果刀将前面用砖砸自己的一人刺成重伤（后抢救无效死亡），将另两位伤害自己的人分别刺成轻伤。一审法院以伤害致人死亡为由判处 A 死刑（缓期两年执行）。A 不服，上诉至某二审法院，二审法院维持了一审判决。

案例 2：B 市某住宅区时常出现溜门撬锁盗窃案。公安机关派出数十名警员日夜蹲守以破案。一日深夜，负责执勤的警长 X 见形迹可疑的 Y 手拿木梯迎面走来，便上前盘问。当 X 准备上前检查时，Y 猛地将手中木梯砸过来，并转身就跑，边跑边向自己腰间摸索。为防止 Y 逃逸，X 举枪射击，Y 应声倒地，当场毙命。警员从 Y 的腰间搜出一根长 50 公分的铁制撬棍。经现场勘查，Y 的皮鞋花纹及指纹与前述住宅区盗案留下的鞋印和指纹一致。后公安机关认为 X 开枪将 Y 击毙属正当防卫。

误区一：由行为人引起事端且造成他人伤亡的，不能视为正当防卫

案例 1 的判决理由就是持此种见解。一、二审法院均认为，是 A 引起了自己与 C 等人的争执，且进一步激化为双方斗殴，因此，A 致人伤亡的行为不属于正当防卫，故应当依法承担刑事责任。

笔者认为，案例 1 在判决中错误地理解了正当防卫的法律精神，毫无根据地剥夺了引起争执的一方的正当防卫权。

其一，刑法赋予公民正当防卫权的理论根据，乃是现代社会中，任何人不能对他人采取私自报复或侵害，但当国家来不及有效保护公民不受非法侵害时，则允许公民对正在发生的不法侵害采取防卫反击，将本该由国家行使的一部分权力让渡给公民行使。从案例 1 的案情来看，即使最初 A 与 C 的摩擦是由 A 引起的，但当 C 脱离争执现场后，其正确做法应该是向有关司法机关报告，然后由司法机关依法处理。换言之，除了有合法理由（如正当防卫、依法履行职务等），任何人都不具有加害于（报复）他人的权利。否则，社会的法律秩序就毫无保障可言，国家就会天下大乱。这也就是为什么现代国家强调法治的关键所在。C 唆使不明真相的众人持械（手持木棍、砖头等）追打、伤害 A，且造成 A 严重受伤，A 在遭到多人围攻、用随身携带的水果刀威吓对方无效的情况下奋起反击，其行为完全符合我国刑法第 20 条规定的正当防卫的要求。

其二，一、二审判决的一个致命错误，就是把 C 等人对 A 的侵害与 A 的防卫反击认定为"互殴"。这显然曲解了本案的基本事实。然而这里笔者只想说明，即便是最初 A 与 C 有互殴行为，当 A 退出互殴后，C 如果继续追打，此时 A 仍然具有正当防卫的权利。我国刑法学理论认为，如果一方已经停止斗殴，向另一方求饶或者逃跑，而另一方仍紧追不舍，继续实行侵害，则前者对后者正在实行的不法侵害，可以进行正当防卫。在本案中，A 在和 C 的摩擦停止之后，已经走出 60 余米，当 C 唆使众人追打过来时，A 又往前跑出一百余米。只是在腹背受到多人凶猛攻击、无路可逃的情况下才用水果刀进行了自卫反击。这明明是在不得已情况下采取的正当防卫，怎么能和"互殴"混为一谈呢？

由以上分析可以得出结论，引起事端（互殴）的行为人并非绝对没有正当防卫权，当引起争执或参与殴斗的一方撤出争执或殴斗，另一方继续加害于已撤出争执或殴斗的一方时，引起事端的一方完全可以行使正当防卫权。那种认为造成了伤亡结果就不宜以正当防卫来认定的观点在理论上是没有依据的，在司法实践中则是极其有害的。

误区二：认为警察对形迹可疑的人可以行使无限防卫权

应当肯定，正在执勤中的警察有权对形迹可疑的人进行检查或盘问。但是，任何人包括警察都无权仅仅认为他人形迹可疑便对他人行使防卫权。我国刑法规定的正当防卫权的行使有严格的条件限制，即必须符合以下最基本条件：必须是针对正在发生的不法侵害、必须是针对不法侵害者本人以及不得超过必要限度。虽然刑法第 20 条第 3 款规定了无限防卫权，但该款规定只适用于"正在进行行凶、杀人、抢劫、强奸、绑架以及其他严重危及人身安全的暴力犯罪"。在案例 2 中，既不存在正当防卫的一般前提，更不存在行使无限防卫权的特别条件。虽然当时 Y 没有接受 X 的检查，并用手中木梯砸向 X，但 Y "转身就跑"显然没有对他人构成人身威胁——也就是说，即使认为 Y 用木梯砸向 X 的行为是一种不法侵害，但其"转身就跑"时侵害已经结束，正当防卫的前提已经不复存在了。这时，X 即使确信 Y 有重大犯罪嫌疑，其正确做法应当是举枪示警或者采取其他合法手段捉拿 Y，绝不可仅仅在 Y 不听指令且并无反抗或暴力攻击的情况下便开枪将其打死。尽管事后发现 Y 的腰间有一长 50 公分的铁棍，且鞋底花纹和指纹与盗案现场留下的痕迹相同，但这绝不能说明 X 击毙 Y 的行为具有合法性。笔者认为，Y 当时不听警察 X 的指令"转身就跑"是不正确的，但其伸手向腰间摸索并不是对 X 的攻击，甚至没有事实或证据证明 Y 将手伸向自己的腰间对 X 构成了何种人身危险。也许，X 认为 Y 的腰间藏有武器，有可能是伸手去拿手枪，但事实表明 X 的这些想法或判断完全没有依据。因此，即使从最有利于 X 的角度来考虑，X 击毙 Y 的行为也不应受到嘉奖，而应定性为假想防卫下的故意杀人。

由此可以得出结论，即使是警察，正当防卫权的行使也必须严格遵守刑法规定，对于形迹可疑之人虽然可以依法盘查，但绝不可以以"形迹可疑"为由而乱杀无辜！否则，如果允许警察滥用防卫权，公民的人身权利与自由将难有保障可言。

16. 关于自首与立功的两个问题

（原载 2003 年 9 月 4 日《法制日报》）

虽然自首与立功的成立要件早已为人们所熟知，但是在刑事司法领域，关于自首与立功的认定在两个问题上仍然困扰着人们。一是在"双规"期间行为人如实交代了自己的基本犯罪事实，行为人之行为是否成立自首？二是当行为人因犯罪而被采取刑事强制措施，在刑事诉讼过程中，行为人自动交代了向有关公务人员行贿并检举该公务员收受贿赂的犯罪事实，且司法机关根据行为人的检举揭发，查获了该公务员的重大受贿犯罪，行为人检举他人犯受贿罪的行为是否符合刑法上的立功要件？从刑事司法实践的有关案例来看，我国刑法实务部门似乎对前两种情况均采取了否定态度。我认为，刑法实务部门的此种价值取向既是对自首与立功的错误理解，又不符合有利被告的现代刑事政策精神。

一、"纪律处分"期间行为人如实交代自己基本犯罪事实的，应当认定为自首

这里所说的"纪律处分"，是指中国共产党纪检部门按照党的有关纪律规定，对那些涉嫌严重违反党纪的党政干部采取的一种纪律措施，其核心内容就是"在规定的时间、规定的地点把问题交代清楚"。而所谓自首，根据刑法第 67 条的规定，是指"犯罪以后自动投案，如实供述自己罪行"或"被采取强制措施的犯罪人、被告人和正在服刑的罪犯，如实供述司法机关还未掌握的本人其他罪行的"事实情况。

在我国政治制度与法律制度的框架下，"纪律处分"与刑法第 67 条所说的"强制措施"具有质的差别：前者为党内纪律措施，后者为刑事法措施；前者适用于有重大违纪嫌疑的党政干部，后者适用于有犯罪嫌疑的公民。一般而言，如果党政干部的违纪行为已经严重到涉嫌犯罪的程度，那么就没有必要对其采取"纪律处分"措施，而应直接按照刑事诉讼法的规定采取刑事强制措施。换言之，"纪律处分"并非处理涉嫌犯罪（包括职务犯罪）的党政干部的一个必经程序。我国的实践表明，纪检部门对那些违纪党政干部采取"纪律处分"措施，是因为对其是否存在犯罪事实、存在何种犯罪事实并不清楚。那么，当纪检部门（更不用说司法机关）并不清楚被纪律处分者的犯罪事实时，行为人自动如实交代其犯罪事实的为什么不能认定为自首呢？否定论者的主要理由在于：（1）此种情况不符合成立自首所要求的"自动投案"要件，因为"纪律处分"情况下都是纪检部门命令被"纪律处分"者在规定的时间和规定的地点交代问题；（2）从我国实践来看，对一些重大违纪案件采取纪律处分措施时，检察机关常常以"提前介入"或者与纪检部门"联合办案"的方式参与到纪律处分过程中来，因此，此种情况下被"纪律处分"者的如实交代至多也只能认为是向司法机关的坦白，不能视为自首。

我认为，前述理由难以成立。首先，自动投案确实乃一般自首成立的前提条件，但对"自动投案"不应武断片面理解，而应从实质上来把握。从刑法第 67 条第 1 款的立法原意来看，行为人是否自动投案，关键要看行为人投案是否发生在司法机关采取传讯、强制措施之前。根据我国宪法与刑事诉讼法的规定，只有公（包括国家安全机关）、检、法有权对犯罪嫌疑人采取刑事措施，纪检部门只能对违纪行为人采取纪律处分措施，一旦发现被纪律处分者有犯罪事实存在，就应当将其移交司法机关处理。由于"纪律处分"乃是一种党纪制裁措施而非刑事措施，因此行为人因"纪律处分"到案且在此期间如实交代自己犯罪事实的，与刑法第 67 条第 1 款规定的"自动投案"并不矛盾。其次，"自动投案"并不是特别自首成立的必要条件。刑法理论上把刑法第 67 条第 2 款规定的"以自首论"的情况称之为"特别自首"或"准自首"。与一般自首不同的是：特别自首正是发生在行为人被采取刑事强制措施之后。因此，退一步讲，即使把纪律处分当作一种刑事强制措施，只要行为人向纪检部门交代的犯罪事实尚未被司法机关（纪检部门显然不是司法机关）掌握，也完全符合特别自首的刑法规定。再次，检察机关的"提前介入"或"联合办案"不能成为剥夺行为人自首机会的理由。检察机关的刑事检察活动必须严格遵守刑事诉讼法的规定，不得以任何理由越权介入党纪处分过程。否则，就是对刑事诉讼法的公然违反。虽然检察机关有权对其具有侦查权的案件行使侦查权，但是只要检察机关没有依法对行为人采取强制措施，其侦查权的行使并不影响被侦查人的自首成立。不难理解，即使检察机关为了行使侦查权而"提前介入"或与纪检部门"联合办案"时，"纪律处分"也不等于刑事强制措施，此种情况下行为人如实交代自己犯罪事实的，也完全符合自首成立条件。

二、行为人检举他人犯受贿罪且查证属实，即使行为人是行贿人也不影响立功成立

根据刑法第 68 条之规定，所谓立功，是指犯罪分子有检举揭发他人犯罪行为查证属实的，或者提供重要线索，从而得以侦破其他案件的事实情况。从该定义可以看出，立功包括两种情况：一是检举揭发他人犯罪行为查证属实；二是为破获其他案件提供重要线索。那么行贿人检举揭发他人犯受贿罪且查证属实的，是否符合立功的法定条件？最高人民法院法公布（2001）第 50 号案例《李立虚开增值税专用发票案》对此做了否定回答。该案的裁定书指出："被告人李立在归案后检举他人受贿的事实虽然存在，但系自己的行贿行为，依法不构成立功。"笔者以为最高法院裁定书的前引结论颇为不当。

首先，刑法第 68 条规定的立功标准乃是认定行为人是否具有立功表现的硬性条件，从立法用语可以看出，该条并没有排除行为人检举揭发与自己犯罪有关联的他人犯罪足以成立立功的可能性。事实上，从刑法第 68 条规定的立功成立要件来看，行为人是否具有立功表现，关键要看行为人是否检举揭发了"他人"的犯罪事实并查证属实，或者为司法机关侦破其他案件提供了重要线索。这就意味着，行为人只要符合立功的两个条件之一，不论其检举揭发的他人犯罪是否与自己的犯罪有关联，都不影响立功的成立，只要其检举揭发的他人犯罪行为查证属实便已足矣。因此，前引裁定书所谓"依法不构成立功"的结论于法无据。

其次，虽然行贿罪与受贿罪是两个彼此相关联的犯罪，但同时又是两个不同罪名的独立犯罪。当行为人因犯罪而进入刑事诉讼程序，在此过程中，行为人检举揭发他人犯有受贿罪，自己曾经向他人行贿，此时行为人的检举揭发行为就具有双重性：一方面，行为人的检举揭发他人犯受贿罪的事实如果查证属实，则行为人的检举揭发行为符合刑法第 68 条规定立功成立要件；另一方面，行为人如实交代自己向他人行贿的事实如果属"司法机关还未掌握的本人的其他罪行"，则符合刑法第 67 条规定的成立特别自首的条件，应"以自首论"（当然是针对后罪而言）。通过此一分析可以看出，行贿人检举揭发受贿人犯有受贿罪的行为不仅可以成立立功，而且当行为人确实具有重大立功表现时还可以认定为既有自首又有重大立功表现的法定减轻或免除处罚的情节。

最后还应指出，不承认行贿人检举揭发受贿人之受贿罪可以成立立功，不利于受贿罪这一具有极端严重社会危害性的职务犯罪的查处。众所周知，行贿与受贿往往多在私下下进行。没有行贿人的检举揭发，受贿罪很难查处。如果行贿人检举揭发他人受贿罪且查证属实时不认定为立功，并对检举揭发者依法考虑减轻或者免除处罚，就会大大扼杀检举揭发者的立功热情，而这显然不符合我国的刑事政策精神。

17. 浅议对单位犯罪中犯罪单位的追诉时效

（原载《法学杂志》2000 年第 4 期）

我国现行刑法第 87 条规定的对犯罪追诉时效有两个明显特点：一是以自然人犯罪为基础；二是以行为人所犯之罪可能被判处自由刑或生命刑来决定追诉时效的期限。根据我国现行刑法的有关规定，对单位犯罪原则上采取"双罚制"，即"对单位判处罚金，并对其直接负责的主管人员和其他直接责任人员判处刑罚"。由于对单位犯罪中的犯罪单位不能像对自然人犯罪那样判处自由刑或生命刑，因此，如何确定单位犯罪中犯罪单位的追诉时效就成为刑事司法实践中的一道难题。

如何解决这一问题，在刑事司法实践中，人们主要有以下见解：（1）现行刑法第 87 条第 1 项规定，"法定最高刑为不满五年有期徒刑的，经过五年"；根据本项精神，罚金显然属于"法定最高刑为不满五年有期徒刑的"范畴，因此，对单位犯罪的追诉时效应当限于 5 年，即单位犯罪的，经过 5 年后不应再追诉。（2）现行刑法的追诉时效是以主刑为基础的，由于罚金属于附加刑，因此可以说刑法没有明确规定关于单位犯罪中对犯罪单位的追诉时效；考虑到罚金刑是一种财产刑，而参考刑法第 53 条 "人民法院在任何时候发现被执行人有可以执行的财产，应当随时追缴"的有关刑事政策精神，对单位犯罪中的犯罪单位的追诉时效不应受到时效的限制。（3）对单位犯罪中犯罪单位的追诉时效，应当按照有关单位犯罪法条中对其犯罪直接负责的主管人员和其他责任人员所应判处的自由刑或生命刑来确定。

以上第一、二两种见解虽然各有其理，但不合理之处显而易见。

第一种观点不加分析地把一切单位犯罪中的对犯罪单位的追诉时效理解为5年，这显然有违刑法的公平精神。例如，刑法第153条第3款规定："单位犯前款罪的（走私普通货物、物品罪，引者注），对单位判处罚金，并对其直接负责的主管人员和其他直接责任人员处以三年以下有期徒刑或者拘役……情节特别严重的，处十年以上有期徒刑。"如果按第一种观点来处理本条规定的犯罪，就会出现这样不合理的结论：当单位犯了走私普通货物、物品罪时，对单位的追诉时效仅为5年，而对单位犯本罪直接负责的主管人员和其他责任人员的追诉时效则可长达15年！毫无疑问，同一个犯罪中对不同的犯罪主体的追诉时效差别竟如此之大，这是显失公平而不能让人接受的。

第二种观点的错误更为明显。首先，认为我国现行刑法没有规定对单位犯罪中犯罪单位的追诉时效是不正确的。因为刑法第87条规定的追诉期限适用于任何犯罪，把单位犯罪中的犯罪单位排除在此之外是没有法律依据的。其次，主张"对单位犯罪中的犯罪单位的追诉时效不应受到时效的限制"违反了设立时效制度的精神。众所周知，现代刑事追诉时效制度的重要意义主要在于防止国家刑罚权的无限行使、节约社会资源、维护社会的和平与安宁。国家只有在法定的期限内行使刑事追诉权，才有利于刑罚目的的实现。如果某种犯罪已经过一定期限，犯罪人已无社会危险性，曾经被其犯罪搅乱的社会秩序早已恢复平静，此时再对其进行刑事追诉，显然已无实际意义。因此，即使对财产刑，也必须受到追诉时效制度的严格限制。再次，至于"人民法院在任何时候发现被执行人有可以执行的财产，应当随时追缴"的规定，它是针对罚金刑的执行而言的，不能将其与刑事追诉混为一谈。

第三种观点则较符合现行刑法的立法精神。我国刑法规定对单位犯罪采取"双罚原则"，这就意味着在判处犯罪单位罚金的同时，对单位犯罪应直接负责的主管人员和其他直接责任人员也应当判处刑罚，虽然对单位不能判处自由刑或生命刑，但对单位犯罪应直接负责的主管人员和其他直接责任人员完全可以判处自由刑或生命刑；在单位犯罪的场合，犯罪单位和"对其直接负责的主管人员和其他直接责任人员"是该犯罪的共同主体；在单位犯罪的场合对负有责任的自然人判处自由刑或生命刑，对单位本身判处罚金，这是针对自然人与单位的感受刑罚特点之不同所作的不同调整，刑法上规定的"对单位判处罚金，并对其直接负责的主管人员和其他直接责任人员判处刑罚"共同构成单位犯罪的处罚。换言之，在单位犯罪的情况下，对自然人所判处的自由刑或生命刑与对犯罪单位本身所判处的罚金是一个犯罪的刑事责任的两个方面，该刑事责任虽然由两种责任主体来共同承担，但它却是一个不可分割的整体。正因为如此，我认为，对单位犯罪中犯罪单位的追诉时效，应当按照有关单位犯罪法条中对其犯罪直接负责的主管人员和其他直接责任人员所规定的自由刑或生命刑来确定的主张是正确的。

18. 关于吴保全案的一点感想

（本文为《法制日报》2009 年 5 月 9 日编发）

基本案情：

2007 年 9 月 7 日，吴保全曾在互联网发布题为"云峰：你要杀害你的农民姐弟"的帖子。帖子在反映了一些征地问题后这样写道：记者在下面调查才从百姓口里得知异口同声的事实："这一切都是因为黑心的市委书记'云峰'为了打造鄂尔多斯和自己的新形象，强制性地征收农民土地 5 万余亩建造政府办公大楼，倒卖土地。镇压农民上访，以莫须有的罪名抓捕农民坐牢，极其残忍地用暴力手段打伤农民，无人敢过问，对农民承诺的生活安置也不兑现，使农民的生活和生存无法保障……"2007 年 9 月 17 日，鄂尔多斯市东胜公安分局依法传唤吴保全并对其作出行政拘留 10 日的处罚。

2008 年 4 月 12 日，鄂尔多斯市委办公厅向公安部门报案称，继 2007 年 9 月 7 日吴保全用网名"找我吗"在互联网上侮辱鄂尔多斯市主要领导人，被东胜公安分局行政拘留后，又于 2007 年 10 月 5 日、10 月 27 日、11 月 27 日等时间多次在大律师网、文学博客网、记者网中发布题为"鄂尔多斯市浮华背后的真实情况—— 一些不敢公开的秘密"的帖子，继续辱骂鄂尔多斯市主要领导人，只是将领导的名字换成了黑心的领导×××。2008 年 4 月 29 日，东胜公安分局以涉嫌诽谤罪将吴保全刑事拘留，同年 6 月 4 日，吴保全被批准逮捕。

2008 年 10 月 17 日，东胜区人民法院对本案作出了一审判决，以诽谤罪判处被告人吴保全有期徒刑 1 年。被告人吴保全不服一审判决向鄂尔多斯市中院提起上诉，鄂尔多斯市中院受理案件后，认为一审法院认定上诉人吴保全犯诽谤罪事实不清，发回一审法院重审。

东胜区人民法院重新审理后认为，被告人吴保全在没有全面了解康巴什新区开发建设情况的基础上，只听信少数人言语就公然在互联网上多个网站捏造事实发布帖子辱骂诽谤他人及政府，给个人及本地区造成了恶劣影响，严重危害了本地区作为全国先进市区的社会发展秩序，其行为已构成诽谤罪。2009 年 2 月 26 日，东胜区人民法院根据刑法第 246 条之规定，判处吴保全有期徒刑两年。4 月 1 日，鄂尔多斯市中级人民法院二审维持原判。定性及最后结果的巨大差异，一时在网络上引起轩然大波。（引自《法制日报》）

根据刑法第 246 条规定，诽谤罪，是指故意捏造事实并加以散布，败坏他人名誉，且情节严重的行为。成立本罪，必须是行为人捏造并散布损害他人名誉的虚假事实，同时达到了"情节严重"的程度。因此，行为人散布了有损他人名誉的客观存在（哪怕是有所失实）的事实，不构成本罪；行为人虽然捏造了虚假事实并加以散布，但是没有达到"情节严重"程度的，也不构成本罪。所谓"情节严重"，目前立法上和司法解释均没有具体说明。但理论上一般认为，"情节严重"应当是指诽谤行为的手段恶劣、内容恶毒、引起的后果严重等。还应注意的是，成立本罪，控诉方必须证明行为人具有损害他人名誉的意图，因此，行为人出于批评的意图举报或者检举揭发他人某些违法违纪问题的，即使失实，也不能按照犯罪处理。

就吴保全案来看，行为人是否构成诽谤罪，关键要看他在网络上发表的言论是否存在客观真实内容，以及他的主观故意内容是检举揭发或批评他人的违法违纪行为还是刻意中伤、诽谤他人？如果吴保全在网络上发表的言论确实含有真实成分，即便有某种程度的失实，且其行为目的在于批评或检举揭发某些行为失当的党政干部，则即便给某些当事人带来了负面影响，也不能认定为构成了诽谤罪。

本案辩护人主张诽谤罪是自诉罪（或亲告罪）的观点正确。虽然刑法第 246

条第 2 款规定"严重危害社会秩序和国家利益的除外"——即可以由检察院提起公诉，但是其前提乃是"严重危害社会秩序和国家利益"。所谓"严重危害社会秩序和国家利益"，一般是指：其一，诽谤行为情节特别严重，如引起被害人自杀或精神错乱，或者受到行为人的威胁、强制，被害人不能告发；其二，诽谤国家领导人、外国元首、外交官员等特别对象，从而危害国家整体利益。至于一般针对地方党政干部个人的诽谤，即使构成犯罪，仍然属于自诉的范围，不能滥用国家的公诉权对公民提起诉讼。

特别应当引起高度关注的是，要正确处理诽谤犯罪和保护公民言论自由以及保障公民依法享有批评权、检举揭发权的关系。从"中华人民共和国"这一国名可以看出，我国是共和制的国家，而共和制的政治法律基础就是民主与自由。我国宪法第 35 条规定："中华人民共和国公民有言论、出版、集会、结社、游行、示威的自由。"第 41 条又规定："中华人民共和国公民对于任何国家机关和国家工作人员，有提出批评和建议的权利；对于任何国家机关和国家工作人员的违法失职行为，有向有关国家机关提出申诉、控告或者检举的权利，但是不得捏造或者歪曲事实进行诬告陷害。对于公民的申诉、控告或者检举，有关国家机关必须查清事实，负责处理。任何人不得压制和打击报复……"前引法条规定，乃是我国公民言论自由的宪法根据。当然，如果有人假借言论自由而诽谤、中伤他人的，无疑应当承担相应的法律责任。问题在于，作为人民公仆的国家工作人员（特别是那些大权在握的党政干部），应当有虚怀若谷的度量，容得下公民的批评——包括一些失实的乃至于谩骂性批评！说到这里，我想起法国的一件值得玩味的史实——前总统吉斯卡尔·德斯坦 1981 年竞选总统连任时，有报刊攻击他接受中非洲皇帝博卡萨馈赠的钻石，严重伤害了他的声誉与尊严，根据当时法国的法律，德斯坦本来可以控告对方"冒犯国家元首罪"。但是德斯坦没有这样做而是大度地放了对方一马！在当今世界各国，公民尖锐批评国家领导人、州长、市长早已司空见惯。我国宪法第 2 条规定："中华人民共和国的一切权力属于人民。"既然如此，我们的党政干部就应该对公民的批评保持"有则改之，无则加勉"的谦卑心态，而不能动不动就动用国家权力打压敢于批评自己的老百姓！

19. 关于许超凡、许国俊案的几个问题

(2009 年 5 月 14 日接受检察日报记者柴春元专访提供的书面意见)

据有关媒体报道，2009 年 5 月 6 日，美国拉斯维加斯一个法院以犯有非法移民、诈骗、洗钱、跨国转运盗窃钱款、伪造护照和签证等罪为由，分别判处中国银行广东省开平支行前行长许超凡和许国俊25 年和 22 年监禁，判处该两人配偶余英怡和邝婉芳 8 年监禁。中国银行总行的新闻发言人也对美国法院的这一判决持欢迎态度。由于本人尚未见到美国法院对本案作出的判决书，对本案判决针对的具体犯罪事实也并非完全明了，这里仅就该案涉及的有关法律问题谈谈个人看法。

一、许超凡、许国俊在美国受到刑事处罚后，中国司法机关是否依然可以追究其刑事责任?

根据《美国法典》第18 编（联邦刑法典与刑事诉讼规则）第 5 条和第 7 条关于刑事司法管辖权的规定，美国联邦刑法对所有美国领域发生的联邦刑法意义上的刑事案件具有效力，甚至对发生在美国以外的针对美国或美国公民的犯罪具有效力。似此，许超凡、许国俊等人触犯美国移民法等 11 项罪名，当然要受到美国法院的审判。这里值得注意的是：美国法院并没有专门针对许超凡、许国俊等人在担任中国银行广东省开平支行时监守自盗的贪污行为进行审判，而是主要根据美国的刑法规定认定了被告人在美国犯下的多项罪案，并给以相应刑事处罚。

许超凡、许国俊在美国受到刑事处罚后，中国司法机关是否依然可以根据中国刑法追究其刑事责任？对于此问题要结合我国刑法关于空间效力的规定来理解。总体上讲，在空间效力方面，我国刑法综合采取了属地管辖、属人管辖、保护管辖和普遍管辖的原则。许超凡、许国俊等当年实施贪污犯罪的行为地是中国，因此，只要没有超出追诉时效（本案因为犯罪人逃避司法追究而不存在超过追诉时效问题），根据属地管辖原则，我国司法机关当然有权对该案行使刑事管辖权。我国刑法第 10 条规定："凡在中华人民共和国领域外犯罪，依照本法应当负刑事责任的，虽然经过外国审判，仍然可以依照本法追究，但是在外国已经受

过刑罚处罚的，可以免除或者减轻处罚。"因此，许超凡、许国俊等如果因为在国外犯罪而受到美国刑事处罚，将不会影响中国依照自己的刑法对他们进行处罚，更何况他们在美国受到刑事处罚并不主要是因为在中国贪污数额特别巨大公款这一犯罪事实！

二、对许超凡、许国俊是否可以按照余振东案模式处理？

2004年2月，许超凡、许国俊的同案犯余振东在美国拉斯维加斯联邦法院受审，因非法入境、非法移民及洗钱三项罪名被判处144个月（12年）监禁。根据余振东此前与美方达成的辩诉交易协议，美国政府把余振东遣送回中国以前，从中国政府得到关于余振东在中国起诉和监禁的相应保证，即：假如余振东在中国被起诉的话，应当被判处不超过12年的有期徒刑，并不得对余进行刑讯逼供和判处死刑。2005年4月16日，美国警方押送余振东至中国，在北京国际机场移交给中国警方，美方还将涉案的335万美元赃款移交给中国政府。后来，广东省江门市中级人民法院依据中美两国的有关协定，对余振东判处有期徒刑12年，并处没收个人财产100万元。余振东之所以最终被美国遣返中国，首先是因为余振东本人自愿认罪，并同意回国接受司法审判；其次就是中美之间有了"君子协定"。

但是，据有关媒体报道：早在2006年2月10日美国内华达州联邦地方法院就许超凡、许国俊案举行开庭前听证会时，两人均作出否认犯罪的表示，并均拒绝遣返回中国受审。而且，许超凡、许国俊自始至终保留了这一态度。美国和欧盟一样，特别尊重个人意思自治——即在处理当事人可以自决的法律事务时，在不影响国家整体重大利益的前提下，应当尊重当事人的自决权。既然如此，至少从目前情况来看，许超凡、许国俊案无法按照余振东案模式处理。我注意到一个事实——中国在2005年10月27日就批准了《联合国反腐败公约》，美国在2006年10月30日批准了该公约（近日有人发表文章，认为美国还没有批准《联合国反腐败公约》，这种无视国际法事实的说法是完全错误的）。因此，中美两国完全可以按照《联合国反腐败公约》规定的原则处理相关问题。不过，由于两国之间尚无关于引渡案犯的双边条约，中国无法要求美国将许超凡、许国俊等引渡回国受审。故美国按照国际刑法上"或引渡或起诉"的原则，对许超凡、许国俊按照美国刑法提起公诉，并判处相应刑罚是完全正确的。只不过中国还是可以根据中美两国签订的《中华人民共和国政府和美利坚合众国政府关于刑事司法协助的协定》（2001 年 3 月 8 日生效，以下简称《中美关于刑事司法协助协定》），通过外交和司法协助与合作努力，要求美国将案犯移交中国。

三、中美刑事司法协助基本内容以及本案赃款追讨问题

《中美关于刑事司法协助协定》第 1 条规定了两国刑事司法协助的基本内容——中美两国应在与刑事案件有关的侦查、起诉和诉讼方面相互提供协助。具体言之，两国应对在以下领域展开刑事司法协助：（1）送达文书；（2）获取人员的证言或陈述；（3）提供文件、记录或证据物品的原件、经证明的副本或影印件；（4）获取并提供鉴定结论；（5）安排人员作证或协助调查；（6）查找或辨别人员；（7）执行查询、搜查、冻结和扣押证据的请求；（8）在没收程序中提供协助；（9）移送在押人员以便作证或协助调查；以及（10）不违背被请求方境内法律的任何其他形式的协助。前述第（10）项应当包括了在不违反美国法律的前提下，要求美方将在其境内的针对中国或中国公民实施了犯罪的案犯移交中国处理。余振东案的处理，主要就是依据中美两国的刑事司法协定精神作出的。

至于本案赃款追讨，由于美国刑事法中没有我国刑事诉讼法上的"附带民事诉讼"制度，他们关于因犯罪造成的损失赔偿、赃款赃物返还等问题，均通过独立的民事诉讼来实现。因此，中国银行因为许超凡、许国俊等人造成的损失赔偿以及涉案款项返还，也只能以被害人的身份按照美国法律规定，通过在美国提起民事诉讼来追讨。

四、美国法院对许超凡、许国俊案判处的法律意义

当今世界，高度发达的交通工具和便捷的信息联络手段使得全球化速度日益加快。事实上，世界各国已经不可避免地成为地球村中的左邻右舍！无论是否存在意识形态和政治体制的差异，各国相互依存、共存共荣已经是不可逆转的事实。然而，腐败犯罪以及其他国际犯罪日益严重的威胁给各国的安宁秩序和正常发展带来了严重威胁，针对一个国家或针对一个国家公民的犯罪也可能严重威胁整个国际社会的安全，故各国在当今更需要紧密的抗制犯罪合作。正是在此一意义上，美国法院按照有关国际刑法原则和其国内刑法规定，对许超凡、许国俊等人定罪处罚，完全符合当代国际情势发展需要。在中美刑事司法协助背景下的美

国法院的这一判决，也向所有现职的各类官员以及逃往国外的腐败犯罪分子发出了一个信号——只有奉公守法才不会受到刑事法律的追究，一旦触犯刑律，哪怕是逃到天涯海角，仍然是"法网恢恢，疏而不漏"！

20. 如何准确理解刑法第 216 条中的"假冒他人专利"

（本文基本观点发表在 2001 年 6 月 28 日《检察日报》）

我国刑法典第 216 条规定了假冒专利罪。这是我国运用刑法手段加强对知识产权保护的重要体现。所谓假冒专利罪，是指违反专利法规，假冒他人专利，情节严重的行为。一般而言，认定本罪并不困难。但在如何准确理解"假冒他人专利"这一问题上，由于尚无立法与司法解释，致使司法实践与学术研究中出现诸多混乱认识。

关于何为"假冒他人专利"，大体上有以下几种观点：（1）未经专利权人的许可，为生产经营目的实施其专利的行为。（2）采用欺骗手段，在专利管理机关登记，冒名骗取专利权的行为。（3）未经专利权人许可，为生产经营目的，用其他产品冒充他人的专利产品，或者用其他方法冒充他人的专利方法。（4）假冒他人专利的行为有两种，一是指把与他人专利产品相同或者类似的产品称做他人取得专利的产品，欺骗消费者，弄虚作假的行为，具体可以是在产品或者在包装上，加上他人的专利标记和专利号，或者使用其他标志方法，使得他人认为该产品是他人取得专利的产品；二是未经专利权人许可实施其专利的行为。

前述第一种观点忽略了"假冒他人专利"的本质特征——"假冒"，而把《中华人民共和国专利法》第 57 条规定的"未经专利权人许可，实施其专利"的民事专利侵权行为当成刑法上的"假冒他人专利"行为，故其错误十分明显。第二种观点注意到了"假冒他人专利"中的欺骗手段，但该观点把"冒名骗取专利权的行为"视为刑法上的"假冒他人专利"，这显然偏离了假冒专利罪的专利侵权性。因为"冒名骗取专利权"是对国家专利管理机构的欺骗，而并不构成对具体专利权人的专利侵害。第三种观点虽然已涉及"假冒他人专利"的特点——"冒充"，但该观点并没进一步说明"冒充"的具体含义，因而实质上仍没有揭示"假冒他人专利"的真正内涵。第四种观点中的第一部分理解是正确的。但该观点的第二部分把"未经专利权人许可实施其专利的行为"也作为"假冒他人专利的"行为，这就使持此观点的论者犯了与持第一种观点的论者相同的错误——混淆了《中华人民共和国专利法》第 57 条规定的"未经专利权人许可（而）实施其专利"的行为与第 58 条规定的"假冒他人专利"行为的本质区别。

我认为，在理解或阐释法条含义时，必须严格限制在法条的真实含义之内，不可任意扩张。否则，就可能导致滥用刑罚权的严重后果。要准确理解刑法典第 216 条中的"假冒他人专利"，关键在于准确理解"假"和"冒"。所谓"假"，系与"真"相对应，即"不真实"之谓也。日常生活中所说的"假牙""假发"等正是在此种意义上使用"假"这一语词的。"假"的特点就是把不是真的东西说成是"真"的。那么何为"冒"呢？"冒"在汉语中有多种含义，但与"假冒他人专利"有关的显然是"冒充"。而"冒充"的基本含义妇孺皆知——即把"假的充当真的"。结合刑法第 216 条的规定和专利法第 57 条、第 58 条的规定来理解"假冒他人专利"，当然是指把不具有专利的产品说成是（冒充）他人专利产品来经营，从而损害专利权人的合法权益和专利管理制度。这里，"说成是专利产品"也好，"冒充专利产品"也罢，必须是行为人以可以感知的形式将非专利产品以他人的专利产品的名义或标识展示给社会公众，从而误导公众，使人们把非专利产品误认为是专利产品。

因此，对于那些既没有以任何方式表明或宣称自己的产品是专利产品，更没有在产品上标明专利权人的专利号或专利标识等，而仅仅是在没有取得专利权人的授权或许可的情况之下利用他人的专利技术来生产产品的行为，则应视为《中华人民共和国专利法》第 57 条规定的"未经专利权人许可（而）实施其专利"的行为，属典型的民事侵权行为。我们不能错误地把专利法规定的民事性质的专利侵权行为当成刑法规定的刑事性质的假冒专利罪。

21. 从六个方面理解"携带凶器盗窃"

（原载《人民检察》2014 年第 6 期）

2013 年"两高"《关于办理盗窃刑事案件适用法律若干问题的解释》第 3 条

第 2 款规定："携带枪支、爆炸物、管制刀具等国家禁止个人携带的器械盗窃，或者为了实施违法犯罪携带其他足以危害他人人身安全的器械盗窃的，应当认定为'携带凶器盗窃'"。据此，携带枪支、爆炸物、管制刀具等国家禁止个人携带的器械盗窃的，当然就是携带凶器盗窃——因为对此已有明文规定，并不存在争议。问题在于，如何正确理解"为了实施违法犯罪携带其他足以危害他人人身安全的器械盗窃的"？我认为，对此应当注意以下几点：

其一，"携带"应当是随身携带或者随手可及。比如将凶器藏在裤兜里或者挂在裤带上，或者放在推行的自行车上等。如果将凶器藏在汽车里，行为人停车后要走一段才到达盗窃地点的，不能视为携带凶器盗窃。

其二，这里"为了实施违法犯罪，"应当是指为了实施盗窃违法犯罪而携带足以危害他人人身安全的器械，因为，如果行为人不是为了盗窃而是为了实施其他违法犯罪而携带凶器——如为了抢劫或抢夺等，这就不属于盗窃问题而应另当别论了。

其三，应当正确理解和把握"其他"足以危害他人人身安全的器械。所谓"其他"，这里应当是指除了前引司法解释已经明确规定的"枪支、爆炸物、管制刀具等国家禁止个人携带的器械"以外的能够危及他人人身安全的器械。

其四，所谓"足以危害他人人身安全的器械"，应当作广义解释，即包括已有明确解释以外的任何足以危害他人人身安全的器械，如西瓜刀、三角刮刀以及砖头、铁棍等。但是在具体理解上，应当根据器械的一般功能，结合具体案件情况，特别要考虑行为人的主观意图，来综合判断。比如，嫌疑人盗窃时随身携带了一根两尺长的钢筋，准备在被害人发现或反抗时用作攻击被害人的武器，由于钢筋足以造成他人死伤，故行为人携带钢筋盗窃就可以视为携带凶器盗窃。

其五，对于那些既具有工具特性又可能用作凶器的工具，要具体情况具体分析，不可一概而论，更不可简单地作出不利于嫌疑人、被告人的解释。比如大型螺丝刀，既可用作溜门撬锁的工具，也可用作行凶的武器。当发现行为人随身携带这样的螺丝刀盗窃时，就要依据行为人的供述、被害人证言、其他证人证言等具体情况来进行判断。只有在排除合理怀疑之后，能够证明行为人就是要将作案工具用作凶器的场合，才能认定为携带凶器盗窃。这里实际上有一个经验事实判断的问题。比如说，小钢锯、压力钳等工具，虽然不能排除为了防身之用，但按照常识性理解，钢锯很薄且容易折断，压力钳虽然比一般刀具更危险，但上述器械特定情况下作为一般的作案工具解释更为合理时，就不能将其解释为凶器。反之，如果嫌疑人携带了一把匕首，却辩解只是为了撬锁，这样的解释就可能不符合常理。

其六，"携带凶器"不需要犯罪嫌疑人或被告人向被害人明示。无论是法条规定还是相关司法解释，都没有要求行为人将"携带"的凶器明示于相关当事人，故只要行为人为了盗窃而故意携带凶器，案发后查明了携带凶器的事实即可。如果行为人向被害人故意展示其随身携带的凶器，则可能涉及抢劫犯罪了。

22. 关于许霆案的深层思考：无情的法律与理性的解释

（原载 2008 年 1 月 20 日《法制日报》）

一、事件回顾

2006 年 4 月 21 日晚上 10 点左右，广东省高级人民法院的一名保安许霆与同事郭安山到广东省高级人民法院对面的自动柜员取款机取款，许霆原本只想取一百元钱，无意中将一百元按成了一千元，取款机竟然真的吐出了一千元钱，十分奇怪的许霆再次把卡插进取款机，查询自己的余额，他吃惊地发现，自己的余额竟然只少了一块钱，他觉得这个很奇怪，决定就再试试看，反复的 50 多次后，卡中只有 170 多元余额的许霆，一口气从自动柜员取款机里取出了 5.5 万元。回到宿舍后，两个人就商量该怎么办？报警或者报银行？郭安山就说，天上掉馅饼一样的，反正不拿白不拿。22 日凌晨 1 点左右，许霆和郭安山再次来到自动柜员取款机前，许霆用自己的工资卡再次连续取款 102 次，银行卡里原本只有 170 多元的许霆，一共在自动柜员取款机上取出了 17.5 万元，他的同事郭安山则取款 1.8 万元。2007 年 6 月 4 日，广州市公安局天河分局正式对许霆进行刑事拘留，2007 年 10 月 15 日，广州市人民检察院向广州市中级人民法院提起公诉，指控许霆犯有盗窃罪，2007 年 11 月 6 日，广州市中级人民法院刑事审判第二庭，正式开庭审理许霆盗窃案。2007 年 11 月 20 日，广州市中级人民法院作出判决：许霆以非法占有为目的，伙同同案人采用秘密手段，盗窃金融机构，数额特别巨大，行为已构成盗窃罪，遂判处无期徒刑，剥夺政治权利终身，并处没收个人全

部财产。（上述案情摘自新华网 2008 年 1 月 3 日报道）

二、许霆案的法理分析

经媒体披露以后，一时间人们对许霆案的定性议论纷纷，有人认为一审法院判决实在离谱，太不公平！甚至有人极端地批评法院对贪污贿赂犯罪量刑偏轻而对许霆等社会平民的犯罪量刑过重；有人认为一审法院对许霆的行为定性错误，本来应当以侵占罪论处，却错误地按照盗窃金融机构的犯罪定罪量刑；有人认为许霆的行为根本不构成犯罪；也有人认为一审法院判决完全正确，符合刑法规定；据说还有人为此上书全国人大……人们对许霆案作如此强烈反响，固然有其复杂的社会原因，但是其中最为突出的一点，就是很多人认为一审法院对许霆判处无期徒刑实在太过分了！然而，法律是无情的。如果许霆的行为确实足以认定为盗窃金融机构，那么一审法院的判决就无可厚非了！问题在于：将本案定性为盗窃金融机构是否确信无疑？

1. 国外类似行为的刑法性质

为了说明许霆案的性质，我们有必要了解国外关于此类行为的理论见解和刑法定性。根据我们已有的了解和掌握的资料来看，对类似许霆行为的案件有两种不同的定性：其一，日本等国的刑法对此没有作出具体规定，但理论上很多学者认为，机器（包括电脑）不能成为欺诈的对象，因为机器没有人类的思维与意识能力，不存在上当受骗的前提，因而以信用卡等套（骗）取 ATM 机上的钱款的行为应当按照盗窃罪定性处理。这种理论立场经一些学者介绍到中国，并在国内产生重要影响。本案一审法院所作出的判决无疑是受到日本刑法学理论立场影响的结果。其二，澳大利亚、丹麦、瑞典等国刑法明确规定此类行为属于欺诈性质，因而应当按照欺诈类犯罪定罪处罚。澳大利亚《刑事法典》第 133.1 条第 2 款规定："欺诈是指出于蓄意或轻率（近似于'直接故意或间接故意'——作者注），利用法律或事实的语言或行为而实施的任何欺诈行为，包括：（a）实施欺诈行为的人或其他任何人意图实施的欺诈行为；以及（b）行为人在未被许可的情况下，实施了某种行为，致使某一计算机、仪器或电子设备作出某种响应。"《丹麦刑法典》第 279A 条规定："以自己或者他人非法占有为目的，非法改变、添加或者消除用于电子数据之信息或程序，或者以其他方法试图影响此种程序结果的，构成计算机诈骗罪。"《瑞典刑法典》第 9 章第 1 条第 2 款规定："输入不正确或不完整信息，或者修改程序或记录，或者使用其他非法手段影响自动数据库处理或其他类似自动处理的结果，致使行为人获利而他人受损的，以诈欺罪论处。"此外，在芬兰、挪威、英国等刑法中亦有类似规定。

2. 许霆行为在我国刑法理论中的定性

我国现行刑法对许霆案这类行为没有作出专门的明确规定，在刑事司法实践中，主要是根据刑法学说来定性。大体上也有两种主张，一是主张采纳前述日本刑法学说的主张，将其认定为盗窃罪；另一种则认为没有必要完全照搬他国刑法学说，主张智能机器（人）等电脑设备也可以成为欺诈的对象。笔者即持后一主张。其理由如下：

其一，从"宽严相济"刑事政策立场来看，对此类行为按照诈骗定性更有利于被告人，符合有利被告原则。许霆所实施的行为无疑构成了犯罪，现在的问题在于——不能无争议确定罪名因而影响其刑罚重轻之时，原则上应当按照有利被告原则处理。在尊重人权和保障人权已经成为世界潮流的今天，这一原则早已为各国刑事法律理论与司法实践所接受。根据我国刑法规定，盗窃罪的处刑远远重于诈骗罪的刑罚——盗窃金融机构最高可处死刑[①]，而诈骗罪最高为无期徒刑，而就许霆案的具体刑罚适用来看，如果足以认定为盗窃金融机构，则其主刑的法定量刑幅度乃是处无期徒刑或者死刑，如果认定为诈骗罪，则应当处 3 年以上 10 年以下有期徒刑。[②]

其二，从学理上来看，利用信用卡从 ATM 机上非法套取钱款，完全符合诈骗罪的本质特征，对此类行为按照诈骗定性更符合逻辑。毫无疑问，诈骗罪的本质特征就是以不诚实的手段骗取不属于自己的有价值之物，而不在于被欺骗的对象是聪明的成年人还是认识能力尚未发育成熟的幼童，抑或机器人。持对许霆行为按照盗窃罪定性的学者认为，利用信用卡非法套取 ATM 机钱款的行为属于盗窃行为，而非法使用信用卡（如冒用他人的信用卡）在商场等处所消费应当按

---

① 根据最高人民法院 1997 年 11 月 4 日《关于审理盗窃案件具体应用法律若干问题的解释》第 3 条第 1 款第 3 项，"个人盗窃公私财物价值 3 万元至 10 万元以上的，为'数额特别巨大'"。根据刑法第 264 条规定，盗窃金融机构，数额特别巨大的，处无期徒刑或者死刑，并处没收财产。

② 根据 1996 年 12 月 24 日最高人民法院《关于审理诈骗案件具体应用法律的若干问题的解释》，"个人诈骗公私财物 3 万元以上的，属于'数额巨大'。个人诈骗公私财物 20 万元以上的，属于诈骗'数额特别巨大'"。根据刑法第 266 条规定，诈骗他人财物数额巨大的，处 3 年以上 10 年以下有期徒刑，并处罚金。

照（信用卡）诈骗罪定性。但是此种观点不能合理而令人信服地解释何以同样是利用信用卡欺诈性地非法占有（套取）他人财物，为什么在 ATM 机套取钱款就是盗窃而在商场等处所消费就是诈骗？ATM 乃是英文 Automatic Teller Machine 的缩写，第一个单词是"自动的"的意思，第二个单词是"出纳员"的意思，第三个单词则是"机器"的意思，直译为汉语即"自动出纳员机器"，亦即流行用语"自动柜员机"。银行在办理存取款业务方面一般有两种制度：即柜员制和复核制，前者由同一个柜员（柜台营业员）独立办理存款或者取款业务；后者则是由两位柜台营业员共同完成存取款业务——一个人办理存取款业务之后，由另一个人收取或支付现金，两个人相互复核。一般来说，柜员制的差错率较复核制大，但是在实际业务活动中，很多银行的小型营业处所都采用了柜员制。从此意义上讲，ATM 机实际上就是柜员制度中的负责存取款的自动柜员（机器人）。由于 ATM 机器人完全代行了银行柜员的职能，对 ATM 机器人的欺骗本质上就是对银行柜员的欺骗。而利用 ATM 的错误非法套取银行钱款，正如行为人使用小额票面值的钞票哄骗无知幼童（如把 10 元钞票说成 100 元钞票），进而骗取其价值较大之物品一样，这种行为事实上就是不诚实地骗取了银行钱款！既然如此，为什么不能将此种行为定性为诈骗呢？

其三，主张利用信用卡非法套取电脑等机器管理的钱财是盗窃的观点已经不合时宜。由于电脑技术的广泛普及和普遍运用，智能机器人已经在越来越广泛的领域事实上扮演了有关人员的角色。事实上，人类在设计智能机器人或电脑之时，已经赋予了其一定的人类思维能力与认识能力乃至情感表达能力，因而机器人已经具有了"人"的诸多特征。既然如此，法律以及法律学说就应当承认机器人具有一定的人类"性格"！否则，我们的法律或法律学说将不能适应同犯罪作斗争的需要。一个显而易见的事实可以为此提供借鉴：早期英美法系国家的刑法理论和刑事立法将法人作为犯罪主体，曾经招致大陆法系刑法理论的顽强抵制。其代表性的学术观点认为：法人最终只有通过自然人才能实施犯罪，且法人不具有人类的性格，刑罚制度对于法人来说并无实际意义，因此，不仅犯罪只能由自然人实施，而且也只有自然人才能承担刑事责任。但是这种学术见解随着人类法制文明历史的发展进步，显然已经日渐丧失生命力，并最终退出了世界刑法学说的主流阵地。在当今，不仅英美法系国家刑法认定的法人犯罪越来越多，而且大陆法系国家的刑法理论与刑事立法与司法实践也普遍认同了法人犯罪。其实，犯罪与刑罚问题需要理性的解释——一种符合法的公平正义理念的与时俱进的解释！

三、关于许霆案的几种认识的评说

有关许霆案的报道引发的思考，还有以下几种认识值得关注：

1. 认为该案不构成犯罪

不少善良的人们认为许霆案根本不构成犯罪。持此种观点者的怜悯之心可嘉，但却无法为许霆找出出罪的合法理由。作为一位社会平民，因为"一失足成千古恨"而被追究严重的刑事责任，固然有令人同情的一面，然而，法律必须对此作出公正的评价！这正如"大义灭亲"的父亲杀死为害乡里的十恶不赦的儿子一样——这位父亲的行为甚至会得到当地老百姓的赞扬，但对于法律来说，他必须承担相应的刑事责任！本案中，许霆第一次用信用卡取钱，意外发现自己在 ATM 机取 1 000 元而自动柜员机却仅仅扣除他账户 1 元，如果他就此停住，则他的行为显然不构成犯罪。但是，当他后续利用信用卡反复套取 ATM 机里的钱款时，其主观上显然具有了非法占有他人财物的目的，且客观上他非法占有了 17.5 万元之巨，这时他就难辞其咎了！

2. 认为该案应当以侵占罪处理

笔者注意到，为了减轻许霆的刑事责任，不仅被告人的律师最初为许霆作了其行为构成侵占罪的刑事辩护，另有一些网友或学者也认为许霆的行为至多也只能构成侵占罪。问题在于，我国刑法规定的侵占罪的对象构成要件乃是：非法占为己有的他人财物必须是自己代为保管的财物或者是他人的遗忘物或埋藏物。而许霆多次利用信用卡套取的钱款显然不属于他自己代为保管的他人财物，也不是他人的遗忘物或埋藏物！因而，本案不符合侵占罪的构成要件，而以侵占罪处理本案当然不恰当。

3. 许霆案是否属于共同犯罪

从媒体报道的案件事实来看，许霆是和同事郭某一起去 ATM 机上取款的，而且郭某还对许霆说"天上掉馅饼一样的，反正不拿白不拿"，二人又共同利用信用卡套取了 ATM 机的若干款项。那么许霆和郭某是否构成共同犯罪？我认为，如果媒体报道属实，则该二人无疑构成共同犯罪了。这一道理很简单，无须过多赘述。问题是：最初郭某并没有和许霆共同谋议去套取ATM机的钱款，郭某只是在后来发现许霆能够套取ATM机钱款（5.5万元）时，建议许霆不要报告，并和许霆各自利用自己的信用卡继续套取ATM机的钱款，那么郭某是否应当对套取的全部钱款数额负责呢？此种情况下，郭某构成承继的共同犯罪（正犯）。至于郭某是否应当对全部套取的钱款负责，理论上有不同理解。一种观点认为，承继的共同犯罪的场合，后加入者应当对全部犯罪负责；另一种观点则认为，承继共同犯罪的场合，后加入者只应当对其加入后的行为负责。我倾向于后一种观点。因为对行为人没有参与共谋实施的犯罪也追究刑事责任，有扩大刑事责任之虞，而按照行为人实际参与共同犯罪的具体情况追究刑事责任，更符合实事求是的客观公正精神！

4. 本案是普通诈骗而不是信用卡诈骗

笔者在和有关同行讨论该案时，有人提出：许霆的行为是否涉嫌信用卡诈骗呢？我认为，本案的特点是行为人利用了信用卡，同时利用了ATM机的程序错误。但实质上仍然是行为人对ATM机进行了不诚实的欺诈性操作。我国刑法第196条专条规定了信用卡诈骗罪，其客观构成要件必须是行为人有下列行为之一：（1）使用伪造的信用卡，或者使用以虚假的身份证明骗领的信用卡；（2）使用作废的信用卡；（3）冒用他人的信用卡；（4）恶意透支。纵观本案事实，无一符合上列四个要件之一。因而，许霆的行为属于以信用卡作为工具的诈骗钱款，符合我国刑法第266条规定的普通诈骗罪构成要件。

23. 许霆案的再思考：刑事司法需要怎样的解释

（原载《许霆案的深层解读：无情的法律与理性的诠释》）

2007年10月15日，广州市人民检察院向广州市中级人民法院提起公诉，指控许霆犯有盗窃罪，2007年11月6日，广州市中级人民法院刑事审判第二庭，正式开庭审理许霆盗窃案。2007年11月20日，广州市中级人民法院作出判决：许霆以非法占有为目的，伙同同案人采用秘密手段，盗窃金融机构，数额特别巨大，行为已构成盗窃罪，遂判处无期徒刑，剥夺政治权利终身，并处没收个人全部财产。该判决经媒体披露后，举国上下一片哗然。广东省高级人民法院受理该案上诉后，经研究发回原审法院重审。2008 年 3 月 31 日，广州市中级人民法院对许霆恶意取款案进行重审。法院经审理认为，被告人许霆以非法占有为目的，采取秘密手段窃取银行经营资金的行为，已经构成盗窃罪。但是其第一次取款1 000 元，是正常取款时，因自动柜员机出现故障，无意中提取的，不应视为盗窃，而其余 170 次取款，自动柜员机在其银行账户上扣款 174 元，也不视为盗窃。法院最后认定，许霆实际盗窃共计 173 826 元。为此，法院判处许霆有期徒刑 5 年，并处罚金 2 万元。但是，据媒体最新报道，许霆仍然不服广州市中级人民法院的判决，并于 2008 年 4 月 9 日提出上诉。

2008 年 3 月 31 日，广州市中级人民法院对许霆案作出重审判决——判处许霆有期徒刑 5 年，并处罚金 2 万元。这个本来很平常的案件再次引发了人们对该案的新一轮密切关注与热切议论。有人赞赏法院的重审判决——恢复了法律的公平、正义；有人仍持批评态度——认为法院的重审判决令人失望；……那么究竟应该怎样看待许霆案的重审判决呢？

一、许霆构成盗窃罪：一个一错再错的刑事判决

广州市中级人民法院两次审理后仍然认定许霆的行为构成盗窃金融机构的犯罪，但是前后两次量刑悬殊，实在难以自圆其说。有一种学术观点认为，广州市中级人民法院对许霆行为按照盗窃罪定性完全正确，虽然其第一次审理判处许霆无期徒刑存在量刑失当问题，但其重审定罪量刑则符合现行刑法规定。[①] 然而，在我看来，许霆案的重审判决实在是一个一错再错的判决！分析如下：

首先，从逻辑角度来看，如果许霆的行为足以认定为盗窃金融机构，则完全没有必要发回原审法院重审，因为原审法院正是根据现行刑法第 264 条第 1 项（关于盗窃金融机构的规定）与 1997 年最高人民法院《关于审理盗窃案件具体应用法律若干问题的解释》第 3 条第 3 项（关于盗窃公私财物数额特别巨大的规定——盗窃公私财物价值人民币 3 万元至 10 万元以上的为"数额特别巨大"）来定罪量刑的。如果说认定许霆的行为构成盗窃金融机构的犯罪，则原审法院对其作出的量刑——"判处无期徒刑，剥夺政治权利终身，并处没收个人全部财产"就不仅完全合乎逻辑，而且符合法律规定。然而，正是这个貌似正确的判决招致

---

① 参见陈兴良：《许霆案的法理分析》以及张明楷：《许霆案的定罪与量刑》，载《人民法院报》，2008 - 04 - 01。

了社会舆论与学术见解的强烈批评，最终导致了该案的重审。

其次，广东省高级人民法院因为"原判决认定被告人许霆犯盗窃罪事实不清，证据不足"而"裁定撤销广州市中级人民法院的刑事判决，发回市中院重新审判"①，但是广州市中级人民法院重审判决，除了对许霆改判"5 年有期徒刑、并处罚金 2 万元"外，其定罪及其事实认定与原审认定几乎完全一致。这就不能不使人认为：要么广东省高级人民法院对许霆案发回重审的裁定出了错——原审关于许霆案的"事实不清、证据不足"究竟体现在哪里？要么广州市中级人民法院的重审判决出了错——重审判决是否纠正了原审判决的"事实不清、证据不足"这一导致案件发回重审的关键错误？事实上，广州市中级人民法院在本案处理过程中被动地陷于三难境地——既不愿意放弃对许霆案按照盗窃金融机构犯罪处理的刑法立场，又无法找到轻判许霆的合法根据，同时又备受社会舆论批评的强大压力，最后只好借助有关学者对许霆适用刑法第 63 条第 2 款规定的建议，试图通过"特别减轻程序"在法定最低刑以下对许霆作出判决。重审判决的此种思路虽然表面上平衡了许霆案定罪量刑问题，但殊属不当，且会带来诸多负面影响。

再次，许霆案能否适用刑法第 63 条第 2 款规定？答案无疑应当是否定的。如何理解刑法第 63 条第 2 款规定的"特殊情况"？虽然现行刑法没有明确规定，有关司法解释对刑法第 63 条第 2 款规定的"特殊情况"亦无明确说明，但是1997 年最高人民法院《关于办理减刑、假释案件具体应用法律若干问题的规定》第 11 条，对假释适用中的"特殊情况"明确规定为"是指有国家政治、国防、外交等方面特殊需要的情况"。我认为，刑法第 63 条第 2 款规定的"特殊情况"亦应限定为前引司法解释关于"特殊情况"的定义。其实，我的此种理解得到了有关参与刑法立法的全国人大有关官员所持观点的证明——全国人大法工委主任和原法工委刑法室郎胜认为："特殊情况"应当是指因为国家政治、国防以及外交方面等原因而有特别需要的情况。② 显然，许霆案与国家政治、国防、外交毫无关系，因此不能对该案适用刑法第 63 条第 2 款规定。值得注意的是，有学

---

① 艾可穆琪：《恶意取款案发回重审　许霆有望获保释回家过年》，发表于 http：//news. QQ. com，访问日期：2008 年 4 月 10 日。

② 参见胡康生、郎胜主编：《中华人民共和国刑法释义》，3 版，61 页，北京，法律出版社，2006。

者认为我国刑事司法实践中曾经对并非涉及国家政治、国防、外交等方面的案件亦曾适用过刑法第 63 条第 2 款规定①，因此对许霆案也可套用刑法第 63 条第 2 款的特别规定。我认为此种见解并不妥当。理由有二：（1）无论从刑法立法还是刑事司法传统来看，我国不是判例法国家，即使是最高人民法院的判例，事实上并无法律效力，因此，实践中的先前判例不能成为后来判案的法律根据；（2）刑事司法实践中出现的前引判例，公然错误适用刑法第 63 条第 2 款特别规定，本质上是对罪刑法定的破坏，因而不但不能作为当下判案的先例，而且还应当依法及时予以纠正才是正确选择！此外，还有一个重要理由不能对许霆案适用刑法第 63 条第 2 款规定。这就是：刑法第 63 条第 2 款作为特别减轻刑罚的事由与程序规定，必须谨慎使用。如果动辄就启动该"特别减轻程序"，既会造成对罪刑法定的严重破坏，还会使最高人民法院不胜其累！据有关报道，全国有多个地方已经相继发现类似许霆案的涉嫌犯罪事实，如果对这些案件均按照许霆案重审模式处理，最高人民法院将会三天两头频繁启动刑法第 63 条第 2 款规定的特别减轻程序！似此，"特殊情况"还有什么"特殊"可言？由此可以得出结论：只有那些涉及国家政治、国防、外交等方面的案件，且必须是没有其他法律方法解决轻判，而案件重判又不符合国家利益或者会损害国家利益时，才可以考虑启动刑法第 63 条第 2 款规定的"特别减轻程序"。至于许霆案，我认为完全可以依照其他刑法解释论更为妥善处理。

　　二、许霆构成诈骗罪：理性的解释与公正的处理

　　否定许霆案可以作为诈骗罪定性处理的学者的核心理论依据乃是："机器（包括电脑、智能机器人等）"不能成为诈骗的对象，并将盗窃罪界定为："盗窃，是指以非法占有为目的，违反被害人的意志，将他人占有的财物转移给自己或者第三者占有的行为。"② 前述见解源自德日刑法学说，也许在德日刑法立法及其刑法学理论体系中才具合理性，而在其他国家的刑事立法与刑法学理论框架下就未必行得通。③ 分析如下：

---

① 参见《程乃伟绑架案——特殊情况下减轻处罚的适用》，载最高人民法院刑一庭、刑二庭编：《刑事审判参考》第 4 卷·上，119 页，北京，法律出版社，2004。

② 张明楷：《许霆案的定罪与量刑》，载《人民法院报》，2008-04-01。

③ 如前引关于盗窃罪的解释，主要是日本刑法学关于盗窃罪的解释。因为日本没有规定类似于我国刑法上的抢夺罪，故类似于我国刑法规定的抢夺罪行为在日本是按照盗窃罪来处理的。但是完全将前引盗窃罪的定义引入我国，就会混淆盗窃罪与抢夺罪等财产犯罪的界限。

首先，世界上已经有诸多国家刑法明确规定机器（包括电脑、仪器等）能够成为欺骗之对象。例如：澳大利亚《刑事法典》第 133.1 条第 2 款规定："欺诈是指出于蓄意或轻率（近似于'直接故意或间接故意'——作者注），利用法律或事实的语言或行为而实施的任何欺诈行为，包括：（a）实施欺诈行为的人或其他任何人意图实施的欺诈行为；以及（b）行为人在未被许可的情况下，实施了某种行为，致使某一计算机、仪器或电子设备作出某种响应。"《瑞典刑法典》第 9 章第 1 条第 2 款规定："输入不正确或不完整信息，或者修改程序或记录，或者使用其他非法手段影响自动数据库处理或其他类似自动处理的结果，致使行为人获利而他人受损的，以诈欺罪论处。"此外，在芬兰、挪威、英国等刑法中亦有类似规定。可见，认为机器不能成为诈骗对象的理论立场早就被诸多国家刑法立法与刑事司法实践所否定。

其次，德日刑法学理论虽然主张机器不能成为诈骗对象，但是有关刑事立法和刑事司法仍然认可计算机诈骗罪。虽然计算机诈骗罪一般是指利用计算机进行欺诈，但是事实上也包括针对计算机信息系统本身进行欺诈性操作，从而损害他人财产利益而为自己或者为他人非法获取财产利益的行为。如《丹麦刑法典》第 279A 条规定："以自己或者他人非法占有为目的，非法改变、添加或者消除用于电子数据之信息或程序，或者以其他方法试图影响此种程序结果的，构成计算机诈骗罪。"计算机显然属于机器的范围，而承认计算机可以成为欺诈的对象也就在一定程度上认可机器可以成为欺诈的对象。

再次，对 ATM 机进行欺诈性操作，从而骗取他人钱财的，足以认定为诈骗罪。众所周知，ATM 机乃是代理银行办理取款业务的自动机器人，是银行计算机信息管理系统的组成部分，是该系统的客户端。其工作原理是：ATM 柜员机接受取款人操作指令后，向银行计算机信息管理系统的服务器（银行主机）录入信息、服务器读取信息并验证，向柜员机发出指令，柜员机自动执行服务器的指令，行使出纳功能。[①] 上述分析说明，对 ATM 机的欺骗，就是对银行出纳员的欺骗，实质上就是对银行的欺骗。许霆案中，行为人利用 ATM 机信息识别系统错误——行为人从 ATM 机套取 1 000 元却只在行为人的银行账户中扣除 1 元，这本质上等于行为人用 1 元冒充 1 000 元来和银行进行交易，而银行工作人员却错

---

① 信息来源：http：//blog. sina. com. cn/sining，访问日期：2008 年 4 月 10 日。

误地相信行为人支付的1元就是1 000元，从而支付给行为人1 000元！如果上述分析符合逻辑，那么许霆所实施的170多次非法套取银行ATM机钱款的行为就是地地道道的诈骗而非盗窃！其实，笔者所持见解已经为我国有关法院判案所采纳。如北京市海淀区人民法院（2006）海法刑初字第2899号以及（2007）海法初字第87号两案，均是涉及通过利用计算机网络信息系统错误骗取他人钱财的犯罪，检察院均以盗窃罪提起公诉，但该法院均以诈骗罪定罪量刑，被告人上诉后二审法院维持了原判。①

又次，对许霆案类似行为按照诈骗定性乃是更理性的刑法解释，更符合刑法的公平正义价值追求。我国刑法对盗窃罪规定了比诈骗罪更为严厉的刑罚。根据最高人民法院1997年11月4日《关于审理盗窃案件具体应用法律若干问题的解释》第3条第1款第3项，"个人盗窃公私财物价值3万元至10万元以上的，为'数额特别巨大'"，而刑法第264条规定，盗窃金融机构，数额特别巨大的，处无期徒刑或者死刑，并处没收财产。原审法院正是据此规定对许霆作出了引起严重非议的第一次判决！如果将许霆案定性为诈骗性质，则其涉案金额仅属于"数额巨大"的范畴——根据1996年12月24日最高人民法院《关于审理诈骗案件具体应用法律的若干问题的解释》之规定，"个人诈骗公私财物3万元以上的，属于'数额巨大'；个人诈骗公私财物20万元以上的，属于诈骗'数额特别巨大'"。又根据刑法第266条规定，诈骗他人财物数额巨大的，处3年以上10年以下有期徒刑，并处罚金。如果广州市中级人民法院第一次对许霆案的判决按照此种刑法解释思路来认定行为事实并依法按照诈骗罪对其定性——在3年以上10年以下有期徒刑幅度内量刑，想必许霆案——这个本来涉案数额很平常的微不足

① 关于该两案详情，参见北京市海淀区人民法院（2006）海法刑初字第2899号以及（2007）海法初字第87号判决书。前一案基本事实为：被告人丁昊、臧晓蔚于2005年9月至10月间，使用窃取所得的他人ADSL账号和密码，利用网易公司与网通公司赠送点卡活动中未对ADSL用户是否申领过点卡进行核实的程序漏洞，反复申领点卡，骗取网易公司100点一卡通点卡（一张点卡价值人民币10元）57 331张，共计人民币573 310元。后两被告人通过网络将上述点卡卖出，共获利人民币367 939元。后一案件基本事实：2005年7月下旬，被告人易剑发现广州网易计算机系统有限公司的一卡通虚拟卡在线购买系统存在漏洞，即可以通过篡改交易页面数据的形式，以任意价格购买原售价为5、10元、13.88元、20元、26.77元以及50元的多种网易公司的一卡通虚拟卡（包括150点虚拟卡、300点虚拟卡数字卡以及100点、200点、500点的虚拟在线充值卡）。从2005年8月1日到2005年10月12日期间，被告人自己操作或者雇用他人操作，大量注册网易的通行证账号，通过计算机网络，利用计算机信息系统漏洞，以每张0.10元或者0.01元价格，从网易公司的在线销售系统中非法获取大量一卡通虚拟卡，共计371 273张，价值人民币688 256.14元。网易公司发现交易异常后及时对其中54 625张一卡通虚拟卡采取了屏蔽技术处理，避免了249 061.52元损失。

道的财产性犯罪案件，就不至于引起如此剧烈的社会反响了。

最后应当指出，好在许霆终于在上诉期限结束之前提起了上诉。这就使得二审人民法院仍然有机会依法纠正不当且可能留下严重负面影响的重审判决。若果真如此，这就不仅恢复了许霆案的本来面目，而且将为我国司法界将来处理类似涉及 ATM 机乃至涉及计算机信息系统案件时如何正确理解或者解释刑法提供榜样。

24. 拒签与孕妇死亡的法律问题：是否涉及刑事责任[①]

（本文以基本内容发表在 2007 年 12 月 2 日《法制日报》）

事件概况：2007 年 11 月 21 日，怀孕 7 个月的孕妇李某因呼吸困难在同居者肖某的陪同下赴北京某医院检查就医。该医院收留了李某，且医生经检查发现，已经怀孕 7 个多月的李某患有较严重肺炎，需立即进行剖腹手术取出胎儿，否则李某与体内胎儿均面临生命危险。然而由于肖某拒绝在手术单上签字，医院在设法说服肖某、寻找孕妇其他亲人、请示上级无果情况下，被迫"保守治疗"，最终在"抢救" 3 个多小时后，孕妇及体内胎儿不治身亡。逝者已去，但是由本事件引发的一系列法律问题的争论却如火如荼地进行着，这一事件再次引发了法律人对于构建和谐社会与医疗刑事法等热点问题的深度关切。

现代国家刑事政策把何种行为犯罪化的一个基本准则就是：某种行为的不道德性已经令该国家的主流道德价值体系不能容忍，且这种不道德行为触犯了国家与社会的公共利益，而这种不能容忍的不道德行为的严重社会危害性乃是不言自明的。就李某病死医院的事件来看，30 多名医生眼睁睁看着病魔夺去李某和腹中胎儿的生命，卫生局居然理直气壮的认为医院遵守了法律，这实在令人匪夷所思！如果放任此种行为，将会使每一位国民的生命权、健康权置于严重而危险的威胁中。现在的问题是：在我国现有法律框架下，该行为究竟应当如何认定呢？

纵览有关该事件的事实报道，我认为医院和有关主管人员对孕妇李某的死亡

---

① 说明：本文分析依据有关新闻报道和我国相关法律、法规，因为尚未获得该事件客观事实具体细节，故其观点仅仅是纯学术见解！另外，也有报道说是李某本人不同意医院对自己进行剖腹手术，但因为李某已经身亡而无法证实这一报道的真伪，故本文不涉及李某是否同意手术这一问题。

具有不可推卸的责任。理由如下：

一、从我国社会制度和医疗伦理道德的角度来看，医院的第一使命乃是治病救人，医院不能放弃自身的救治义务

在我国，医院乃是事业单位，即非生产经营性部门或单位。换言之，医院虽然具有自身的利益需要法律保护，但是我国医院并不是以盈利为目的的生产经营性企业或公司！收治李某的这家医院属于国有性质的事业单位，它受国家机关领导，所需经费、人员编制由国家划拨或者安排，其最高宗旨和医疗伦理道德追求的最高价值应当是治病救人，而不应当是其他利益！按照刑法学中的不作为理论来看，该医院收下李某后便产生了救治李某的义务，医院在明知李某如不及时进行手术就会死亡的情况下，以肖某不签字便不给李某实施救助手术为由而放弃对李某进行剖腹手术救助，最终导致李某和胎儿死亡，实在难辞其咎。

二、现有法律已经明确规定医师具有救助病人义务，有关责任人拒绝履行法律规定的义务，对其行为引出的危害结果应当承担相应法律责任

1998 年颁布的《中华人民共和国执业医师法》第 3 条明确规定："医师应当……发扬人道主义精神，履行防病治病、救死扶伤、保护人民健康的神圣职责。"第 22 条第（2）项规定：（医师有义务）"树立敬业精神，遵守职业道德，履行医师职责，尽职尽责为患者服务。"特别是该法第 24 条明确指出："对危急患者，医师应当采取紧急救助措施进行诊治；不得拒绝急救处置。"如果说前引《医师法》第 3 条和第 22 条第（2）项的规定还只是原则性抽象规定，那么第 24 条已经是十分具体的规定了！事实上，该条对医师抢救病人的法律义务规定得再明确不过了！该条使用了"应当"和"不得"这样的语词，这就意味着医师抢救病人的责任是不用质疑甚至是无条件的！因此，有关责任人员不履行法律赋予的救助义务，导致李某和胎儿死亡就是不能原谅的。

三、《医疗机构管理条例》第 33 条的规定不能成为免除医院和相关责任人员法律责任的理由

近来，诸多媒体和有关法律人士经常援引《医疗机构管理条例》第 33 条为收治李某的医院辩解，认为医院不对李某进行紧急救助是因为肖某拒不签字造成的，换言之，该医院不对李某进行紧急救助符合《医疗机构管理条例》第 33 条的规定，因而医院毫无过错。我认为这一解释是没有说服力的，甚至是十分荒

唐的。

首先,《医疗机构管理条例》第33条虽然规定:"医疗机构施行手术、特殊检查或者特殊治疗时,必须征得患者同意,并应当取得其家属或者关系人同意并签字;无法取得患者意见时,应当取得家属或者关系人同意并签字;无法取得患者意见又无家属或者关系人在场,或者遇到其他特殊情况时,经治医师应当提出医疗处置方案,在取得医疗机构负责人或者被授权负责人员的批准后实施。"这里,"其他特殊情况",应当是指除了"无法取得患者意见又无家属或者关系人在场"以外的特殊情况,应当包括患者病情危急,如不及时救治就会引起严重后果等特殊情况。如果这种理解正确,该条最后一句就包含了这样的含义:当患者病情危急,必须进行紧急抢救时,经治医师应当提出医疗处置方案,在取得医疗机构负责人或者被授权负责人员的批准后实施紧急救治。此种情况下,如果经治医师不提出医疗处置方案,或者医疗机构负责人或被授权负责人员不批准实施紧急救助,并由此引起了病人严重伤亡后果,那么该经治医师或该医疗机构负责人或被授权负责人员就具有严重过错。

其次,《中华人民共和国执业医师法》并没有规定对危急病人进行紧急抢救必须要有病人的同意或者患者家属或关系人的签字,而只是在该法第26条第2款规定:"医师进行实验性临床医疗,应当经医院批准并征得患者本人或者其家属同意。"就本事件涉及的李某救治而言,显然不属于"实验性临床医疗",因而无须取得其本人或者其家属或关系人的同意和签字。而且事实上,《医疗机构管理条例》属于行政法规,发布于1994年;而《中华人民共和国执业医师法》属于全国人大制定的重要法律,颁布于1998年,无论是按照"新法优于旧法"的一般原理还是从法律、法规的制定机关来看,《中华人民共和国执业医师法》的法律效力远远高于《医疗机构管理条例》!那么涉及李某救治的医院有什么理由不遵守《中华人民共和国执业医师法》,而偏偏拿《医疗机构管理条例》为其不履行救治义务辩护呢?

四、结论:本次事件的定性

在有关本次事件的众多报道中,笔者注意到这样一个事实:收治李某的医院曾经向其主管部门进行了汇报,而有关主管人员明确指示:"如果家属不签字,不得进行手术。"正是这一指示进一步强化了该收治李某的医院放弃了对李某的积极有效抢救！故作出该指示的主管人员存在重大过错。而根据《医疗机构管理条例》第 33 条的规定，医疗机构负责人或者被授权负责人员有权批准（决定）经治医师对危重病人的抢救，如果经治医师向其报告医疗处置方案而该医院负责人不批准经治医师的救治行动，进而致使病人得不到积极医治而死亡，则该负责人同样存在重大过错。如果经治医师没有向医疗机构负责人或者被授权负责人员报告对危重病人的医疗处置措施而致使病人得不到救治而死亡，则该经治医师也存在重大过错。（如果经治医师履行了报告义务而是医疗机构负责人不批准其对危重病人进行救治，则该经治医师不承担任何责任。）通过以上分析可以看出，如果报道属实，前述人员的重大过错至少可能涉嫌过失致人死亡犯罪！

至于有人认为李某的同居者肖某应当对李某的死亡负责，笔者不敢苟同。因为，正如前述分析说明的那样，该医院对其收治的李某进行紧急救治并不是必须以肖某在手术协议上签字同意为前提！换言之，即使肖某不在手术协议上签字同意手术，收治李某的医院仍然有法律根据对李某进行紧急救治。而且从广义上讲，肖某其实也是该事件的被害人之一。故我认为，虽然有些报道将肖某描写得愚不可及，但他不应当对李某的死亡负责。

25. "飙车"致人死伤行为如何定性

（原载 2009 年 8 月 4 日《检察日报》）

近期以来，"飙车"致人死伤案件的定性一直是人们关注的热点问题之一。虽然"飙车"还不是一个规范的法律用语，但是在一定程度上人们已有基本一致认识。如杭州市公安局 2006 年发布的《关于禁止机动车飙车等有关事项的通告》第 1 条规定：本通告所称的飙车，是指以竞技、追求刺激、娱乐或者赌博为目的，机动车在道路、广场、校区等地方超速行驶，严重影响社会秩序和道路交通安全的驾驶行为。应当肯定，前引"飙车"的定义，已经把握住了"飙车"行为的本质，即"飙车"的实质是"以竞技、追求刺激、娱乐或者赌博为目的"，而并非以"交通运输"为目的。基于此认识，笔者将"飙车"界定为："飙车"，是指以竞技、追求刺激、娱乐或者赌博为目的，以机动车辆作为工具，在交通道路上大幅度超速行驶、相互嬉戏追逐、随意穿插行驶，危害公共安全的行为。本文正是在此意义上讨论"飙车"致人死伤行为的定性。对于"飙车"致人死伤的定性，人们有不同处理意见。一种意见认为，该行为构成"以其他危险方法危害公共安全罪"；另一种意见则认为，单纯的飙车行为在现有法律框架下尚不构成犯罪，造成他人死伤的构成交通肇事罪。笔者认为，"飙车"致使他人死伤的案件，不宜按交通肇事罪处理，而应当按照"以其他危险方法危害公共安全罪"论处。理由如下：

一、"飙车"行为不属于"交通运输"范畴，不能适用刑法有关交通肇事罪的规定

从刑法第 133 条的立法精神和 2000 年 11 月 10 日最高人民法院《关于审理交通肇事刑事案件具体应用法律若干问题的解释》第 1 条、第 8 条第 2 款规定来看，交通肇事罪应当是发生在公共交通运输领域的过失违法犯罪行为。这里所谓的"交通运输"，应当是指"人或物的转运输送"，换言之，这里的"交通运输"通常是指借助机动车或船舶将人或物由甲地运往乙地，或者为了运输人或物的需要而将机动车或船舶开往某地。机动车或船舶"交通运输"的本质特征，乃是驾驶人员为了特定的运输目的而驾驶机动车或船舶。因此，那些以竞技或者游戏为目的的赛车或赛船行为，显然不属于"交通运输"的范畴。例如，对于汽车拉力赛、赛艇竞技等就不能认为是"交通运输"行为。同样道理，那些以竞技、娱乐等为目的的"飙车"行为，其本质上已经不具有"交通运输"的目的与特征，因而应当排斥在社会大众所认可的"交通运输"行为之外。如果行为人与他人在交通道路上大幅度超速相互追赶、穿插飙车时，他们的驾驶行为本质上属于赛车竞技（游戏）而不具有"交通运输"的性质，而且这种罔顾他人生命财产安全、只顾自己取乐游戏的行为本身已经给公共安全造成了严重危险，即使没有造成具体人员生命财产损失，其行为已经具有危险犯的性质。从前引杭州市公安部门发布的通告来看，有关管理部门在一定程度上早已正确认识到了这一点。

二、"飙车行为"符合"以其他危险方法危害公共安全罪"的客观构成要件

一般认为，刑法第 114 条中"以其他危险方法危害公共安全罪"乃是一个兜底性罪名，即除了该条已有明确规定的放火、决水、爆炸、投放危险物质外，行为人实施的具有类似于放火、决水、爆炸、投放危险物质的危害公共安全性质而该条又没有明确规定的其他行为，均可以"以其他危险方法危害公共安全罪"

论处。当然，这要以行为人之行为符合刑法第114条规定的构成要件为前提。事实上，我国司法实践中已经对诸多此类行为以"以其他危险方法危害公共安全罪"定罪处罚。自从蒸汽机问世以来，现代机动车或船舶给人们的生活带来无限方便，但是，它们潜在的危险人类从来没有忽视过。正因为如此，每个国家都有严格的法律制度确保交通运输安全。虽然现代刑法理论早已确认"允许的危险"——即那些有利于现代社会发展以及人类更好生存的某些存在一定危险的活动（行为）被法律认为是被允许的，如发射太空飞船，显然存在造成危及人的生命财产安全的危险，但是为了人类社会的更大、更多、更好的利益，很多国家依法保护发展太空技术而不是禁止发展太空科学实验。作为现代交通运输基本工具的机动车和船舶，一方面由于科学技术的发展，现代机动车和船舶制造业已经能够制造出确保驾乘安全的机动车和船舶，另一方面，各国通过不断完善立法与执法，大大提高了交通运输安全的可靠性。只要严格遵守相关法律、法规，基本能够确保交通运输安全。但是，现实生活中总是有些人无视法律、法规，乃至无视他人生命、健康或财产安全，为了自己方便或从中取乐而危害公共安全。在公共交通区域相互穿插追逐飙车，绝不亚于放火、决水、爆炸、投放危险物质给人们带来的危险与恐惧！从现实生活中发生的飙车致人死伤案件来看，行为人为了自己开心，甚至非法改装汽车以追求极速行驶刺激，此种情况下行为人如果没有在撞击被害人之前采取必要避免伤害他人措施（如紧急刹车等），并因为自己负全部责任而造成他人死亡的严重后果的（如果被害人负全部责任或主要责任的另当别论），完全符合刑法第114条规定的以其他危险方法危害公共安全罪，同时，其行为后果符合刑法第115条规定的结果加重犯罪的成立标准。

三、"飙车"行为人至少存在间接故意，符合"以其他危险方法危害公共安全罪"的主观构成要件

故意"以其他危险方法危害公共安全罪"的主观要件要求行为人至少存在间接故意（直接故意自不待言）。所谓"间接故意"，通常理解为：行为人已经认识到其行为可能发生危害社会的后果，但行为人对此漠不关心，听之任之，我行我素，结果事实上发生了法律禁止的危害后果。我国刑法学通说认为，间接故意是指行为人针对行为招致的危害后果持放任心态，而不是对危害行为本身的放任。但是值得注意的是，当刑法禁止的是一种行为犯或者危险犯时，如果行为人放任此类行为或者放任此类危险发生，则行为人就已经存在间接故意而无需出现有形危害结果了。就以飙车危险方法危害公共安全的行为而言，只要行为人认识到其飙车行为可能危及他人生命、财产安全而仍然在交通道路上大幅度超速飙车，就应当认定其具有间接故意。这也是为什么英国等西方国家明确将危险驾驶行为规定为至少成立"轻率"（类似于间接故意）犯罪的原因。就我国刑法第114条规定的"以其他方法危害公共安全罪"而言，乃属于抽象危险犯，只要行为人实施了"以其他危险方法危害公共安全（飙车）"的行为，就足以认定其主观上存在间接故意，即使没有出现具体危害后果，也已经构成本罪。如果行为人既实施了"以其他危险方法危害公共安全"的行为，又造成了具体危害后果，则成立本罪的结果加重犯，应当适用刑法第115条之规定进行处罚。

四、与他人一起相约飙车者构成同案共犯

众所周知，中国刑法学中的共同犯罪与两大法系刑法学的共同犯罪有不同的标准和成立要件。中国刑法学所说的共同犯罪，是指"二人以上共同故意犯罪（刑法第25条）"，当然包括二人以上的间接故意共同犯罪。此一共同犯罪定义排斥过失共同犯罪和片面共同犯罪。大陆法系刑法学上的共同犯罪，以德国刑法典为例，是指"多人共同实施犯罪行为"（德国刑法典第25条第2款），此即所谓共同正犯。德国刑法典关于共同正犯的规定，不排斥过失共同正犯和片面共同正犯。英美刑法学上的共同犯罪，以英国刑事制定法为例，是指："某人与另一人或者另几人协议实施某种行为，如果该协议按照参与人的故意被付诸实施，在以下情况下，该行为人构成实施这一或者这些实质犯罪的共谋：（a）所实施行为必须等同于或者涉及协议一方或者多方参与人按照协议实施的一种或者几种犯罪行为，或者（b）若非存在使协议犯罪或者协议犯罪中的任何犯罪行为不可能被实施的事实，行为人就会按协议实施该种犯罪。"英美刑法学的此类犯罪，称之为"共谋罪"。英美刑法采取了完全不同的共同犯罪理论和认定与处罚标准，强调行为人只要实施了共谋（协议），即可以独立以共谋罪论处。在笔者看来，行为人相约在交通道路上进行"飙车"（赛车）竞技活动，表明行为人之间已经有了犯意沟通与联络，一个达到刑事责任年龄、具有刑事责任能力的人，当然能够预见其"飙车"行为可能危及不特定多数人的生命、健康以及重大财产安全，因此，凡相约参与飙车活动者，均应认定其存在危害公共安全的间接故意，共同

构成"以其他危险方法危害公共安全罪"。按照处理共同犯罪的一般原则——"部分行为，全部责任"，如果其中有人的飙车行为造成了他人死亡等加重处罚后果，则所有相约参与飙车的共同犯罪人均应对加重结果负责。

26. 伤熊事件的法律责任

（原载 2002 年 3 月 5 日《检察日报》）

近日来，大学生刘某用火碱与硫酸两度向北京动物园的 5 只熊投喂这一"伤熊"事件引起了社会各界与新闻媒体广泛关注。人们严正指责刘某违反了现行刑法第 341 条之规定，应当受到惩处。但是对于此一事件，我有一些不同看法。

刑法第 341 条第 1 款规定："非法猎捕、杀害国家重点保护的珍贵、濒危野生动物的……处五年以下有期徒刑或者拘役，并处罚金；情节严重的，处五年以上十年以下有期徒刑，并处罚金；情节特别严重的，处十年以上有期徒刑，并处罚金或者没收财产。"从该条款的立法本意来看，旨在用刑罚手段有效保护珍贵、濒危野生动物。而且其禁止的行为是"非法猎捕、杀害"珍贵、濒危"野生"动物。就刘某实施的"伤熊"事件来看，无论是其行为方式还是行为对象，都不符合刑法第 341 条规定的"非法猎捕、杀害珍贵、濒危野生动物罪"。从学理上来分析，构成非法猎捕、杀害珍贵、濒危野生动物罪，行为人必须同时具有两个行为特点：一是行为人必须实施了非法"猎捕"或者"杀害"行为之一；二是行为人猎捕、杀害的对象必须是珍贵、濒危"野生"动物。然而，刘某用化学药剂向熊投喂，显然不是"猎捕"，也不是"杀害"，至多只能是一种"伤害"；而刑法第 341 条规定的非法猎捕、杀害珍贵、濒危野生动物罪，并不包括"伤害"这种行为方式。另一方面，动物园人工饲养的动物即使是"珍贵、濒危动物"，也不属于刑法意义上的"野生动物"。所谓野生动物，应该是指按照自然规律凭动物本能休养生息于自然环境（如山林、草原等）之中的非人工饲养动物。既然如此，按照罪刑法定原则，对刘某的行为就不能按照非法猎捕、杀害珍贵、濒危野生动物罪来处理。

那么，怎样认定刘某行为的性质呢？我认为，如果刘某不具有排除刑事责任的合法理由，其行为就符合刑法第 275 条规定的故意毁坏财物罪。理由在于：

其一，动物园人工饲养的动物更具有财产的属性，而不具有野生动物的属性。因为，刘某所伤害的那5只熊是动物园花数万元买回来的，动物园为了饲养这些动物，又投入了大量人力物力修建场地、配置设备、购买饲料、聘请饲养员以及动物医生等；并且，动物园还利用这些动物招徕游人参观获取营业收入。所有这些表明，虽然动物园的这5只熊仍然具有作为野生动物的生理特征，但事实上它们已被赋予了社会属性——即财产属性。这正如农场所饲养的猪虽然仍具有野猪的某些生理特征，但我们把它们作为财产来看待难道有谁还有异议吗？

其二，刑法第275条规定："故意毁坏公私财物，数额较大或者有其他严重情节的，处三年以下有期徒刑、拘役或者罚金；数额巨大或者有其他特别严重情节的，处三年以上七年以下有期徒刑。"据此，成立故意毁坏财物罪必须满足以下两个条件之一：一是行为人所毁坏的财物价值数额较大；二是"或者有其他严重情节"。纵观刘某的行为，先后两次对5只熊泼洒化学药剂，造成多只熊被化学药剂灼伤，致使动物园损失惨重，这些事实说明其行为符合成立本罪的基本要求。

"伤熊"事件发生后，京城各新闻媒体对其口诛笔伐。固然，一个受过良好现代高等教育的青年人，不能奉公守法、加强自身文明，做出有违社会公德和违法犯罪的事来，理应受到谴责。但是，有些媒体由于错误理解了刑法第341条的精神，甚至随意套用《濒危野生动植物国际贸易公约》与《野生动物保护法》，并给刘某的行为定性，有的媒体还披露刘某家庭的有关隐私，这种做法实在不可取。当我们在谴责某人犯罪的时候，我们更应该保持清醒的法律意识。

27. "黑球""黑哨"与刑事责任

（原载2002年2月4日《人民法院报》）

近来，"黑哨"（系指裁判员收受他人财物而在足球比赛中违背职业道德和体育精神，不公正履行裁判职守的行为）、"黑球"（亦称"假球"，系指足球运动员收受他人财物而在比赛中故意不发挥应有技能的行为）问题在社会上引发了一场激烈争论。其论争焦点在于"黑哨""黑球"是否应当承担刑事责任。本文将在考察有关国家法律规定的基础上对此提出一己之见。

一、有关国家关于运动贿赂的规定

从大陆法系各国关于贿赂的刑事立法来看，一般不专门针对体育运动进行特别立法，而是在有关贿赂的刑事立法条款中规定裁判人员可作为贿赂犯罪的主体处罚。例如，德国刑法典第 331 条第 2 款规定："法官或仲裁人，对现在或将来的职务行为，为自己或他人索要、让他人允诺或接受他人利益的，处 5 年以下……"这里"仲裁人"应当包括了"裁判员"。而在以判例法为特征的美国，有些州的制定法中却明确规定了有关运动贿赂犯罪。如根据堪萨斯州的刑法规定："所谓运动贿赂是指：（1）在体育竞赛中，向运动人员给送或提供利益或者许诺给与利益，意图使其不尽力发挥技能；（2）向体育行政官员或裁判官等给送、提供利益或者许诺给与利益，意图使其不适当履行职务。"并且该州制定法还特别规定：体育竞赛，包括一切公开举行的职业的或业余的比赛；运动人员则是指一切参加或可能参加竞赛的运动员、运动队之成员、教练、管理人员、训练技师以及其他一切与运动员和运动队有关的人员。而在运动赛事中，因前述原因收受他人财物或利益的，也构成相应的犯罪。

从立法技术角度看，我国刑法属于大陆法系刑法立法模式，没有专门规定体育贿赂犯罪。那么现行刑事立法中是否已经包括了运动竞技中的贿赂犯罪？对此问题，我认为有充分理由作肯定回答。

二、"黑哨"行为足以构成受贿犯罪

按照我国刑法第 385 条的规定，受贿罪的主体必须具有国家工作人员的身份。因此吹黑哨的裁判员是否具有国家工作人员身份，乃是判断其收受他人财物而吹黑哨能否构成受贿罪的关键。而要准确界定足球裁判员的身份，首先应当从"中国足协工作人员"的性质入手。

根据中国足协章程来看，中国足协是体育社团法人，非营利性组织。《体育法》第 29、31、40 条分别规定："全国性的单项体育协会对本项目的运动员实行注册管理""全国单项体育竞赛由该项运动的全国性协会负责管理""全国性单项体育协会管理该项运动的普及与提高工作，代表中国参加相应的国际单项体育组织"。由此可见，国家法律已经授权中国足协对足球运动进行行业管理，足协具有了国家一定体育竞技行政管理职能。因此，中国足协中从事体育竞技行政管理工作的人员，完全符合刑法第 93 条第 2 款所规定的"其他依照法律从事公务的人员，以国家工作人员论"的范畴。那么，足球裁判员的身份又该如何界定呢？根据《中国足球协会注册管理暂行规定》第 10 条之规定，足球裁判员应当向足协申请注册、缴纳管理费，并由足协管理。据此可以肯定，不论是专职还是兼职足球裁判员，只要他在官方举行的赛事中执行裁判职务时，他就是足协的工作人员，他所履行的裁判职务就是代表中国足协对足球运动进行的管理活动。因此，此种情况下的足球裁判员也属于刑法第 93 条第 2 款规定的"其他依照法律从事公务的人员，以国家工作人员论"的范畴。进而可以得出结论：在官方举行的足球赛事中，如果裁判员收受他人贿赂而吹黑哨，足以构成受贿犯罪，故行为人当然应当承担受贿罪的刑事责任。而相对于受贿者的行贿人，其行贿行为无疑可构成行贿罪。

事实上，立法者对此早有预见。《体育法》第 51 条明确规定："在竞技体育活动中，有贿赂、诈骗、组织赌博行为，构成犯罪的，依法追究刑事责任。"这里"贿赂行为"，显然是针对竞技体育活动中具有体育行政管理职权的组织者管理者（包括裁判员）收受他人财物和有关人员为了自身利益而向前述人员行贿而言的。而该条所说的"依法追究刑事责任"，当然是指刑法的相关规定。

三、"黑球"行为该当何罪

"黑球"问题几乎是与"黑哨"问题同时并存的足球运动中的一种不正常现象。我并不认为所有的"黑球"行为都可以作为犯罪来处理。但是不能排除某些情况下的"黑球"行为就是犯罪行为。

根据《中国足球协会注册工作管理暂行规定》第 13 条："职业俱乐部注册应符合以下条件：……（三）为独立企业法人，其注册资本不少于人民币 10 000 000 元"。又据《中国足协业余俱乐部暂行管理办法》第 2 条："业余俱乐部不以盈利为目的，是推动中国足球运动普及与提高的基层组织"。由前引规定可知，职业足球俱乐部为"企业法人"，换言之，职业足球俱乐部本质上是进行商业运营的企业，其俱乐部的足球运动员就是该企业的工作人员；而业余足球俱乐部则是不具有企业性质的非商业性群众性组织，该俱乐部的性质决定了其足球运动员不是企业或公司的工作人员。因此，在职业足球俱乐部之间的赛事中，如果足球运动员收受他人数额较大的财物而故意不发挥应有技能，其行为就完全符合刑法第 163 条的规定，对受贿人与行贿人可以分别按照公司、企业人员受贿罪与刑法第 164 条规定的对公司、企业人员行贿罪追究刑事责任。而对于业余足球俱乐部之间的赛事来说，由于该俱乐部不具有企业或公司的性质，其俱乐部的足球运动员也不是企业或公司的工作人员，故即使在业余俱乐部的足球赛事中收受了他人的财物而故意踢黑球，其行为也不应以犯罪论处。

28. 在警察诱惑下销售假冒注册商标香烟如何定性

（原载《人民检察》2008 年第 3 期，这里只保留了本人发言内容）

案情简介：胡某与廖某共谋销售假"中华牌"香烟。2007 年 1 月上旬，通过廖某联系，张某从南方某镇以 5.2 万元的价格购买 16 件假"中华"香烟运抵某市，由胡某运回家。此后胡某等多次寻找买方，一直未能销售出去。县烟草专卖局和公安机关获得线索后，立即派员假装成烟贩与胡某等人接洽，最后双方以 7.4 万元价格达成买卖协议，约定先交胡某等人定金 1 万元，余款待香烟在指定地点交付时付清。2 月 11 日晚，胡某将该批假烟草运往指定地点，途中被县公安局、烟草专卖局抓获。经市烟草专卖局鉴定，该批"中华"烟系假冒注册商标的伪劣卷烟，价值 29.4 万余元（按同型号数量相同的真"中华"香烟计价）。

谢望原：从当代人权理论、法律的正义价值追求以及国家整体安全需要多维视角来看，通行的理论认为，不能为了保护国家整体利益而过分牺牲国民的个人权利与自由。此种思想在西方发达国家早已占据主导地位。但是在"9·11"恐怖袭击事件以后，美国等西方国家在平衡国家整体利益保护与公民个人权利保护方面出现了一些新的情况，如允许监听他人电话、网络通讯等，从而在更大的范围内侦缉恐怖主义犯罪。尽管如此，西方国家在利用涉嫌侵犯公民个人权利与自由的手段侦缉犯罪方面，仍然十分谨慎。

谢望原：于教授的观点有一定的道理。但我认为，就本案而言，胡某等人出售假烟的行为并不属于重大犯罪行为，没必要采取诱惑侦查的方式，故公安人员的诱惑侦查缺乏法律依据和必要性。如果对胡某等人的行为定罪处罚，也只能针对购买假烟及寻找买主的行为，而受公安人员诱惑所进行的此次销售行为不应该作刑法评价。当然，就一般情况而论，我同意于教授的观点，如果行为人已有犯罪的意图，并且属于法律规定的诱惑侦查的范围，行为人在诱惑侦查下所为的行为应该定性为犯罪，但量刑上仍然要有所区别。

谢望原：在我国刑法理论和实践上，数额犯存在未遂已经被普遍接受了，但这种观点在逻辑上存在值得商榷的地方，司法解释规定未销售的伪劣产品的货值达到 5 万元的三倍才构成销售伪劣产品罪的未遂，其实是一种折中的做法，反映出对数额犯是否存在未遂在理解上是有争议的。国外立法对盗窃等财产类犯罪一般并没有犯罪数额的要求，因而从根本上避免了盗窃罪等因数额而引出的是否存在未遂的争论，我国立法应该借鉴。关于"销售"的含义，普遍的解释是指销售出去，但商品摆在货架上算不算销售，广告行为算不算销售，恐怕在理解上有进一步研讨的必要。新修订的专利法将广告等行为界定为许诺销售，此种行为也视为侵权行为，我认为对刑法立法具有参考意义。

谢望原：销售假冒注册商标的商品罪、销售伪劣产品罪以及非法经营罪三种罪存在竞合的可能。如果是特别法条与普通法条发生竞合，原则上应当按照刑法学理论通说的"特别法优于普通法"原则处理，即适用"特别法"。但是，销售假冒注册商标的商品罪、销售伪劣产品罪以及非法经营罪如果发生竞合，则属于特别法条之间的竞合，此时，通说认为应当按照"从一重罪处断"的原则处理。正因为如此，刑法第 149 条第 2 款明确规定："……同时又构成本节第一百四十条规定之罪的，依照处罚较重的规定定罪处罚"。就本案而言，胡某等人销售假中华香烟的行为确实可以按照销售假冒注册商标的商品罪处理。问题在于，胡某等人的行为同时触犯了刑法第 140 条规定的销售伪劣产品罪。这时，应当比较两罪的法定刑，然后按照"从一重罪处断"的原则处理。于教授前述分析思路正确，但是其结论却值得商榷。在我看来，胡某等的涉案货值金额达 29.4 万元，虽然胡某等的犯罪属于未遂，但其法定量刑幅度应当按照刑法第 140 条第二分句的规定裁量，即适用"销售金额 20 万元以上不满 50 万元的，处 2 年以上 7 年以下有期徒刑，并处销售金额 50% 以上二倍以下罚金"的规定。较之刑法第 214 条销售假冒注册商标的商品罪的法定刑，还是销售伪劣产品罪刑罚重。故对胡某等应当按照销售伪劣产品罪定罪处罚。

谢望原：根据本案基本事实，我倾向于认为应当以销售伪劣产品罪（未遂）论处。一般而言，实践中使用"诱惑侦查"手段，往往是案情重大，且有此必要，还需主管部门批准。就本案情况来看，烟草管理部门和公安机关已经察觉胡某等人购买假中华香烟准备销售的事实，这时，本来即可将其捉拿归案，绳之以法，且本案纯属一般性个案，无论从其犯罪性质还是其犯罪危害严重程度，都显示出没有理由使用"诱惑侦查"手段来侦缉犯罪。因此可以认定公安机关对胡某等销售假中华香烟的行为使用"诱惑侦查"的手段不具有合法性。因而，按照"证据排除规则"，以不合法手段取得的证据不能作为定罪的依据。故对本案应当以公安机关采取"诱惑侦查"手段之前取得的相关证据来定性，涉案金额应认定为 29.4 万元。

29. 如何认定单位虚开增值税专用发票罪

（原载 2001 年 7 月 4 日《法制日报》）

作为一种典型的经济犯罪———虚开增值税专用发票罪，始见于 1995 年 10 月 30 日全国人大常委会通过的《关于惩治虚开、伪造和非法出售增值税专用发票犯罪的决定》。在此之前，虚开增值税专用发票的行为按投机倒把罪来定罪处罚。1997 年修订后的刑法第 205 条吸收了《关于惩治虚开、伪造和非法出售增值税专用发票犯罪的决定》的基本内容，明确规定了"虚开增值税专用发票罪"。

由于本罪既可以由自然人实施，也可以由单位实施（甚至更多的是由单位实施），而对单位的处罚与对自然人的处罚又有诸多不同———如本罪的自然人犯罪的最高刑罚为死刑，而单位犯罪的情况下，其直接责任人员的最高刑罚为无期徒刑，因此，如何准确界定本罪的单位犯罪，就具有十分重大的理论意义与实践意义。

根据刑法理论和我国刑法之规定，成立单位犯罪须同时满足以下条件：第一，必须是刑法分则条文明文规定单位可以成为犯罪主体。现实生活中，很多危害社会的行为事实上可以由单位实施———如单位领导人集体商议决定安排本单位人员去盗窃他人财物。但是，由于刑法分则条文没有规定盗窃罪之主体可以是单位，因此，即便是由单位组织实施的盗窃行为，也只能按普通盗窃罪的共同犯罪定罪处罚。第二，必须是行为人具有单位的身份。所谓单位，即行为人只能是刑法第 30 条规定的"公司、企业、事业单位、机关、团体"。应当特别指出的是：这里"单位"不应有所有制上的区别，亦即无论是全民所有性质还是集体所有性质抑或私人所有性质的单位均可以成为本罪的主体。第三，必须是在单位意志支配下由单位内部人员实施的危害社会的行为。如何理解"在单位意志支配下由单位内部人员实施的危害社会的行为"？作为一种物质存在，单位自身是无法实施什么行为的。所有单位的行为只有通过单位内部人员才能实施。因此理论上言之，所谓"在单位意志支配下由单位内部人员实施的危害社会的行为"，就是指经单位集体研究决定或者由其负责人决定实施的危害社会行为。第四，必须是为了单位整体的利益，即所实施的危害社会的行为是为了单位集体的利益或者其收益归单位所有。

鉴于刑法第 205 条已经把虚开增值税专用发票罪规定为可以由单位实施的犯罪，那么通过以上分析与结合刑法第 205 条之规定可以看出，虚开增值税专用发票罪的单位犯罪必须同时满足以下条件：第一，必须是以单位的名义实施了虚开增值税专用发票的行为。换言之，虚开增值税发票的行为是以单位名义实施的，而不是以个人的名义实施的。"单位"必须是事实上真实存在的，如果行为人以虚构的"单位"或者以已被吊销、注销的"单位"之名义实施虚开增值税专用发票的行为，则应认定为自然人犯罪。第二，必须是在单位意志支配下由单位内部人员实施了虚开增值税专用发票的行为。易言之，虚开增值税专用发票的行为必须是经单位集体研究决定或者是由其负责人决定实施的。何谓"单位内部人员"？笔者认为，"单位内部人员"是指某一单位的现职人员，包括正式录用的人员或临时聘用人员，既可以是单位负责人员也可以是单位的一般工作人员。第三，必须是为了单位整体的利益即所实施的虚开增值税专用发票的行为是为了单位集体的利益或者其收益归单位所有。对于集团公司等单位而言，"单位的整体利益"则包括集团公司的整体利益和下属各子公司的整体利益。

笔者认为，同时具备了以上三个条件，即可认定为单位虚开增值税专用发票罪。而那种以单位名义实施的虚开增值税发票而为个人谋取利益的行为，只能认定为自然人实施的虚开增值税专用发票罪。但是必须指出的是：这里"为个人谋取利益"仅限于为自然人本人谋取私利，不应包括为私人所有的单位整体谋取利益。有鉴于此，那种以单位名义实施的虚开增值税发票罪，根据刑法第 205 条第

3 款之规定，对其直接责任人员追究刑事责任时，极端情况下也只能判处无期徒刑，切不可适用死刑。

30. 扰乱法庭秩序罪的正确理解与适用

（原载《人民检察》2015 年第 18 期）

本次刑法修订之前，《刑法》第 309 条规定的扰乱法庭秩序罪只是将聚众哄闹、冲击法庭，或者殴打司法工作人员，严重扰乱法庭秩序的行为规定为犯罪。近些年来，司法实践中时有发生诉讼参与人受到殴打甚至伤害、法庭设施受到损坏、诉讼文书以及诉讼证据等被抢夺或损毁的恶性事件，为了确保正常的法庭秩序不受干扰破坏，确保诉讼参与人能够安全行使权利，《刑法修正案（九）》第37 条对《刑法》第 309 条进行了修改，将原条文修改为："有下列扰乱法庭秩序情形之一的，处三年以下有期徒刑、拘役、管制或者罚金：（一）聚众哄闹、冲击法庭的；（二）殴打司法工作人员或者诉讼参与人的；（三）侮辱、诽谤、威胁司法工作人员或者诉讼参与人，不听法庭制止，严重扰乱法庭秩序的；（四）有毁坏法庭设施，抢夺、损毁诉讼文书、证据等扰乱法庭秩序行为，情节严重的。"较之于修改前的条文，其修改后的特点在于：在原扰乱法庭秩序罪的基础上，将殴打诉讼参与人以及侮辱、诽谤、威胁司法工作人员或者诉讼参与人且不听法庭制止以及毁坏法庭设施，抢夺、损毁诉讼文书、证据等情节严重的扰乱法庭秩序行为纳入了刑法规制的范围。在修改讨论过程中，曾经有观点认为：上述规定在实践中可能被滥用，不利于建立平等的控辩关系，应当赋予辩护律师在法庭上言论的刑事豁免权。对此我不以为然，恰恰相反，我认为此一修改不仅不会妨碍律师正当行使辩护权，它既进一步强化了对国家司法审判秩序的保护，也更为有力地保护了包括律师在内的所有诉讼参与人的合法权益。

关于扰乱法庭秩序罪的正确理解与适用，主要应当注意以下问题：

其一，正确理解本罪成立的时点。从法条规定的情况来看，本罪行为必须是发生在人民法院的司法审判过程中。所谓司法审判过程，不仅包括人民法院审理所有刑事、民事、行政案件的过程，还应包括在人民法院调解刑事自诉案件和民商事案件的过程。具体来讲，这一过程应当从所有诉讼参与人和法官、检察官

（刑事审判中）进入法庭就座即将开始案件审理（如书记员开始宣读法庭纪律）为起点，到整个庭审宣告结束（休庭）为止。在此过程之前或之后发生的冲击法庭、殴打司法工作人员或者诉讼参与人等行为，不能按照本罪论处，如果构成犯罪，应当依法按照其他相应犯罪处理。

其二，正确理解本罪成立的空间范围。从本罪法条规定和最高司法机关确定的罪名（扰乱法庭秩序罪）来看，本罪行为事实应当发生在法庭上。所谓法庭，泛指一切用于审理案件的处所，既可以是人民法院正规的审判庭，也可以是临时用作司法审判的处所，甚至可以是移动的用于审判的处所（如汽车、船舶）。如果有关行为事实不是发生在法庭上，则不能按照本罪论处。

其三，正确理解本罪客观行为。本罪的客观行为有四（见前引法条）。对于本罪的四类客观行为，一般来说不难理解。这里只对其中殴打、侮辱、诽谤、威胁的行为对象作必要解释。首先，关于司法工作人员。应当按照《刑法》第94条来理解本罪涉及的司法工作人员，结合本罪发生的具体场合，通常而言，作为本罪行为对象的司法工作人员，一般限于检察人员和审判人员，包括公诉人的助理人员和法庭的书记员，但也应包括维持法庭秩序的法警，因为法警在庭审过程中具有对被告人进行监管的权力，因而属于刑法第94条规定的负有"监管职责的工作人员"。其次，关于诉讼参与人。特别要注意，不同的性质诉讼，其诉讼参与人范围并不相同。有些人习惯按照刑事诉讼法的规定来理解诉讼参与人，这是不正确的。具体来说，本罪行为对象涉及的诉讼参与人包括：（1）刑事诉讼参与人：当事人（被害人、自诉人，犯罪嫌疑人、被告人，附带民事诉讼的原告和被告）和其他诉讼参与人（法定代理人、诉讼代理人、辩护人、证人、鉴定人和翻译人员）；（2）民事诉讼参与人：诉讼参加人，包括当事人（原告、被告、共同诉讼人、第三人）和诉讼代理人（法定代理人、委托代理人），以及其他诉讼参与人（证人、鉴定人、勘验人员和翻译人员）；（3）行政诉讼参与人：诉讼参加人（当事人和诉讼代理人）和证人、鉴定人、勘验人员和翻译人员。因此，在不同性质的审判过程中发生的扰乱法庭秩序行为侵害的诉讼参与人就会有所不同。但无论如何，只要行为人在审判过程中，殴打、侮辱、诽谤、威胁前述三类诉讼参与人之一，就有可能构成本罪。

其四，正确处理本罪涉及的罪数问题。在我国刑法中，本罪属于处罚较轻的犯罪。如果行为人实施本罪行为而触犯了其他犯罪，可以根据具体情况依照处罚较重的犯罪来处理，或者依照数罪并罚原则来处理。比如，殴打司法工作人员或诉讼参与人，如果行为人在法庭上只是殴打了一个司法工作人员或一个诉讼参与人，造成其重伤害，显然应当按照伤害罪论处；如果行为人在法庭上殴打了二人以上的司法工作人员或诉讼参与人，其中，既有造成重伤害的，也有造成轻微伤害的，则可以考虑按照本罪与伤害罪数罪并罚。

31. 如何认定亲属间的行贿与受贿犯罪

（原载 2001 年 11 月 4 日《法制日报》）

行贿与受贿是一种较为常见的犯罪，一般情况下，司法实践中认定此类犯罪并不困难。但是，对于亲属间的一方送财物与具有国家工作人员身份的另一方收受财物并为对方谋取利益的行为如何认定——即是否构成行贿与受贿犯罪，则存在否定论、肯定论以及相对论之争。

否定论者认为，中国素有礼仪之邦的美誉，而亲属间的礼尚往来更是一种具有悠久历史的传统美德。因此，亲属间互送礼品、财物，是一种正常的情感交流而无可厚非，即使具有国家工作人员身份的一方收受贿赂并为对方谋取了利益，也不宜按行贿罪与受贿罪来认定。

肯定论者认为，行贿与受贿犯罪是我国刑法分则规定的一对职务犯罪，不论行贿人与受贿人具有何种亲属关系，只要符合该类犯罪构成要件，便足以成立此类犯罪。

相对论者认为，亲属间一方送财物与具有国家工作人员身份的另一方收受财物的情况比较复杂，既不能一律不作为犯罪来处理，也不能简单地主张"肯定论"，应该具体情况具体分析，分别加以认定。

笔者认为，相对论的观点更为可取。这里，对于如何认定亲属间一方送财送物与具有国家工作人员身份的另一方收受财物的行为，提出以下几点意见：

1. 根据我国刑法规定，行贿与受贿犯罪的主体之间可以具有亲属关系。那种认为夫妻之间、父母子女之间、兄弟姊妹之间一方送财物而具有国家工作人员身份的另一方收受财物不构成行贿与受贿犯罪的观点没有法律依据，因而是错误的。

2. 要把亲属间的礼尚往来与行贿、受贿犯罪区别开来。亲属间的礼尚往来，应该是一种带有十足人情味而不具功利色彩的人际双向交流，其特点是亲属双方为了增进亲情而互送一定礼品或财物，但并不是为了某种物质性功利目的。如果亲属间一方总是向有国家工作人员身份的一方送财物，有国家工作人员身份的一方从不或很少向对方回送财物，有国家工作人员身份的一方又利用职务上的便利为其谋取了利益，则双方可能构成行贿与受贿犯罪。

3. 认定亲属间的行贿与受贿犯罪，关键在于把握行为人的主观故意内容。行贿与受贿犯罪的一个共同特点，就是行为人必须具有犯罪的故意。具体而言，行贿人须具有使他人利用其职务为自己谋利益的故意；而受贿人则须具有利用职务之便利为他人谋取利益的故意。至于故意的内容，则既可以是特定的，也可以是概括的。

4. 对于亲属间一方向具有国家工作人员身份的另一方送财送物的行为与一般非亲属间的行贿、受贿行为认定应有一定区别。虽然我国刑法典关于行贿、受贿犯罪的主体并无亲属与非亲属的限制性规定，但是考虑到亲属间的特殊因素，对于以下情况不宜作为行贿、受贿来处理：

（1）在经济上没有分开核算的亲属间，一方向具有国家工作人员身份的另一方送财送物，收受财物的一方即使为对方谋取利益，也不应按行贿、受贿处理。理由在于：此种情况下，各亲属仍处在一个大家庭之中，由于经济上彼此并没独立核算，家庭的收入与开支按照"总收总付"的形式进行。一方向具有国家工作人员身份的另一方所送的财物实际上包含了收受该财物者自己应有的份额。而无论是行贿还是受贿，都不包括"用自己的财物送给自己"这样的行为。

（2）经济上已经独立核算的亲属间，一方向具有国家工作人员身份的另一方送财送物并无要求其为自己谋取利益的主观意图，收受财物的一方后来单方面出于报答的意图而为曾经送给自己财物的亲属谋取利益。

（3）经济上已经独立核算的亲属间，具有国家工作人员身份的另一方由于亲情考虑而为另一方谋取了利益（如做公安局长的弟弟利用职务便利为自己哥哥的孩子"农转非"），受益一方在日后送给具有国家工作人员身份的另一方可观财物。此种情况下因行为人双方主观意图不明确，即很难认定行为人行为之时的主观意图就是为了行贿或受贿，因此为避免无端扩大刑事责任，对此种情况不宜按行贿、受贿处理。

32. 诉讼诈骗完全可以构成诈骗罪

（原载《中国审判》2008 年第 12 期）

诉讼诈骗又可称为诉讼诈欺，是指行为人伪造、变造重要证据，虚构事实、隐瞒真相，以诉讼方式借用司法权力非法获取他人钱财或者损害他人合法利益的行为。

对于如何认定诉讼诈骗行为，在理论上和司法实践中存在很大争议。《最高人民检察院法律政策研究室关于通过伪造证据骗取法院民事裁判占有他人财物的行为如何适用法律问题的答复》规定："以非法占有为目的，通过伪造证据骗取法院民事裁判占有他人财物的行为所侵害的主要是人民法院正常的审判活动，可以由人民法院依照民事诉讼法的有关规定作出处理，不宜以诈骗罪追究行为人的刑事责任。如果行为人伪造证据时，实施了伪造公司、企业、事业单位、人民团体印章的行为，构成犯罪的，应当依照刑法第 280 条第 2 款的规定，以伪造公司、企业、事业单位、人民团体印章罪追究刑事责任；如果行为人有指使他人作伪证行为，构成犯罪的应当依照刑法第 307 条第 1 款的规定，以妨害作证罪追究刑事责任。"然而，有学者主张：我国已经确认罪刑法定原则，诉讼诈骗在我国刑法中并无明确规定，因此不能以犯罪论处。但是另有观点则认为，诉讼诈骗具有严重的社会危害性，也符合诈骗罪的构成要件，因此理应构成犯罪。我认为，将诉讼诈骗依诈骗罪进行处罚完全符合现行刑法精神。

我国刑法第 266 条规定："诈骗公私财物，数额较大的"构成诈骗罪。这里所谓"诈骗"，应当泛指所有刑法典没有明确规定为独立犯罪的诈骗犯罪。诈骗罪的特点乃是：行为人实施欺骗行为—对方（受骗者）产生错误认识—对方基于错误认识处分财产—行为人或第三者取得财产—被害人遭受财产损失。

诉讼诈骗的基本结构是：行为人在民事诉讼过程中，虚构事实，隐瞒真相，提供虚假证据和证言—法院基于错误的认识作出判决—诉讼相对人或者第三人根据法院的生效判决向行为人交付财物，或者由法院强制执行责任人的相关财产。

换言之，诉讼诈骗就是行为人以非法占有为目的，借助法院的权威裁判，即利用他人之手非法获取财产。这种利用他人合法行为来实施犯罪的情况，在刑法理论上乃是间接正犯的表现形式之一。

间接正犯是与直接正犯相对应的概念，是指行为人利用他人（无责任能力人或者无犯罪过错者，或者合法行为者）的行为达到自己犯罪目的，亦即行为人不是犯罪的直接实行者，而是犯罪过程的支配者。就诉讼诈骗的基本结构而言，诈骗罪更加强调的是行为人直接对被害人的欺骗，而诉讼诈骗则是行为人通过非法手段利用国家司法权力这一合法媒介，以达到在合法形式下非法获取他人财物，损害他人权益的非法目的的。因此，从本质上说，诉讼诈骗完全具备了诈骗罪基本特征。德日刑法理论与实践上均把诉讼诈骗作为诈骗罪来认定。

33. 在联合国人权高专与外交部共同举行的"轻罪处罚"会议上的发言

（本文为 2001 年 2 月 26 日至 27 日在联合国人权高专与中国外交部共同举办 "Seminar on Punishment Minor Crime"（轻罪惩罚问题研讨会）上的演讲稿，其主要内容以"略论轻罪刑事处罚"为题，发表在 2002 年 10 月 20 日《社会科学报》）

如同疾病对人体的不良影响有重有轻一样，作为一种社会病态的犯罪，其社会危害性也有大小之分。有些国家的刑事法律依据不同犯罪的不同社会危害性，将犯罪分为不同级别，另有一些国家并没有在刑法典中对犯罪进行轻重分类，但是，事实上其刑法典规定的犯罪是有轻有重的。如何对犯罪进行科学而公正的处罚，从来就是各国十分重视的问题。本文仅对轻罪的刑事处罚及相关问题作一探讨。

一、轻罪刑事处罚之概念

由于各国政治、历史、文化、法制传统等多方面原因造成的立法上的差异，世界上并无统一的轻罪概念。就那些已在刑法典中对犯罪作出轻重不同分类的国家而言，轻罪就是指刑法上规定的除了重罪（felony）以外的其他犯罪，即包括轻罪与违警罪（infraction）。然而，这只是广义上的轻罪范畴。由于违警罪在一些国家的刑法典中是一类特定的犯罪，因此，严格地讲，狭义的轻罪仅指一些国家刑法中规定的属于轻罪（misdemeanors）范畴的特定犯罪。如以希腊刑法典的犯罪分类为例，其所谓轻罪，就是指可以处以监禁、罚金或在青年监狱或矫治机构中禁闭的犯罪（希腊刑法典第 18 条）。[①] 欧洲大陆国家刑法上的犯罪重轻分类主要有二分法与三分法。前者如希腊刑法典、法国刑法典；后者如德国刑法典。[②] 就中国的情况而言，刑法典并没有对犯罪作出重轻分类。但是理论上与司法实践中，通常把可处 3 年以下有期徒刑或拘役、管制或罚金的犯罪作为轻罪来看待。因此，本文所探讨的轻罪刑事处罚问题，将以欧洲大陆国家刑法规定的广义轻罪和中国刑法理论与司法实践所认可的轻罪为基础。

通过以上对轻罪概念的分析，我们不难给轻罪刑事处罚作出如下界定：所谓轻罪刑事处罚，是指国家刑法规定的对轻罪适用的刑事处罚，包括刑罚处罚与非刑罚处罚（保安处分）。

二、有关国家轻罪刑事处罚概览

宏观上言之，各国对轻罪的刑事处罚都较为宽容。但在具体处罚措施上，则各不相同。这里，我们对有关国家刑法典对轻罪的处罚规定作一简短回顾。

德国：依据德国刑法典第 12 条第 2 款之规定，对轻罪的处罚是 1 年以下（不含 1 年）之轻微自由刑或者罚金。[③]当然，应处保安处分的犯罪也可视为轻罪。因此，德国对某些轻罪还可处以收容于精神病院、收容于戒除措施场所、收容于安全保管设施、形状监督、剥夺驾驶许可、职业禁止等保安措施。

法国：在法国，对轻罪的处罚通常是：两个月以上 5 年以下监禁同时视情况禁止其投票及选举权、被选举权、陪审员与公务员资格、携带武器、监护权、鉴定或公证人资格、诉讼当事人之证人资格、禁止在特定地区居住、拘禁 1 日以上两个月以下、罚金以及没收等。

希腊：根据希腊刑法典第 19 条之规定，该国对轻罪的处罚是：处以监禁、罚金，或者在青年监狱或矫治机构中禁闭以及拘禁。另外，对轻罪也可处以诸如

[①] 参见 Anton M. van Kalmthout and Peter J. P. Tak：Sanctions-Systems in The Member-States of The Council of Europe，Kluwer Law and Taxation Publishers，1988，p. 153。

[②] 德国刑法典将犯罪分为"重罪和轻罪"两类。参见冯军译：《德国刑法典》，9 页，北京，中国政法大学出版社，2000。

[③] 根据德国刑法典第 12 条第 1 款规定：应处 1 年或者 1 年以上自由刑的犯罪是重罪。

保护管束、在处遇机构对酗酒者和毒品交易者进行拘禁、对好逸恶劳者置于工场劳动、没收财产等保安处分。

瑞士：瑞士刑法典中的轻罪，是指依法最高判处轻惩役之犯罪。所谓轻惩役，是指3日以上3年以下剥夺自由之刑罚。可见，瑞士对轻罪的处罚就是处3日以上3年以下剥夺自由刑。但由于瑞士刑法典关于犯罪之重轻分类采用了三分法，其违警罪当然也应划归轻罪的范畴。因此，瑞士对某些轻罪还可处1日以上3个月以下拘役，以及保安处分。瑞士的保安处分主要有：置于监管处所监管、命令入精神治疗机构治疗以及对酗酒者与烟毒犯罪者强制戒除等。

如果深入研究当代欧洲大陆国家对轻罪的刑事处罚，我们可以发现一个显著特点：刑罚日趋自由化。

我们注意到，20世纪中后期，欧共体各国对曾经广泛适用于各类犯罪的监禁刑——特别是短期自由刑越来越困惑。人们从近代刑罚史中似乎悟出了一个道理：严刑峻罚并不能遏止飞速增长的犯罪。在万般无奈之际，人们把抗制犯罪的出路转向了刑罚自由化。1981年，欧共体推出了《914（1981）号决议——关于社会形势的原则》（On the Social Situation of Principles），该决议提出了一项推动各国轻罪处罚改革的建议：各成员国要尽快地用具有同等效力而无弊端的措施取代短期监禁刑。1982年，第13次欧洲司法部长会议上形成了《关于经济危机与犯罪》（On Economic Crisis and Crime）的决议。该决议进一步提出：要尽量减少监禁刑的适用，要尽快设计出监禁刑的替代措施；要尽可能发展非监禁措施与扩大非犯罪化。1986年，欧共体在题为"监禁刑的替代措施"（Alternative Measures to Imprisonment）的报告中指出："寻求监禁刑的替代措施，从当前财政与经济形势来看，十分必要。"正是在此种背景之下，欧共体各国刑罚制度渐趋自由化，并逐步形成了用社会服务（community service）取代短期自由刑的局面。显然，刑罚自由化体现了西方国家刑罚改革的一种趋势，因为它更加符合人性，被视为具有重大生命力的刑罚方法。

三、中国轻罪刑事惩罚与人权保护

犯罪人因为犯罪理所当然要受到刑事处罚。但国家在对犯罪人进行刑事处罚之时不应忽视对其人权给以应有的充分保护。自从1966年12月9日联合国《经济、社会、文化权利国际公约》与《公民权利与政治权利国际公约》开放签字以来，各国越来越重视人权建设与人权保护，尤其是犯罪人的人权保护，更加受到各国重视。中国分别于 1997 年和 1998 年签署了前述两个人权公约。在轻罪刑事惩罚与人权保护方面，中国作出了卓有成效的工作。这主要表现在以下方面：

1. 独创了具有刑罚自由化典型意义的管制刑。中国刑法典中的管制刑，适用于犯罪的社会危害性较轻、犯罪人的主观恶性较小、不对被定罪人剥夺人身自由而仅限制一定人身自由就可受到预防犯罪效果的场合。管制的首要特点是完全不剥夺犯罪人的人身自由，犯罪人仍留在原单位劳动或工作，并享受同工同酬的待遇。由于管制刑把犯罪人放在完全开放的社会中服刑，它与西方国家所倡导的刑罚自由化可谓殊途同归。

2. 尽可能少剥夺犯罪人自由，适用短期自由刑（3 年以下有期徒刑、拘役）。中国刑法典对许多轻罪规定适用 3 年以下有期徒刑或拘役。如刑法典第 129 条规定之"丢失枪支不报罪"、第 381 条规定之"战时拒绝军事征用罪"等，其法定刑就是处 3 年以下有期徒刑或者拘役。此种对轻罪尽量短时间剥夺被定罪人之人身自由的做法，显然有利于最大限度地维护公民的基本人权。

3. 扩大犯罪人自由权利，发挥缓刑、罚金功能。中国刑法典十分注重让犯罪人享有合法的权利与自由。不仅刑法典总则规定：对于被判处拘役、3 年以下有期徒刑的犯罪分子，根据其犯罪情节和悔罪表现，不将其收监执行而确实不会再危害社会的，就可以对其适用缓刑，而且刑法典分则的一些条款还规定了对有关轻罪可以单处罚金。如刑法典第 161 条规定的"提供虚假财务报告罪"，法律就规定了可以对犯罪人单处 2 万元以上 20 万元以下罚金。中国刑事司法中广泛适用缓刑并注重对某些轻罪单处罚金的灵活刑事处罚策略，无疑扩大了犯罪人的公民权利与自由。

4. 注重教育、改造效果，规定了免除处罚制度。为了节约刑事司法资源，避免造成犯罪公民的不必要精神与情感痛苦，中国刑法不仅对轻罪采取了较为宽缓的处罚措施，而且对某些轻微犯罪规定了免除处罚的制度。其刑法典总则第 37 条规定：对于犯罪情节轻微不需要判处刑罚的，可以免予刑事处罚。

应当指出，中国刑事处罚制度也有一些有待完善之处。例如，中国尚没有把劳动教养制度纳入刑事处罚体系，也没有建立被欧洲大陆国家的刑事司法证明为行之有效的保安处分制度等。这些将是中国未来有必要大力改进之处。

34. 在联合国开发计划署与商务部国际经济技术交流中心会议上的发言

（本文为 2005 年 8 月 24 日在联合国开发计划署与商务部国际经济技术交流中心"关于加强法治建设与公民社会发展项目需求评估研讨会"上的发言，根据记录整理）

很高兴把我们这个组的讨论问题跟大家做一个汇报。在讨论过程中，本组与会人员踊跃发言，积极争辩，提出了很多有见地的意见。这里，我就把发言人提出的一些基本观点和重点讨论的问题给大家作一个交待，并与大家共同分享。

首先，我们这个组围绕法治建设进行了讨论，特别是针对有关人民代表大会的法治建设及其改革进行了热烈讨论。大家充分肯定了改革开放以来，我国人民代表大会在立法和法治建设方面的重要成就，同时也指出，我们现在人民代表大会的法治建设仍然存在着一些问题，特别是在行政法规方面，我们享有立法权力的有 300 多个机关，难免出现打架的现象。遇到行政法规规定不一致的情况时，怎么办？选择哪一个法规适用？这势必会出现问题，这个问题应该引起我们最高立法机关的高度重视。

关于人大法治建设的问题，我们组提出了两个重要的问题，需要引起关注：

第一个是合宪性与合法性审查的问题。在讨论的过程中，大家提出了不同的设想，比如说谁有权来进行合宪性审查，是全国人大，还是交由最高法院？从我们国家的政治制度和法律制度看，即便是进行合宪性审查，也只能由人民代表大会执行，我们国家没有宪法法院，我们最高法院也没有专门对一个法律进行合宪性审查的法庭，因此只能由全国人大进行合宪性和合法性的审查。

第二个问题涉及什么是合宪性？什么是合法性？我觉得，合法性相对比较好解决一点，合法性应该是指按照现在的立法来对以后制定出的法规来进行审查，来进行判断。也就是说，后来的立法，特别是行政立法，与前面立法是否相矛盾，是否相冲突，这个比较好解决。但是合宪性问题就比较麻烦，我们国家的宪法条文也比较少，规定的很多问题都非常的具有原则性和抽象性，不具体。而我们国家又不是实行像英美国家那种法律制度，宪法有很多的判例，我们没有宪法判例。一百多个条文，对如此复杂的社会问题怎么进行违宪性审查，这个操作起来是有很大困难的。如何克服这些困难？这正是我们今天要讨论的——虽然要解决这个问题困难很多，但这个问题的困难性也正好体现了它研究的价值所在。

同时，关于人民代表大会法治建设方面的问题。我们这一组在讨论中，有学者还提出来要进一步加强法律监督机关建设的问题，比如说我们现在的法律监督说起来，人民代表大会是对"一府两院"进行监督，但是在实际操作过程中，有很多问题也不好办。还有一个问题，根据我们国家的宪法和人民检察院组织法的规定，检察机关也是一个法律监督机关，在现有的法律框架下，人民检察院对法律的实施、适用和执行具有监督的权力。但是如何协调好人民代表大会的监督与检察机关的监督，就是一个十分复杂且重要的问题。

2004年8月份，我应最高人民检察院邀请，参加了一个在福建武夷山召开的有关《人民检察院组织法》修改的讨论会。当时最高检察院非常重视，去了三位主要负责人。在这次会上，大家对检察机关的定位进行了讨论——检察院究竟应该不应该承担法律监督的责任？换言之，检察机关应该不应该在我们民主与法治的社会中担当法律监督的角色？大家的意见就产生了重大的分歧。那么检察机关作为法律监督机关的问题在哪里呢？一个是检察机关的人员有限，如果宪法和人民检察院组织法赋予检察机关法律监督这样的权力，就意味着检察机关对不符合法律法规的所有行为就有监督的义务，那么检察机关的主要职责可能就不是指控犯罪了，它对工商、税务等所有行政部门都应该具有监督的义务和责任。这样做能够行得通吗？显然行不通，检察机关没有能力做这么多事。所以今天正好也有诸多的与会代表提出了，如何完善我们国家的法律监督问题，我觉得应该引起我们的重视，特别是如何理顺法律监督，人民代表大会如何实施监督，法律监督的职责究竟如何行使，的确是应该引起高度重视的问题。

同时，关于人民代表大会法治建设的问题，也有专家提出，现在我们国家的社会矛盾比较激化，如"上访"这些具有普遍性的社会问题，人民代表大会法制建设也是应该给与高度重视的。有的专家提出，现在上访的涉及诉讼问题的为数众多，这就出现了一个问题：这说明我们的老百姓对司法缺乏必要的信心与信任。我们说，在西方社会，老百姓打输了官司，不会找市长、州长，一般他们会理性的按照法律的程序去做，该采取其他司法救济的就采取其他的司法救济，不会成群结队的上访。在我们国家，现在就面临着一个重要的问题，或者说一个重要的任务，大量的群众上访，给国家和政府带来巨大压力。面对这样的社会现象，我们应该思考这样的问题——我们的司法是不是真正的公正了？怎样才能使老百姓真正相信司法？事实上，我们的老百姓仍然缺乏法治的理念，缺乏真正的民主与法治的信仰。比如说，在我们社会中经常会出现一些不正常的现象，有的人官司打输了，可能跟省委书记喊冤，如果省委书记碰巧关注了这个问题，他可能会批示或签署意见，让某一个地区的法院认真查处，实事求是地办好。那么这个案子最后可能还真的改过来了。

这说明了什么问题呢？老百姓遇到法律问题的时候，并不是考虑按照法律程序解决纠纷，却想到了古代包青天似的大人物，他们往往相信党政领导比司法机关更能解决问题。这恐怕就是为什么我国上访事件居高不下的原因所在。我觉得这应该引起高度重视，国家要尽量培养国民信仰、敬畏法律的新意识。只有这样，全民都相信法律是至高无上的，所有的矛盾和纠纷通过法律是可以解决的，那么我们的法治社会才能够真正的建立起来。

关于法治建设的问题，不少的代表还提出来这样的一些问题，比如说我们纠纷解决机制的多元化的问题，这也是最高法院的刘法官上午报告的时候已经提到过的良好的设想。但是这里的问题是，如何建立这种多元化的纠纷解决机制，我想现在还是有很多问题有待研究。据我个人了解，我们国家民间解决纠纷的机制有两种，一种是人民调解委员会，这个做法是得到世界各国认同的解决民间纠纷很好的做法，也是具有中国特色比较成功的做法。当然，民间调解员只能涉及比较小的民间纠纷，涉及刑事犯罪了，它就没办法解决了。

另外还有处理民商事问题的仲裁委员会，仲裁委员会在西方各国也是存在的，我们实际上是借鉴了西方国家的仲裁制度。但是社会矛盾那么多，人民调解委员会、仲裁委员会能不能解决除了法律要解决的所有的社会矛盾和民间纠纷？我觉得这还是大有文章可做，值得研究的，也就是说，我们虽然提出了解决纠纷的多元机制良好的设想，但怎么样建立这种良好的机制，还有待于进一步研究。问题在于：你解决纠纷的多元机制会不会与司法审判这种制度产生某种矛盾或者冲突？也就是说，会不会产生以其他的方法来取代法治的方法这种负效应呢？

　　同时，我们组还充分讨论了要大量培养人民陪审员的问题。我们国家实际上借鉴了西方国家审判制度中的一些成功经验，建立了有中国特色的诉讼制度。英美法系国家习惯采用陪审团制度，大陆法系国家现在也采用陪审团制度。但我们国家没有照搬他们的做法，而是仿造前苏联建立了人民陪审员制度。在我们国家，特别是改革开放以来的司法审判中，已经被证明是一项成功的经验，最高法院的肖院长也提出，要进一步建立和完善人民陪审员的制度。

　　据我了解，西方对陪审员的选择有很多条件上的限制，你有资格做陪审员的要登记注册，到了法院审理案件的时候，法院就可以从这些登记在册的人员中随机挑选出法定的人数进行案件的审理。一般来说，陪审员应该有一个资格准入，应该有一个完整的陪审员遴选制度，不能随便拉一个人做陪审员审理案子，我们不是怀疑他的良心，也不是怀疑他的人格，但是他有没有对这个案件的理解能力，他能不能从法的角度认识、分析、评判案件事实，这是至关重要的。否则的话，你的陪审员制度有什么用，陪审员制度不是找人充数，是要陪审员行使法官的职责，来对案件的事实进行评价，提出自己的意见，这样才有价值。

　　总体上来说，我们国家的人民陪审员制度是很成功的，但是在很多方面还有待完善。这是关于法治建设方面的问题。

　　还有一个问题，其中有专家提出，我们最高法院进行了第一个五年计划的司法改革，现在正在酝酿进行第二个五年计划司法改革。应该充分肯定最高法院的司法改革取得了重大的成就。但正如今天早晨最高法院的代表发言一样，还是存在着有必要进行进一步改革的地方。比如说有代表提出，法院系统有没有可能从地方脱离出来？这实际是一个老问题了。早在十年前，大家就向有关中央机关呼吁过，为了做到真正的依法独立行使审判权，在中国目前的政治制度框架下，最高法院是在党的领导下进行司法审判，如果地方法院的人财物受制于地方政府和党委，就难以保证依法独立行使审判权。比如说省的高级法院的人事任免，物资配备，都要省委省政府解决的话，遇到有关案件有省里的领导跟你法院打招呼怎么办？如此一来，司法的公正性怎么体现？正因为如此，所以有代表提出，能不能把法院的人、财、物由中央直接领导，直接管辖，也就是说财政上由中央财政进行预算，由中央按照法院的人事系统，来协调或配备人员，这样就可以摆脱很多不必要的地方干扰，从而能够有效的保证司法的公正性。

在立法民主化问题上，就如何实现立法的民主，有代表提出了自己的见解。他们认为，根据中国目前的情况，主要应该考虑在立法程序上进行改革。同时有代表也指出，我们在立法方面还存在着国家立法部门化的问题。国家立法部门化指的是什么含义呢？我打一个简单的比喻，比如说涉及税务方面的立法，根据我们国家的经验和做法，往往是国家税务总局负责牵头起草，这样一来就有问题，我们不是怀疑国家税务总局的公正性，但是你要是部门起草有关的法律，他首先考虑的就会是如何充分保证自己部门的权利。这样一来，由于国家立法的部门化，就必然带来一个后果，就是部门利益立法化。这样的做法显然并不符合民主与法治的公平、公正要求。比如说有一个明显的例子，当年刑事诉讼法修改的时候，检察院系统曾经提出来要保留免予起诉制度，这个问题引起学术界和其他司法机关的高度关注，并产生了严重的分歧。我们分析，检察院系统之所以提出这样的意见，很大的理由恐怕还是利益驱动所致，如果检察院有免予起诉的权力，它的司法权限就扩大很多了。

还有一个类似的情况，1997年在修改刑法的时候，涉及原刑法关于经审判委员会决定可以在法定刑以下判处的规定，法院系统也有人不同意修改。其不同意改的理由是：中国的情况比较特殊，保留该规定，便于灵活处理现在多变、且国际环境越来越复杂的矛盾。但是法院系统的意见也受到检察机关和学术界的批评。因为，法院要是保留了这个权力，在处理案件时就具有更大的裁量权力。最后，立法机关还是基本上修改了原来的规定，但是还保留了余地，现在的刑法中规定，遇到这种情况（在最低法定刑以下判处）要报最高人民法院核准才可以。

这说明如果将国家的立法交给部门去立法，部门往往首先考虑自己的利益。这是不符合立法的规律性和法的公正性本身所要求的。这样一来，就必然会使部门利益合法化、部门利益最大化。

最后还要说明，我们这一组对诸多问题进行了真诚而充分的大胆探讨。因为时间的关系，我就说这么多，谢谢大家！

35. 在第三届国家高级检察官论坛上的发言

（本文是 2007 年 11 月 8 日第三届国家高级检察官论坛在该次会议上的发言，经整理后发表在《国家检察官学院学报》2008 年第 1 期）

刑事政策是由德国人首先提出来的，距今已经有二百多年了，但是在中国真正引起足够重视却是近几年的事情，特别是 2006 年中央明确提出贯彻执行宽严相济的刑事司法政策以来，我国刑事法学界和刑事司法界对刑事政策给予了更多的关注。所谓刑事政策，就刑事法治而言，是指国家运用刑事手段预防犯罪、维护社会秩序、保护被害人合法权益、改造犯罪人以及保障犯罪人合法权益的公共政策的总称。那么"宽严相济"究竟是单纯的一项刑事司法政策，还是我国刑事政策的基本原则？我国学者对此有不同的理解。

在我看来，宽严相济的刑事政策应当是我国的一项基本刑事政策，但是我们也注意到，宽严相济的刑事政策主要是通过刑事司法来落实、体现和贯彻的，因此，认为宽严相济的刑事政策是我国的刑事司法政策并无不当。这样看来，刑事司法机关对于贯彻宽严相济的刑事政策负有不可推卸的责任。就世界范围来看，一个国家什么机关是司法机关没有统一的认识。就中国的国情而言，检察机关当然是司法机关。那么在宽严相济的刑事政策框架下，检察机关应当如何正确行使检察权？其实对于这样一个问题，《最高人民检察院关于在检察工作中贯彻宽严相济刑事司法政策的若干意见》（以下简称《意见》）、《人民检察院办理不起诉案件质量标准（试行）》已经作出了明确指示。这里，我拟对前述《意见》第 12 条第 1 项作如下理解和分析：

第一，从观念上来看，应当摒弃刑罚报复的传统刑罚目的论思想。长期以来，特别是在东方各国，而东方各国又以中国为盛，这种报应观念、报复的思想根深蒂固，具有广泛的社会群众基础。很长时间以来，在我国的刑事司法中，这种报应论的色彩是比较浓厚的，比如说现行刑法中死刑规定过多，过去死刑适用比较多，就反映了我们追求报应刑罚目的的价值取向。而宽严相济刑事司法政策完全符合中央提出的构建和谐社会的政治理念，这里所说的宽严相济，我们的理解是"该宽的宽、可宽的宽，从宽处理那些该宽、可宽的犯罪，对于该严的、不应当宽的犯罪则应当从严处理"，应当坚持"宽严有度、宽严结合、以宽为主"这样一种刑事政策思想，摒弃传统的刑罚中追求报复和报应的价值理念。

第二，前述《意见》第12条是当前检察机关正确行使检察权、贯彻宽严相济刑事司法政策的指南，该条规定了检察机关可以对有关案件的犯罪嫌疑人不予逮捕或者不起诉，这显然是对宽严相济中"宽"的精神的一种呼应。但是这里的"宽"不是随意的，而是必须符合规定的条件，才可以不予逮捕，或者不予起诉：首先，案件属于人民内部矛盾引发的轻微刑事案件。这里关于人民内部矛盾问题，我作一个简单的解释，有学者认为，刑法上只有犯罪人和非犯罪人，不存在人民内部矛盾、敌我矛盾。一般来说这种观念是对的，但根据中国国情，刑法分则第一章（危害国家安全罪）从历史渊源来看是从"反革命罪"转化来的，故不妨将其视为中国刑法中的敌我矛盾。同时，人民内部矛盾这样的用语在政治生活中乃至法律生活中还大量存在，我们不能不尊重中国的国情。其次，犯罪嫌疑人必须认罪悔过，赔礼道歉，积极赔偿损失。这里有几点要注意，犯罪嫌疑人认罪悔过，应当指犯罪嫌疑人有真诚的认罪悔过的具体表现：即赔礼道歉，积极赔偿损失，而"损失"应该是指犯罪直接造成的物质性损失和必然造成的损失，这与《最高人民法院关于刑事附带民事诉讼范围问题的规定》中适用的精神是一致的。最后，得到被害人的谅解或者双方达成和解并切实实行。"得到被害人谅解"应该是指得到犯罪的被害人的谅解，如果被害人已经死亡，被害人的直系亲属应当属于谅解的一方；如果被害人是未成年人，未成年人的监护人或负有法律保护责任的人应该成为谅解的主体。只有某一个刑事案件同时满足上述条件的时候，检察机关才可以依法不逮捕，或者不起诉。

但有一个重要的问题是，严重的刑事案件能不能调解？我们认为严重的刑事案件也是可以适当调解的。某省曾有一桩杀人案件，某市中级人民法院一审判处被告人死刑，上诉至高级人民法院后，被告人一方积极主动赔偿被害人一大笔损失，而且双方达成了和解协议，某省高级人民法院改判为死刑缓期两年执行。这里体现了民事赔偿对适用宽严相济刑事政策带来的某种影响。

第三，贯彻执行宽严相济刑事政策不可超越刑事法律的界限，这是总的原则。德国学者李斯特在一百多年前说过，刑法乃是刑事政策不可逾越的鸿沟。我们讲宽严相济的刑事政策，如果置刑法不顾，就违背了现代刑法最重要的原则——罪刑法定！换言之，只有在法律的范围内才有宽严相济刑事政策的存在空间，如果超越了罪刑法定，则是不能被接受的。

第四，完善不予逮捕或者不予起诉案件立法的一点个人看法。《意见》所规定的不予逮捕或者不予起诉乃是贯彻宽严相济刑事政策的重要举措，这一决定又是在受到恢复性司法这一世界性刑事司法新理念影响下产生的。最近几年，我国对恢复性司法的研究非常活跃和积极，产生的直接影响就是很多地方在试行刑事调解。从世界范围来看，刑事调解以前在西方也是不可思议的，英国历史上有一个罪名叫做私了犯罪罪，因为刑事案件的处分权是由国家垄断的，个人无权处分刑事案件，私下了结犯罪的行为构成犯罪。但到上个世纪六七十年代，以北美的加拿大为首，率先进行了恢复性司法的实践，并迅速受到西方国家的重视，目前已经在西方各国遍地开花了。但需要注意的是，西方进行恢复性司法是以严格的立法为根据的，而我国立法严重滞后，目前尚没有出台有关刑事和解的相关法律、法规，法院、检察院甚至有些地方的公安部门也在搞刑事和解，而这样做，法律上的根据严重不足。如果不及时出台相应的立法来规制、引导这种恢复性司法的实践，恐怕会产生诸多弊端。

36. 完善我国假释制度的思考

（2008年4月7日至4月8日，在最高人民法院审监庭在河北省廊坊市举行的"刑事再审及减刑、假释专家研讨会"的发言）

假释制度是19世纪随着刑事社会学派的兴起而在欧洲率先创立的一种刑罚制度。假释制度鲜明特点是反对报应刑而倡导教育刑（目的刑），主张通过人性化的刑罚手段来教育改造犯罪人，并鼓励罪犯自觉进行自我改造，尽早回归社会。时至今日，西方各国早已建立完备的假释制度，并积累了大量经验。

我国现行刑法典第81条至第86条规定了假释制度。其中具体涉及假释的适用条件和对象、假释的程序、假释犯的考验期限、假释犯应当遵守的规定、假释考验及其积极后果、假释的撤销及其处理。毫无疑问，我国向来十分重视运用假释制度教育改造犯罪人，并已经取得重要成果。据近几年有关统计资料，2005

年我国假释 17 963 人，2006 年我国假释 18 430 人，比上年上升 2.6%。① 但是无须讳言，我国假释制度仍然存在若干问题，亟待改进与完善。

一、立法方面存在的问题

1. 把假释当作奖励机制不利于犯罪人的人权保障

现行刑法典第 81 条规定，假释适用于被判处有期徒刑和无期徒刑的犯罪分子，包括被判处"死缓"两年期满后被减刑为无期徒刑或 15 年以上 20 年以下有期徒刑的犯罪分子，且被判处有期徒刑的犯罪分子应当执行原判刑期 1/2 以上，被判处无期徒刑的犯罪分子应当实际执行 10 年以上，如果犯罪分子认真遵守监规，接受教育改造，确有悔改表现，假释后不致再危害社会的，可以假释。此种规定事实上把假释当作罪犯改造的一种奖励机制，虽然能够发挥某种教育改造罪犯的功能，但是该种"可以假释"的规定不利于保护犯罪人的个人权利，因为犯罪人是否能够获得假释，完全取决于国家司法管理部门，罪犯个人绝对处于被动境地。反观西方一些假释制度较为完善的国家，一般将假释转变为犯罪人的一种权利，即当犯罪人符合一定条件时，国家有关主管部门或主管人员必须作出决定是否将犯罪人假释。如《丹麦刑法典》第 38 条规定："当监禁刑已服三分之二时，司法部或者由司法部长授权之人应当决定囚犯是否被假释。"② 这就意味着，丹麦的假释制度已经成为保护犯罪人个人权利的一种重要法律制度，只要犯罪人没有法律禁止的情况，司法部长或者司法部长授权之人原则上就应当决定假释犯罪人。此种规定值得我国学习借鉴。

2. 剥夺某些犯罪人假释机会不利于犯罪人的教育改造

现行刑法典第 81 条第 2 款禁止对累犯以及因杀人、爆炸、抢劫、强奸、绑架等暴力性犯罪被判处 10 年以上有期徒刑、无期徒刑的犯罪分子适用假释。这就意味着，累犯以及因杀人、爆炸、抢劫、强奸、绑架等暴力性犯罪被判处 10 年以上有期徒刑、无期徒刑的犯罪分子无论改造的怎样彻底，也不论其是否不会再危害社会，他们将永远不得假释！此种僵硬规定充分反映了报应性刑罚理论及其刑事政策的价值追求，但是显然不符合当代刑罚理性以及"宽严相济"刑事政策的精神。事实证明，无论犯罪人犯罪时的主观恶性多么严重，多数犯罪人还

---

① 参见 http://number.cnki.net，访问日期：2008 年 3 月 31 日。
② 谢望原译：《丹麦刑法典与丹麦刑事执行法》，8 页，北京，北京大学出版社，2005。

是能够在教育改造中弃恶从善，回归社会正常生活的。因此，我们可以更为严格掌握累犯以及因杀人、爆炸、抢劫、强奸、绑架等暴力性犯罪被判处 10 年以上有期徒刑、无期徒刑的犯罪分子的假释适用，但不能完全剥夺其被假释的机会。否则，容易导致这些犯罪人破罐子破摔，激发逆反心理，抗拒改造，进而给监狱管理带来严重破坏！故此，建议国家及时修正刑法典第 81 条第 2 款的规定，废除累犯以及因杀人、爆炸、抢劫、强奸、绑架等暴力性犯罪被判处 10 年以上有期徒刑、无期徒刑的犯罪分子禁止适用假释的规定。

二、司法层面存在的问题

1. 假释监督制约不足

根据我国相关法律、法规规定，假释案件由监狱管理部门提出，这就使得我国监狱管理部门拥有提出假释某罪犯建议的权力。由于监狱呈报假释环节的权力缺乏制衡，作为衡量假释条件重要依据的犯人奖惩考核评分，其决定权由监狱干警说了算，假释呈报也是由监狱自己决定，人民检察院虽然具有监督监狱管理部门的权力，但实践中往往只是事后监督。这些缺陷很容易被利用来搞权钱交易。有的监狱干警利用特权，伪造犯人奖惩考核积分，编造虚假材料，徇私舞弊减刑、假释、保外就医（简称"减、假、保"），使有的犯人成为"关系犯""人情犯"等，这是刑罚执行环节司法腐败的突出表现，人民群众对此反应强烈。[①] 此种执行假释制度上存在的问题，导致假释制度执行不公，甚至滥用假释。

2. 思想保守，没有发挥假释制度应有效能

由于"严打"仍然是我国的一项重要刑事政策，实践中人们往往担心被假释的犯罪人回到社会后可能再次犯罪，因此人们宁愿更为保守而谨慎地尽量少适用假释。据统计，我国假释犯人占在押犯人总数的比例过低且有逐年递减的趋势，1996 年以来，适用假释占在押犯人的比例一直在 2% 左右徘徊。笔者估计 2003 年和 2004 年由于公、检、法、司机关共同开展"减、假、保"的专项检查，这两年的假释比例更低，而发达国家的假释比例一般占在押罪人的 30% 以上，有的国家甚至达到 70%，并且其比例呈持续稳定上升趋势。尽管我国较好地运用了减刑制度，在一定程度上弥补了假释运用不够的缺陷，但这毕竟是两码事，不能相互取代。现代假释制度无论是在节约司法资源与国家人力物力等方

---

① 参见徐海发：《从三个环节考虑假释制度改革》，载 www. people. com. cn，访问日期：2008 年 3 月 31 日。

面，抑或教育改造罪犯方面，均具有不可低估的重要效能，我们应当更新观念，摒弃不敢运用假释制度的保守思想，大胆发挥假释的刑事政策功能。

3. 对假释犯罪监督管理堪忧

根据我国刑法典第 85 条规定："被假释的犯罪分子，在假释考验期限内，由公安机关予以监督"。根据公安部发布的《公安机关办理刑事案件程序规定》之296 条规定，对假释犯罪，执行的派出所应当根据人民法院的判决裁定，向罪犯原所在单位或者居住地的群众宣布其犯罪事实，监督考察期限以及监督考察期限内应当遵守的规定。在该规定的第 297 条规定有六种应遵守的规定。① 第 298 条规定，执行的派出所应当定期向罪犯原所在单位或者执行地街道居民委员会、社区居民委员会、村民委员会了解其表现情况，建立监督考察档案。但是，事实上我国公安机关因为各种原因，再加上公安机关要承担严重的防范与打击犯罪的任务，对假释的犯罪人根本无力关注。结果导致：假释的犯罪人无人进行严格监督，基本上处于放任自流状态。这种状况极大地弱化了我国假释制度的功效。为此，建议我国借鉴国外假释管理的先进经验，在司法部的监狱管理局设立专门的假释管理委员会统一协调管理全国的假释犯罪人，同时发挥民间社会团体的积极性，根据具体案件，在假释罪犯原所在单位或执行地街道居民委员会、社区居民委员会、村民委员会应建立具体的监督考察小组，并建立相关监督考察制度，确定责任，切实抓好跟踪监控工作，时时将假释罪犯纳入监控视线之内，发现有可能导致罪犯重新犯罪的诱因、条件，及时采取有力措施予以预防。②

37. 关于张明楷教授"论犯罪的实体：违法与责任"的一点感想

（2011 年 3 月 3 日在北京大学法学院举行的第一回"当代刑法思潮"论坛上的评论发言稿）

张教授的主题演讲"论犯罪的实体：违法与责任"内容深厚且丰富，令人耳目一新。我对该问题并无太多研究，不敢随意评价。这里只是谈一点感想和个人看法。

---

① 参见徐海发：《从三个环节考虑假释制度改革》，载 www. people. com. cn，访问日期：2008 年 3 月 31 日。
② 参见何仕元：《浅谈我国假释制度完善之设想》，中国法院网，发布时间：2004 - 12 - 02。

一、关于"实体"的含义

实体乃是一个哲学概念。《现代汉语词典》将其解释为：（1）马克思主义哲学认为实体是万物不变的基础和本源。唯心主义哲学中的"精神"、形而上学唯物主义的"物质"都是实体；（2）指实际存在的起作用的组织或机构。而英文则以"substantive"表达"实体"，其含义主要有（1）独立存在（真实存在）；（2）本质；（3）实质；（4）相对于程序而言的"实体"等。张教授所说的"犯罪的实体"之"实体"，似应指"犯罪的'实质'"或"本质"，换言之，犯罪所要谈论的问题是：研究犯罪究竟要解决什么问题？

二、张教授文经过了精心论证，有很强说服力，但某些观点仍然值得商榷

张教授文将犯罪的实质解释为"违法与责任"，具有一定道理。其逻辑结构乃是："犯罪首先是违法的，而违法必然产生责任"。但我认为有以下问题值得讨论和关注：

其一，研究犯罪实体当然要与犯罪成立要件或构成要件相联系，但德日刑法学之三要件说与中国刑法学之四要件说以及英美刑法之两要件说并不存在谁更优越于谁的问题，完全是一种理论传统与习惯使得不同国家选择了不同犯罪成立与认定的习惯。这好比日本、英国等国家交通法规定机动车与行人必须走道路左侧，而美国及中国等国家却规定必须走右侧一样，这完全取决于习惯。谁能说走左边或右边更具有合理性呢？

其二，认为犯罪的实体是违法与责任，对于区分违法阻却事由与责任阻却事由并无必然联系。张教授文以正当防卫为例来说明将犯罪实体解释为违法与责任，有利于正确区分违法阻却事由与责任阻却事由。其实，事实未必如此。从立法角度来看，正当防卫究竟是违法阻却事由还是责任阻却事由，主要取决于学者们的解释论立场，除非立法例有足够清楚地表述。例如：德国刑法典第32条第1款规定：正当防卫不违法。这就只能解释为正当防卫是违法阻却事由。类似的还有俄罗斯刑法第37条第1款（正当防卫不是犯罪）等。就中国刑法第20条第1款而言，因为立法上对正当防卫使用了"不负刑事责任"这样的表述用语，这就给学者们留下了巨大解释空间。对此，至少可有三种解释：一是阻却责任论，因为立法上只是说"不负刑事责任"，并没有对其性质作出明确规定；二是阻却违法论，因为在中国刑法学上通常认为正当防卫乃是公民的一项权利，故其当然

115

不具有违法性；三是既阻却违法，又阻却责任，因为犯罪就得负刑事责任，不负刑事责任当然就不是犯罪。

其三，我并不完全赞同张教授文"认为犯罪的实体是违法与责任，能够妥善解决共犯"的相关问题。我知道张教授在共同犯罪问题上选择了"行为共同说"的理论立场。本来，一个学者选择何种理论立场完全无可厚非，完全是学者个人的学术自由的权利范围内的事情。但是我注意到，张教授很多场合是从应然的层面阐释共犯问题，而不是从实然的角度来阐释中国刑法立法关于共同犯罪的规定。因为中国刑法第25条关于共同犯罪的立法，显然是选择了犯罪共同说而不是行为共同说。因此，以行为共同说来解释中国刑法中的共同犯罪无论如何都是十分牵强的。

三、关于刑法学研究的一点感想

借此机会，发表一点自己关于刑法学研究的感想，这纯属个人感受，并非针对具体学者的学术立场或者喜好，唯愿以此与大家共勉。首先，任何学者都有权利或自由以自己的学术偏好来选择自己的研究领域及其赞成或者不赞成（反对）的学术观点（立场）。其次，学者们必须以负责任的态度来独立思考，应当将学术建立在真正追求学术真理的良心与良知上。再次，刑法学的研究应当区分应然的研究与实然的研究，不可混淆此二者界限。研究中国刑法问题，必须紧紧以中国现行刑法立法为根据，对于一些现行刑法立法上不合理的规定，应当通过立法动议去解决，不可任意用解释论去处理。其四，在借鉴国外先进刑法学理论问题上，仍然应当以中国现实社会的法文化传统和立法、司法基础为前提，不宜不加分析地完全照搬照抄。

38. 略评陈兴良教授"构成要件论：从贝林到特拉伊宁"

（2011年11月4日在中国人民大学刑事法律科学研究中心举行的"当代刑法思潮"第二回上的评论发言稿）

陈兴良教授的精彩演说，给我们分析评价了贝林《构成要件理论》与特拉伊宁《犯罪构成的一般学说》的基本理论，其论说有据，鞭辟入里，对于今天的各位听众深入理解犯罪构成要件与犯罪构成及其理论无疑会带来重要启示。陈教授长期关注犯罪构成理论以及犯罪论体系研究，正是在他和相关学者的积极推动下，近几年我国刑法学界掀起了三要件论与四要件论利弊之争——这场争论已经对我国刑法学研究产生重要影响。

陈教授的演说包括三部分：第一部分重点阐释了贝林构成要件理论的基本内容，并充分肯定了贝林对现代刑法学理论体系的杰出贡献——其理论为三阶层犯罪论体系的最终形成奠定了基础。第二部分重点批判性分析评价了特拉伊宁的犯罪构成学说，认为特拉伊宁彻底切断了犯罪构成与构成要件之间的学术脐带，四要件真正沦为没有构成要件的犯罪构成。第三部分对贝林与特拉伊宁的犯罪要件与犯罪构成进行了对比研究，认为：四要件的犯罪构成使得构成要件的定型化机能丧失；四要件犯罪构成使得违法性关系混淆；四要件犯罪构成使得构成要件与有责性关系混乱。总之，陈教授全面否定了四要件犯罪构成学说。

对陈教授的学养与睿智我素来敬重。这里，我仅根据自己的理解和对学术研究的一点看法，发表如下意见：

一、中国刑法学的犯罪构成理论确实存在诸多问题，亟待完善

正如很多学者尖锐指出的那样，四要件犯罪构成理论存在很多问题，早在二十多年前读研究生期间，我就发表过批评四要件理论的文章（当然，观点也许并不成熟），例如：客体是否有必要作为构成要件？主体有无必要纳入犯罪构成要件？诸要件之间是何种关系？诸要件顺序究竟如何排列？犯罪构成究竟应该有几个要件？排除社会危害性行为与犯罪构成的关系？等等。但这些问题的存在，是否就应该完全放弃四要件理论而改弦易辙回归清末民初选择的德日立法例与三要件理论体系？我个人并不持肯定态度。我的基本立场仍然是：中国刑法学的理论体系有待进一步完善，而不是选择推倒重来！如果我们老是此一时也彼一时也——总是跟着人家亦步亦趋，中国刑法学永不会在世界上有地位！

二、认为四要件犯罪构成是没有构成要件的犯罪构成，并不公允

我国 1988 年出版的曾宪信、江任天、朱继良教授合著的《犯罪构成论》早就对四要件理论有了新的阐释和一定意义上的完善。并且随便找一本中国刑法教科书，我们都会发现将犯罪构成与犯罪构成要件进行区别阐释，不能因为四要件理论所说的构成要件不同于德日三要件，就认为四要件构成理论没有构成要件。

三、认为四要件的犯罪构成潜藏着沦为政治奴婢的危险，其说服力欠缺

陈教授关于四要件构成理论最为猛烈的否定抨击，就是认为"四要件的犯罪

117

构成潜藏着沦为政治奴婢的危险"。对于陈教授高度重视犯罪构成要件理论对人权保障的重要意义,本人十分赞赏,但是,刑法及其刑事司法是否沦为政治工具,我以为与犯罪构成要件理论没有关系,而与国家对法律的态度有关——在真正法治国家,二要件犯罪要件理论也能充分保护公民的权利与自由!而在习惯将法律作为政治工具的国家,三要件犯罪构成要件理论也会成为国家的政治工具!

四、中国法学者应该致力于建立中国的刑法学理论体系

张明楷讲授也曾经坦言,自己也十分希望能够建立中国特色刑法学理论体系,但他谦虚地说自己没有这能力。显然,建立中国刑法学理论体系并不是一个人能够完成的,甚至需要几代人的共同努力才有可能。我常思考这样的问题——为什么法国、美国、英国等国家的刑法学者他们不会因为自己的犯罪成立理论没有采纳三要件理论而自惭形秽呢?而且,美国本来其法律体系(包括刑法及其理论)源自英国,但是现在却和英国渐行渐远了——美国已有 19 个州废除了普通法上的犯罪而改为制定法犯罪。我以为,如果我们刑法学界团结一致地积极努力,在中国现在已有的刑法学研究基础上开拓进取,完全可以期待在不远的将来建立起属于中国的刑法学理论体系!

39. 关于陈志龙教授、车浩教授主题发言之评论

(为 2014 年 9 月在台湾成功大学举行的第 5 届"两岸刑法论坛"提交的书面评论稿)

非常感谢会议主办方安排我评议陈志辉和车浩二教授的文章。通过认真研读两位教授关于保证人地位的学术佳作,我受益匪浅。陈、车两位教授学术风格与学术兴趣也许并非完全一致,二人的用语习惯、文字风格、行文逻辑、研究角度和学术旨趣也是各有千秋,但他们基于德国刑法理论的保证人地位展开的研究,同样给予了我们一顿刑法理论的精神盛宴。所谓保证人地位问题,实质上是要解决:不纯正不作为犯之作为义务的本质来源和基本理论根据到底是什么?在这个简短的评论中,我将分别评议陈、车两位教授的文章,最后借此机会简要阐明我对不纯正不作为犯之作为义务实质根据的基本立场和看法。

一、关于陈教授论文之评论

陈志辉教授的论文——"刑法保证人地位法理根据之分析",前半部分主要

梳理和检讨了德国刑法学上四种保证人地位法理根据学说，分别是：实属倒因为果的依赖关系或信赖关系保证人地位法理根据；通过整合社会关系中开放关系和闭锁关系的发生，来决定行为人是否具有作为义务和犯罪防止义务的保证人地位法理根据；有循环论证之嫌的稳固规范期待处理好组织领域和体制领域的组织管辖和体制管辖保证人地位法理根据；自我负责能力欠缺情况下的辅助性扶助体制和承认风险管辖合意转移形成的风险连带积极义务的保证人地位法理根据；其后半部分主要是对许乃曼教授的支配思想予以深入分析、正面评价和对其批评予以回应。文中罗列十二种对许乃曼教授支配理论的批评和质疑。（1）有学者认为许乃曼教授的支配理论对事物本质的内容、适用对象以及适用范围欠缺说明，支配思想只是一种带有未知内容的现象，支配理论是一种从实然导出应然的谬误。对此批评的回应：有必要、有可能对事实和规范进行综合考察。（2）有学者认为许乃曼教授的支配理论难以证立存在实际、现实、有效的控制支配关系。对此批评的回应：应区别现实支配力和可能支配力。（3）有学者认为许乃曼教授的支配理论支配概念欠缺确信，可以被恣意放置。对此批评的回应：该批评搞错了对象，批评者批评的是 Traeger 的支配概念，不是许乃曼教授的支配概念。进一步说，从事物本质中得出的思维是类型学思维，类型学上的法律发现时理所当然会产生语义上的不清楚范围，但该范围在具体化过程中会逐渐缩减，它有非常强的延伸饱和度，支配关系的分界通过具体细节不难加以判断。（4）有学者认为许乃曼教授的支配理论只是修正、复制作为犯的类似性规则，仅法律之前的现实支配无法说明处罚基础，还需要法律之中的规范性确定。对此批评的回应：许乃曼教授只是旨在发展一个可以和犯罪支配相比较的控制支配概念和保证人身份犯，而且法律规范更需要现实结构。（5）有学者认为许乃曼教授的支配理论在物品所有人占有辅助人责任情况下，难以确定现实的、实际的或当前的分层支配关系。对此批评的回应：还存在物本逻辑之组织命令决策权的支配关系。后面第 6 至第 12 点主要是澄清其他学者对许乃曼教授的支配理论的质疑和误解。（6）许乃曼教授否定作为通说观点的危险前行为是保证人地位类型之一。因为许乃曼教授认为危险前行为只是一种纯粹的法律判断，不是真实的判断。（7）许乃曼教授否认违反注意义务的危险产品制造者的产品回收义务，他认为制造者只具有警告义务，因为消费者有权自由决定是否继续使用危险产品。

（8）有学者认为支配概念不适合用于被害人无助状态，被害人支配无助状态不是结果的原因。许乃曼教授认为造成结果的原因与哲学上的因果理论没有关系。（9）在许乃曼教授看来，支配思想和犯罪支配理论并不一致。（10）许玉秀教授认为代表行动自由的权力和代表不自由的义务互相矛盾，却同时并存于支配概念中，这足以说明支配思想本质上是荒谬的。陈志辉教授认为许玉秀教授批评的对象是与许乃曼教授的支配概念有别的一般性支配概念。（11）西田典之教授和黎宏教授的对因果关系的排他性支配学说难以成立，因为存在同时犯。（12）许乃曼教授的支配关系是出于物本逻辑的现实支配，而不是规范性的。

令人敬重的是，支配理论并不是仅将理论抱负聚焦在保证人地位的问题上，它还高屋建瓴地确证了具有正犯资格的保证人身份犯与单一的一元正犯概念的相互契合。而且，支配理论也是不纯正不作为犯上位的等价指导原则。这足以显示许乃曼教授的刑法思想在学术性、理论性、体系性和创造性上达到了较高的境界。但不容否定的是，许乃曼教授的保证人地位支配理论，具有一定的模糊性和不确定性，因过于宏观，甚至连支配概念都难以界定清楚，支配思想的具体内容和标准更是多有非议，由于此理论之弹性、伸缩性和可塑性也相当大，引起诸多批评、误解和质疑也就很自然的了。

最后，应当指出，陈教授通过对德国刑法上保证人地位的研究，既为我们厘清了其学说发展史，同时也为我们展示且分析了德国学术界在保证人地位问题上的各家争议观点。而令人稍感遗憾的是：陈教授似乎只是专注于拥戴和支持许乃曼教授的关于保证人地位的支配理论，却并没提出自己在此方面的独创性见解。

二、关于车教授论文之评论

车教授的论文"保证人地位的实质根据"，追本溯源地考察了保证人概念的首创者纳格勒影响深远、具有抑制结果发生的社会防卫功能的不作为之作为义务理论，之后分别详细介绍、探讨和评价了保证人地位实质性根据的三种进路，即先行行为为不作为犯普遍性实质根据的因果论模式，不作为犯对结果原因具有事实、实际和整体的控制性支配实力的支配论模式和覆盖了国家社会风俗秩序说、信赖原则、社会期待性说、紧密生活共同体等类似学说的道德主义模式。

车教授以其敏锐的学术洞察力，提出了几对极其重要的范畴及其关系问题，例如纳格勒之问＼等价问题和纳格勒之答＼根据问题，事前支配理论和事中的支配理论，禁止规范和命令规范的关系，遗弃罪引出的纯正不作为犯和不纯正不作为犯的区分问题等。这些问题都迫使我们再次严肃认真地思考不作为犯的实质处罚根据和保证人地位的实质根据的关系问题。与陈志辉教授论文一大共同之处就是：车教授文也是以德国刑法理论中保证人地位学说的发展为线索，对具有重要影响力的各家学说进行了深入分析，既指出了其重要理论价值，又明确指出其某种不足，其评价可谓客观公允。更难能可贵的是：车教授没有拘泥于德国刑法学巨擘们的现存学说，而是以极大的学术勇气另辟蹊径，提出了自己独特的以家庭异性生育而非个人为问题原点的新功能主义解释模式。

显然，车教授试图以社会学或者法社会学的立场来解释刑法上保证人地位问题，认为家庭关系中的保证人是所有保证人类型的总根源、总渊源、总根据、起源、母体、雏形、原初形态、原型，并力主其他保证人关系都是家庭中保证人关系和身份的模仿、复制、派生、再分配和衍生品，并且要求派生保证人具有行为人所接管的保护关系的内容和强度相似性，其判断标准是——是否有利于异性永久结合在一起共同生育子女。我个人认为，车教授的研究视角及其创新思维方式值得赞赏，只是感到，如果把刑法问题和社会学问题扯到一起，或者用社会学思维方式来研究刑法实体问题，其论证结论是否可靠、可信？这仍然值得怀疑。

三、笔者立场

社会现实中涉及保证人地位的案例种类纷繁复杂，公共生活领域中不作为事件更是变化多样，而且不作为案件涉及的主体构成更是多种多样。虽然不作为犯是例外，但是我们一定要将每一个不作为事件中的不作为责任予以充分正当化。[①] 与此同时，保证人地位的证立一定要结合行为人的主观意图、作为可能性和不作为和行为危害后果之间的因果关系，而不能脱离不作为犯的实质处罚依据、行为人的主观故意、行为人的客观救助能力和相应的因果关系去探求保证人地位的法理根据。而且许多学者对一个人因为不作为是否总是该受到惩罚表示怀疑。[②] 我一直认为，我国学者在研究刑法问题时，不能简单套用某种外法域的刑法理论，这是因为我国刑法立法与外法域刑法立法存在巨大差异。例如，我国现

---

① Glanville Williams，Criminal Omissions-The Conventional View，（1991）107 *Law Quarterly Review*，87.
② 参见［美］道德拉斯·胡萨克著、谢望原等译：《刑法哲学》，199 页，北京，中国人民公安大学出版社，2004。

行刑法典总则没有像德国刑法典（第 13 条）那样明文规定不作为犯，更没有像德国刑法典第 323 条 C "不救助罪" 的规定，关于不作为犯的处理，我国完全依据有关刑法理论见解而定。这就使得我国的不作为犯处理变得较德国的情况更为复杂。对于我国不作为犯理论，我认为除了德日刑法理论外，还可以借鉴英美刑法理论。

在英美刑法中，不作为派生责任问题就类似于德日刑法上的保证人地位实质根据问题。英国学者威廉姆·威尔逊（William Wilson）教授指出："刑法理论的粗略检视表明，刑事责任最低限度的要求并非身体动作而是道德责任。"[1] 这是威廉姆教授用来解释不作为刑事责任的一句名言，他从本质上说明了不作为责任实质上是一种道德责任。问题在于，这种"道德谴责只针对那些负有道德责任的人。同时，刑事惩罚要通过其他责任的筛选进一步加以限制，从而确保个人意思自治与社会防卫之间适当的有效平衡。"[2] 这就回到了如何限制不作为犯责任范围——亦即德国刑法学上的保证人范围的相同问题。那么，究竟不作为犯的责任应当限制在何种范围之内呢？威廉姆教授认为：只有在一种情况下，行为人的"不作为"形式的状态才是否定非难的根据。这就是主体不存在按照特定方式行为的期待。我们坚持认为只有这样的一些人才负有责任——他们蔑视已被接受的行为准则，其行为被认为对人性事实（human events）的显现有严重差异。当这种情况出现时，无论行为是采取身体动作形式还是消极不作为形式，刑事责任的最小化基本要件就具备了。[3] 事实上，普通法确认，只有当被告人与被害人之间存在"责任关系"（the relationship of responsibility）的场合，根据不作为犯罪的规定，才会满足成立不作为犯罪的要素。存在这种责任关系就提供了一种令人信服的根据，据此，可以将不作为行为认定为引起结果的原因。[4]

在我看来，我们应该根据法益处在危险中或被害人处在脆弱虚弱无助状态下的原因来具体分析保证人地位的理论根据。应该主要分为两种情况：第一，如果是由于与不作为者无关的人为或自然意外事件引起法益遭受危险，那行为人在毫无犯罪意图的情况下，因没有阻止危害发生而被定为不作为犯受到了惩罚，就说

---

[1] William Wilson, *Central Issues in Criminal Theory*, Hart Publishing, 2002, p. 82.

[2] William Wilson, *Central Issues in Criminal Theory*, Hart Publishing, 2002, p. 86.

[3] R Shapira, 'Willed bodily Movement' in (1998) *Buffalo Criminal Law Review* 349 at 351.

[4] William Wilson, *Central Issues in Criminal Theory*, Hart Publishing, 2002, p. 90.

明这种惩罚制度是很反常理的，也不符合作为礼仪之邦的我国一直以来要求人民用内心恻隐之心的道德律进行慷慨相助的社会习惯。所以汶川地震中范跑跑事件、佛山小月月事件和招远麦当劳杀人事件中，普通民众主要是对人情冷漠不施以援手的老师、路人或经营场地工作人员予以言辞激烈的谴责责骂，但很少人站出来大声疾呼将这些冷漠的人定为故意杀人罪施以刑罚。因为作为独立理性自由的个体都具有意思自治，法律应该尊重公民的意思自治，不应该通过惩罚来威慑公民选择法律要求的日常生活方式和普通行动范围。① 现代例如宋福祥案中，我认为宋福祥不应该构成故意杀人罪，他的妻子作为一个理性成年人自己选择了自杀，应该要她自己承担这种危险行为的风险，自杀毒发与宋福祥根本无关联，可法院却定了宋福祥故意杀人罪，这最起码是完全违背刑法上的合理标签原则，这种让民众雪上加霜彻底家破人亡的刑法也实在是要不得！救是情，不救是理。正如乔治·弗莱彻所说：我们应该要限制将不幸事故定为故意杀人罪。② 第二，如果由于与不作为有关的人为或自然意外事件引起法益危险，根据危害后果，不作为者要承担一定的刑事责任。在形成彼此相互需要紧密联系不可分割的人际关系中会产生一种保证人地位，因为这种积极作为义务的存在更有利于行为人真正地实现自我意志决定权和享受实质自由。③ 我认为这通常是指直系血缘关系。比如最经典的不作为案例，小孩下水游泳，因泳技差溺水，此时具有血缘关系的父亲就位于保证人地位。当然，如果小孩的母亲不给小孩喂奶或小孩的父亲把小孩关在家里不给喂食，这些都是采用作为的方式饿死未成年人子女，而不属于不作为的问题了。再如果在小孩溺水事件中，因游泳池排水道问题导致小孩溺水，泳池管理员也具有了保证人身份。至于不相干的旁观者，即使其中有游泳健将，也并不具有不纯正不作为犯的保证人身份。当处在危险中的法益是由于行为人的行为造成的，因为法益危害是行为人意思自治的展现，为了实现行为人意思自治的完整性、一致性和补救性，行为人必须对处在危险中的被害人或其他相关法益予以救助，而不是因为救助更有利于社会福利或符合社会责任感。④ 例如行为人故意重伤了被害人，如果行为人对被害人不予救助导致被害人死亡，那么行为人要对

① Jonathan Herring, *Great Debates in Criminal Law* (2nd Edition), Palgrave Macmillan Press, 2012, p. 32.
② 参见［美］乔治·弗莱彻著、邓子滨译：《反思刑法》，452页，北京，华夏出版社，2008。
③ William Wilson, *Central Issues in Criminal Theory*, Hart Publishing, 2002, p. 92.
④ Andrew Ashworth, The Scope of Criminal Liability for Omissions, (1989) 105 *Law Quarterly Review*, p. 424.

被害人的死亡结果承担相应的责任，即使在罪名上不是故意杀人罪，但至少要在量刑上有所体现。作为理性自由人，应该要对自己的行为导致的后果负责，这属于公民意思自治不可或缺的一部分。再比如行为人无意地直接重伤了被害人，如果行为人对被害人不予救助导致被害人死亡，那么行为人要对被害人的死亡结果承担故意杀人罪的责任。因为正如美国学者所说，刑法的目的被限制在威慑和惩罚危害社会的自主人身上。①

① ［美］约书亚·德雷斯勒著、王秀梅等译：《美国刑法精解》，95 页，北京，北京大学出版社，2009。

40. 与没收有关的两个问题

（本文为 2016 年 1 月 21 日在某立法机关讨论会上的发言稿）

一、行政处罚中的"没收非法财物"是否适用于被用于实施违法行为的第三人所有财物？

《行政处罚法》第 8 条第 3 款规定了"没收非法财物"。该款规定是针对用于行政违法的非法财物设定的处罚方式。所谓"非法财物"，是指下列三类财物：（1）当事人非法取得的财物。这些财物并非当事人所有，而是其通过非法手段而取得的财物。（2）财物虽然属于当事人所有，但因其用于非法活动而具有非法性质。如毒资、赌资等，又如用于运输赃物、走私物品的汽车、船舶等。（3）违禁物品。此类物品是指国家法律、法规明确规定禁止生产、加工、保管、持有、携带、运输、销售的物品等。如毒品、淫秽物品、易燃易爆、有毒有害危险物质、枪支弹药、爆炸物等。根据《行政处罚法》第 8 条规定，凡是非法财物，行政执法机关可以依法予以没收。一般来说，"非法财物"的没收没有什么争议。有争议的是与前述第（1）类财物有关的"被用于实施违法行为的第三人所有财物"。具体言之，"被用于实施违法行为的第三人所有财物"包括以下两层含义：（1）该财物是被违法行为的直接实施者用于实施违法行为的财物；（2）该财物属于第三人（国家、集体所有，或者他人）所有，但不为违法行为的直接实施者本人所有。

就"没收非法财物"而言，其本质属性乃是因为某一财物具有非法性而可以没收。因此，是否具有"非法"性就成为判断是否可以没收的分水岭。从现

125

实生活的情况来看，财物的"非法"属性的来源不外乎两种，一种是财物本身，比如违禁品。这类非法财物因为本身极易被用于违法活动，甚至在普通的日常社会生活中很难找到它们不具有社会危害性的用途，因此其不被限制的存在本身就会对社会安宁构成威胁。所以对这类财物，不论其为实施违法行为者所有还是为第三人所有，对其适用没收都没有疑义。另一种"非法财物"，其本身并无"非法"可言，但当它们被用于非法活动的时候，这种财物就具有了非法属性。比如行为人自己合法购买的汽车，其汽车并不具有非法性，但是，当行为人用自己的汽车运输毒品时，该汽车就成了非法财物，这时就可以没收了。

一般来说，行政法上的没收作为行政处罚手段，其目的在于惩罚违反行政法律、法规的人。如果没收被用于实施违法行为的第三人所有财物，其"违法"根据（没收的根据）应当从第三人的行为中寻找，即第三人至少应以自己的行为违反了相关的行政法律、法规，这才是"非法财物"之所以"非法"的关键所在；如果第三人没有实施违反行政法律、法规的行为，他就不应被列为行政处罚的对象，其财物即使被他人用于违法行为，也不应被没收。由此可见，对不属于违禁品的"被用于实施违法行为的第三人所有财物"应当分别对待：

1. 当第三人本人没有以任何形式参与利用其财物实施违法行为者的违法活动时，他就不应当因他人的违法行为受到行政处罚，此时，他的被用于违法活动的财物就不能仅仅因为利用者本人的行为被评价为非法财物，所以不应适用没收非法财物的规定。

2. 当第三人以帮助、教唆、胁迫、诱骗等方式参与了利用其财物者的违法行为时，尽管他没有直接实施该违法行为，但其帮助、教唆、胁迫、诱骗等行为与直接实施者的违法行为将被作为一个共同违法行为进行整体评价，此时，第三人的财物因他的行政违法行为转化为非法财物，没收这些非法财物是针对第三人违法行为的处罚，因此对其财物适用没收没有问题。

3. 当第三人本人就是违法行为的直接实施者时，也就是说，第三人与利用其财物实施违法行为的人共同实施了违法行为时，尽管第三人并未利用自己的财物实施违法行为，但其共同违法者利用了他的财物实施了该违法行为，此时第三人的财物也因其自身的违法行为被评价为非法财物，可以适用没收非法财物的规定。

此外，刑法第 64 条规定："违禁品和供犯罪所用的本人财物，应当予以没收。"这就意味着，涉及犯罪的违法物品只有"违禁品"和"犯罪所用的本人财物"才可以没收。对于那些虽然被卷入犯罪活动中，但不属于犯罪人本人所有的财物，是不能没收的。当然，如果事实表明，财物所有人直接或者间接参与了犯罪的，则另当别论。由此可知，刑法规定的犯罪是较之于行政违法行为更为严厉的违法行为，国家对涉及犯罪的物品尚且将没收的范围严格限制在"犯罪所用的本人财物"范围内，故作为相对较轻的行政处罚——"没收非法财物"，更应该严格限制在没收违法行为人自己所有的财物范围内。

二、对具体违法行为刑事追责后，能否再次对同一行为涉及的人员或者物品以同一违法事由再次启动行政追责程序

对于能否对已经被刑事追责的行为涉及的人员或者物品以同一违法事由再次进行行政追责的问题，应当根据具体情况区别对待，这其中最关键的问题是禁止重复评价原则在处罚竞合中的应用。

从程序法的角度看，刑事诉讼应贯彻"一事不再理"原则，即对于一个案件，法院已作出实体的生效裁判或有关实体的程序性裁判，不得对案件再次起诉和审判；从实体法的角度看，应贯彻"禁止重复评价"原则，即在定罪量刑时，禁止对同一犯罪构成事实予以两次或两次以上的法律评价。尽管一事不再理原则的目的在于避免针对同一行为重复起诉，禁止重复评价原则的目的在于禁止在同一诉讼中对同一行为进行两次或两次以上的评价，但落脚点都在于禁止对同一行为进行重复评价，由此观之，虽然两个原则因其所属的法律领域不同而有所差异，但它们的合理性根据中至少存在一个公约数，即刑法中的责任主义，它要求以责任为根据对刑罚划定边界。一般来说，已经进行刑事处罚的行为事实，不能再因为同一事实再进行行政处罚。分析如下：

首先，所有的行政犯都以首先违反行政法为前提，行政处罚远轻于刑事处罚，如果已经经过刑事处罚，再对同一事实进行行政处罚，既无必要，也无法律根据，并严重违反禁止重复评价原则。我国《行政处罚法》规定的行政处罚措施有：（1）警告；（2）罚款；（3）没收违法所得、没收非法财物；（4）责令停产停业；（5）暂扣或者吊销许可证、暂扣或者吊销执照；（6）行政拘留；（7）法律、行政法规规定的其他行政处罚。事实上，作为行政处罚措的罚款、没收违法

所得、行政拘留等，在刑法（刑事诉讼）中多数有对应的规定，如训诫、罚金、没收、刑事拘留等。此外刑法上还有更为严厉的剥夺人身自由乃至生命的刑罚。因此，经过刑事处罚之后，在对行为人进行行政处罚无论是从预防效果还是从报应或惩罚目的而言，均无实际意义了。

其次，即使认为存在刑事处罚与行政处罚竞合的情形，仍然应当受到禁止重复评价原则制约。《刑法》第402条（徇私舞弊不移交刑事案件罪），《治安管理处罚法》第2条（扰乱公共秩序，妨害公共安全，侵犯人身权利、财产权利，妨害社会管理，具有社会危害性，依照《中华人民共和国刑法》的规定构成犯罪的，依法追究刑事责任；尚不够刑事处罚的，由公安机关依照本法给予治安管理处罚）等都确立了刑事追责优先的原则，如果认为处罚竞合时不适用禁止重复评价原则的话，至少会造成两个问题：

1. 《行政处罚法》第28条规定："违法行为构成犯罪，人民法院判处拘役或者有期徒刑时，行政机关已经给予当事人行政拘留的，应当依法折抵相应刑期。违法行为构成犯罪，人民法院判处罚金时，行政机关已经给予当事人罚款的，应当折抵相应罚金。"这意味着如果一个行为人先被行政拘留或罚款，则其受到刑事追责时，之前被拘留天数和罚款数额可以折抵其拘役和有期徒刑的刑期以及罚金，也就是说他所受到的惩罚不会超出其刑事责任，而如果他先被刑事追责，而后又因同一行为被行政追责，其所受惩罚将超过前种情形，而这种差别没有任何合理依据。

2. 除了行为人被处以行政拘留和罚款的情形外，不适用禁止重复评价原则还会造成架空立法的效果。例如，行为人依照刑法应被判处管制时，如果行为人先被处以行政拘留，而后被判处管制，和先被判处管制后被处以行政拘留，对行为人来说不生任何区别，因此在不适用禁止重复评价原则的前提下，刑事追责优先的相关规定就没有任何实际意义。由此可见，刑事追责优先不仅仅只是追责顺序上的优先，而且在一定的情形下，刑事追责还对行政追责具有排他性，这也就是禁止重复评价在处罚竞合中的表现。

所以，我的结论是：在刑事追责与行政追责出现处罚竞合时，仍然应当首先坚持禁止重复评价原则。不过，对那些旨在对行为人处以暂扣或者吊销许可证、暂扣或者吊销执照等处罚的行政追责程序，在对行为人进行刑事处罚后仍可以启动。因为这些处罚不具有报应性惩罚的特性，因而不违背禁止重复评价原则。

41. 西班牙普遍管辖权及相关问题

（本文是 2014 年提交给某人民法院研究室的一份信息资料。）

一、1985 年《司法权力基本法》对普遍管辖的规定

西班牙对于普遍管辖的规定集中在其《司法权力基本法》中。1985 年西班牙制定了《司法权力基本法》（*Ley Organicadel* Poder Judicial）。该法第 23 条第 4 款规定：西班牙高等刑事法院有权针对西班牙公民或外国人在西班牙境外所犯的下列罪行行使管辖权：灭绝种族罪，恐怖主义犯罪，海盗罪，非法劫持航空器罪，伪造他国货币罪，与卖淫、引诱未成年人及其他有伤风化行为相关的犯罪，非法贩运精神药品、毒品和麻醉药品犯罪，以及根据国际条约应该由西班牙控诉的其他犯罪。该条规定的普遍管辖权非常宽泛，据之，西班牙可以对有关犯罪嫌疑人在西班牙境外实施的严重国际刑事犯罪进行侦查、起诉和审判，而无须顾忌行为人或者被害人的国籍以及犯罪在何处实施。

二、后续修订

此后，针对普遍管辖权的规定又有多个修正案颁布。2003 年的《法院组织法》第 18 号新增一条关于双重审判的规定。据之，对于国际刑事法庭管辖范围内的案件，普遍管辖原则只具有补充作用。国际刑事法庭对于其管辖范围内的案件享有第一管辖权，西班牙只有在国际刑事法庭放弃行使其管辖权的时候才可以依据普遍管辖进行审理此类案件。2005 年的《法院组织法》第 3 号增加女性割礼犯罪为西班牙普遍管辖范围内的犯罪之一，但是规定对于女性割礼犯罪的管辖只有行为人出现在西班牙境内时才可以实现。2007 年《法院组织法》第 13 号，新增贩卖人口及走私人口为普遍管辖范围内的犯罪。

直至 2009 年的修正案颁布，西班牙涉及普遍管辖的案件有 12 起。其中两起涉及中国，情况如下（只有其中第 2 件的 *Scilingo* 作出判决）：

1. *Pinochet* case（Chile，1996）；

2. *Scilingo* and *Cavallo*cases（Argentina，1998）；

3. *Guatemala* case（1999）；

4. *Falun Gong* case（China，2003）；

5. *Rwanda* case（2004）；

6. *Tibet* case（China，2006 and 2008）；

7. *Sahara* case（2006）；

8. *Atenco* case（gender-based murders in Mexico，2008）；

9. *Nazi concentration camps* case（2008）；

10. *Gaza* case（2008）；

11. *United States Torture Program* case（2009）；

12. "*Bush 6*" case（2009）.

在这些案件中，西班牙都坚持其宽泛的普遍管辖权，强调普遍管辖权的实施不需要犯罪和西班牙具有直接联系。即使相关犯罪没有发生在西班牙境内，犯罪者不具有西班牙国籍，受害人也非西班牙国民，西班牙仍然有权行使普遍管辖权。这样宽泛的普遍管辖权引起了相关国家的反对和抗议，使西班牙遭受到了强大的外交和政治压力；同时，也引起了本国公民的不满。在此背景下，2009 年10 月下议院通过了《法院组织法》第 1 号，对 1985 年《司法权力基本法》规定的普遍管辖权作出了限制性修订。该修正案于 2009 年 11 月 3 号生效。

三、2009 年修正案的内容

（一）案件范围

根据新的修正案西班牙普遍管辖涉及的案件类型包括：

a）种族灭绝罪以及反人类罪；

b）恐怖主义犯罪；

c）海盗罪及非法劫持航空器罪；

d）与卖淫、引诱未成年人及其他有伤风化行为相关的犯罪；

e）贩卖精神药物、有毒药物以及麻醉药物罪；

f）贩卖、走私人口及雇工罪；

g）与女性割礼有关之罪（如果犯罪嫌疑人在西班牙境内）；

h）根据国际条约（尤其是国际人道法及国际人权条约）应该由西班牙控诉的其他犯罪。

在上述犯罪中，需要进一步澄清的是 a）中的反人类罪，以及 h）中的内容。

1. a) 涉及的反人类罪

在该修正案颁布以前，关于普遍管辖权的规定中没有反人类罪的明确规定，但是根据1985年《司法权力基本法》第23条 h）的规定，反人类罪仍然可以被当做"其他依照国际条约应当由西班牙控诉的犯罪"来适用普遍管辖。2009年该修正案明确将反人类罪列举出来，更有利于司法适用。

西班牙刑法典具体规定了反人类罪的类型。根据该刑法典第607条的规定，谋杀、强奸、性侵袭、使他人处于危及生命的生存环境中、没有国际法依据而将他人强制驱逐出境、出于影响人口种族构成的原因强制妇女怀孕、违反国际法非法限制他人人身自由、对处于自己监护或控制之下的人实施酷刑等行为皆属于反人类罪的范畴。

2. h）中所指的其他未明确列出但依据国际公约应该由西班牙控诉的犯罪，主要包括酷刑罪和战争罪。

《禁止酷刑和其他残忍、不人道或有辱人格的待遇或处罚公约》第1条规定了"酷刑"的定义。第5条第2款规定，酷刑犯罪嫌疑人出现在任何一个国家，该国家如果决定不引渡则可以采取相关措施实现对该酷刑罪的刑事管辖。

《日内瓦公约》及其相关协定规定了战争罪，将武装冲突作为严重违反日内瓦有关公约的战争罪行。

（二）适用限制

2009年的修正案最大宗旨就是对先前非常宽泛的普遍管辖规定进行限定，使其限缩在相应范围内。根据修正案的规定，在无损西班牙签订的有关国际条约和协定的前提下，要求西班牙的普遍管辖权必须满足：a）犯罪行为人出现在西班牙境内，并且 b）犯罪被害人中有西班牙公民，或者是该案件和西班牙有一定关联，并且 c）案件没有其他外国法院的司法介入（包括侦查、起诉）。这三个条件必须同时满足，否则普遍管辖权不成立。

上述三个条件中除了"该案件和西班牙有一定关联"外，其他的条件都比较好确定。修正案并没有对什么是"一定关联"作出阐释，迄今为止也没有相关的判决解释。对于关联标准的确定仍有待司法确认。

（三）豁免之规定

西班牙是《维也纳外交关系公约》的签署国，因此受公约约束，对于外交代表给予刑事豁免。根据该公约的规定外交代表的范围，涵盖了使馆馆长以及具有外交官级位之使馆职员。

需要指出的是，《防止及惩罚灭绝种族罪公约》第4条规定对实施灭绝种族罪的犯罪人不适用刑事豁免制度。西班牙是该公约的签署国之一，因此可以援引该项规定，对实施灭绝种族罪的犯罪人排除适用刑事豁免。

另外，根据相关的司法实践，西班牙通常拒绝对一国元首实施普遍管辖，其理由是根据国际法，国家元首享有国家豁免权。

四、问题

问题一： 在国际法层面，哪些国际条约、针对哪些犯罪规定有普遍管辖权？具体是如何规定的？满足什么条件的方可行使普遍管辖权？有关国家运用普遍管辖权的时间情况？

国际法上的普遍管辖权是指任何一个国家对被指控犯有国际罪行的人都具有管辖权，无论罪行发生地在何处，行为人和受害人的国籍是什么，甚至也不管被指控的犯罪行为人是否出现在行使管辖权的国家的领土内。普遍管辖权作为一种辅助的管辖权实现方式，应当让位于属地管辖、属人管辖和保护管辖，只有在前三种管辖权无法实现时才考虑普遍管辖的适用可能。如果一个案件根据前三种管辖权之任何一种就可以确定管辖，则无须适用普遍管辖原则。

国际条约和国际惯例等国际法的渊源是普遍管辖的基本来源，经国际条约或者国际惯例确定的国际刑事犯罪进一步通过国内化在各国的刑事司法法律中进行具体规定。但是，大多数国际条约和国际惯例都没有明确的适用"普遍管辖"的语词，而是通过具体规定体现出普遍管辖的精神。例如，《联合国海洋法公约》第105条规定：在公海上，或在任何国家管辖范围以外的任何其他地方，每个国家均可扣押海盗船舶或飞机，逮捕船上或机上人员并扣押船上或机上财物。

规定普遍管辖的国际公约有《联合国海洋法公约》《日内瓦公海公约》《日内瓦四公约》《日内瓦五公约》《禁止并惩治种族隔离罪行国际公约》《防止及惩罚灭绝种族罪公约》《禁止酷刑和其他残忍、不人道或有辱人格的待遇或处罚公约》《公民权利和政治权利国际公约》《关于在航空器内的犯罪和犯有某些其他行为的公约》《制止危及海上航行安全非法行为公约》《反对劫持人质国际公约》

《制止核恐怖主义行为国际公约》等。涉及的犯罪包括侵略罪、战争罪、反人类罪、非法使用武器罪、灭绝种族罪、劫持人质罪、国际贩卖人口罪、酷刑罪、劫持航空器、危害民用航空安全罪、危害海上航行安全罪、破坏海底电缆、管道罪、海盗罪、毒品犯罪以及非法获取和使用核材料罪等。

按照国际刑法理论，通常行使普遍管辖权有以下几个条件：首先，一国的属地管辖权、属人管辖权和保护管辖权无法适用。也就是说，犯罪行为未发生在该国境内，犯罪行为人亦非该国公民，犯罪所侵犯的也不是该国公民或者国家的利益。由外国人或者无国籍人在该国境外实施的与该国公民或者国家利益无损的行为，才属于普遍管辖适用的情况。其次，犯罪所涉罪行为国际公约或者国际惯例规定的国际刑事犯罪类别。包括灭绝种族罪、战争罪、反人类罪等类型。再次，通常需要该国对犯罪人有实际控制，也就是说犯罪人在该国境内出现。如果犯罪人不在该国境内，一般没有实施普遍管辖的必要和条件。最后，没有其他相关国家针对该罪行已经开始或者正在进行的司法程序。如果依据属地管辖、属人管辖或者普遍管辖，已经有他国的司法机关对犯罪行为展开了司法程序，则别国无适用普遍管辖的余地。但是，具体到各个国家，对于普遍管辖适用的规定不尽相同。

世界上许多国家在国内法中都有关于普遍管辖权的规定。有的国家对于普遍管辖作出了非常详细和完备的规定。例如，1993 年比利时的《关于惩治严重践踏国际人道法行为的法律》规定：根据该法律，比国法院对战争罪拥有管辖权（经过 1999 年对该法律的修正，又将法院的管辖权扩大到灭绝种族罪和反人类罪），而无论此种罪行是在何时何处犯下、被告是否在比利时领土上、被告或受害者是否具有比利时国籍或以该国为居所地。又如，西班牙 1985 年《法院组织法》规定：西班牙法院对于西班牙人或外国人在国外的行为具有管辖权，如果这些行为根据西班牙法构成灭绝种族罪、恐怖主义罪、海上或空中的海盗罪、造假罪、有关未成年人与无行为能力人的卖淫和腐败罪、贩卖毒品罪，以及西班牙根据国际条约或国际公约有义务进行起诉的其他罪行。有的国家在具体的单行刑事法律中概括规定了本国的普遍管辖权，例如法国、德国、芬兰、荷兰、丹麦、挪威、意大利等欧洲大陆国家，以及加拿大和新西兰等普通法系国家。

问题二： 如有关犯罪行为在国际法层面被纳入可行使普遍管辖权的范围，一国能否在其国内法中规定普遍管辖权？类似于"本国公民涉案且涉案国不审理有关案件时，本国法院将有权审理"的规定，是否意味着确立了普遍管辖权？

通常普遍管辖涉及的犯罪都是国际法认可的国际犯罪，而相关国家通过加入有关国际条约和协定以承担对公约或协定所涉国际犯罪的惩处义务。没有被国际法认可为国际刑事犯罪的行为，一般不会成为普遍管辖的适用对象。

"本国公民涉案且涉案国不审理有关案件时，本国将有权审理"，这样的规定并非是对普遍管辖的规定。该规定所涉内容只是对属人管辖的复述。本国公民实施的犯罪行为无论是在本国境内还是境外，本国都可以依据属人管辖原则对该案件拥有司法管辖权。普遍管辖权是在犯罪未发生在境内并且犯罪人也不是本国公民，犯罪所侵犯的也不是本国公民和国家利益的情况下，才适用的。如果犯罪发生在本国境内，当然适用属地原则而享有管辖权；如果犯罪不在境内，但是犯罪人是本国人，当然依据属人原则确立管辖权；如果犯罪不在本国境内，犯罪人也不是本国人，但是犯罪行为侵犯了本国公民或者本国国家利益，那么根据保护原则确立管辖权。只有当这三种情况都不符合的时候，才考虑可否有普遍管辖适用的余地。

问题三：一国根据普遍管辖权或者其国内法规定，受理涉我国公民案件后，我们能否依据国际法规定主张管辖豁免？

根据《维也纳外交关系公约》和《维也纳领事关系公约》的规定，下列人员享有外交特权和豁免权中的刑事豁免权：

1. 外交代表

使馆馆长，以及具有外交官级位之使馆职员（大使、公使、代办、参赞、武官等）。

2. 领事人员

领事官员及领馆雇员对其为执行领事职务而实施之行为不受接受国司法或行政机关之管辖。A. 称"领事官员"者，谓派任此职承办领事职务之任何人员，包括领馆馆长在内；B. 称"领馆雇员"者，谓受雇担任领馆行政或技术事务之任何人员。

根据上述国际公约之规定，如果我国被诉公职人员属于上述外交代表或者相应领事人员，则可以向审理国主张刑事豁免权。另外，《防止及惩罚灭绝种族罪公约》第 4 条规定，对于实施灭绝种族罪的犯罪人不适用刑事豁免制度。

问题四：如何有效运用法律手段应对有关国家利用所谓"普遍管辖权"和国内法规定，受理涉及我国公民的案件？

可以从以下几方面着手：

1. 我国自行对有关人员的犯罪行为启动司法程序，根据属地原则或者属人原则行使我国的刑事管辖权，以此排除他国的普遍管辖权之实施。

2. 从事实角度否定我国公民的行为构成相关国际公约规定的国际刑事犯罪，进而否定普遍管辖成立的前提条件。

3. 依据该主张普遍管辖权国的相关法律，否定其司法机关对于案件管辖符合其相关法律规定。例如，西班牙《法院组织法》经 2009 年修正后，规定要实施普遍管辖权必须是犯罪嫌疑人在西班牙境内，或者受害人有西班牙公民，或者案件和西班牙有一定联系。不满足这几个条件中的任何一个，则否定普遍管辖权的成立。

4. 倘若行为人不在该主张普遍管辖的国家境内而在我国境内，则可以根据《引渡法》之相关规定拒绝引渡。根据我国《引渡法》第 8 条之规定，被引渡人具有中国国籍的，我国可以拒绝引渡。该条还规定了其他应当拒绝引渡的情形。第 9 条规定了可以拒绝引渡的情形。有关机关可以根据涉案人具体情况适用相关条文。

5. 如果行为发生在我国，则可援引西班牙《司法权力基本法》关于"该案件和西班牙有一定关联"的规定，以事实与其无关为由进行反驳。

42. 刑事司法疑难问题专家答问录

（本文是 2006 年应北京市人民检察院政治部教育培训处邀请，就"破坏市场经济秩序罪"案件中遇到的疑难问题（"合同诈骗犯罪专题"等）所作的解答。本文基本内容已收入北京市人民检察院政治部编写：《刑事司法疑难问题专家答问录》（一），中国检察出版社 2008 年版。）

问题一：刑法分则第三章破坏社会主义市场经济秩序犯罪，是法条竞合现象的多发地。且有多种情形，如同一节中一个类罪中不同条文存在竞合情况，不同

类罪之间存在交叉竞合关系。存在法条竞合的案件成为检察机关定罪的难点，那么应把握什么原则才能做到定罪准确，罚当其罪?

法条竞合乃是大陆法系刑法理论中的一个疑难问题。为此，有必要首先对该问题作一阐释。

刑法分则的许多条文之间存在着普通法条（普通规定）与特别法条（特别规定）的关系；这种关系导致法条之间形成竞合关系。刑法理论一般认为，普通法条与特别法条的关系，是法条竞合的一种表现形式。所以，要正确认识和处理普通法条与特别法条的关系，首先必须明确什么是法条竞合。

1. 法条竞合，是指一个行为同时符合了数个法条规定的犯罪构成，但从数个法条之间的逻辑关系来看，只能适用其中一个法条，当然排除适用其他法条的情况

现实社会中的犯罪现象千姿百态，有的犯罪行为是另一犯罪行为的一部分，有的犯罪行为的一部分也是另一犯罪行为的一部分。错综复杂的犯罪现象，反映在刑事立法上便是错综复杂的规定。在刑法上，此一法条规定的犯罪，可能是另一法条规定的犯罪的一部分；或者此一法条规定的犯罪的一部分，可能是另一法条规定的犯罪的部分。这就导致一个犯罪行为可能同时符合数个法条规定的犯罪构成。例如，军人故意泄露国家军事秘密的行为，既符合刑法第 398 条的故意泄露国家秘密罪的构成要件，又符合刑法第 432 条的故意泄露军事秘密罪的构成要件。在这种情况下，由于行为人客观上只有一个行为，主观上只有一个罪过，行为符合数个法条规定的犯罪构成是由刑法错综复杂的规定所致，故不可能同时适用数个法条，只能适用其中一个法条。

2. 法条竞合的基本特征

（1）行为人只实施了一个完整的犯罪行为。

一个完整的犯罪行为是法条竞合的必要基础和首要条件。所谓一个完整的犯罪行为，是指行为人在主观上具有一个完整的罪过形式，在客观上表现为一个符合普通法条上犯罪构成客观方面的行为形式。

（2）刑事立法对同一个本质上相同的行为设立了数个规制的法条。

之所以出现法条竞合，是因为立法者在进行刑法立法的时候，对同样性质的行为有不同规定。法条竞合说到底，不是犯罪行为的必然表现，而是刑事立法的

必然结果。当立法的内容出现交叉甚至出现重合时，就产生了法条竞合现象。比如刑法分则第三章所规定的很多金融诈骗犯罪，它实际上和刑法第266条规定的诈骗罪之间就存在竞合关系。因为所有的金融诈骗罪其本质特征就是骗，通过非法取得和占有他人的财物正是一般诈骗罪的根本特征。这就是说，因为刑法分则第三章对金融诈骗罪有了专门规定，它和刑法第266条规定的普通诈骗罪虽然出现了竞合，但处理时就要分开来处理了。

（3）发生竞合的行为在法律上形成形式上的数罪。

行为人虽然实施了一个犯罪行为，但是其行为同时符合刑法规定的数个犯罪构成。比如说像我刚才论及的刑法分则第三章规定的多种金融诈骗犯罪，它们和刑法第266条规定的普通诈骗罪在本质上是一致的。如张三实施了一个票据诈骗或者信用卡诈骗等犯罪行为的时候，实际上其行为也符合刑法第266条规定的普通诈骗罪。这就是说，一个犯罪符合了数个犯罪构成要件。

3. 法条竞合的表现形式

法条竞合的主要或基本表现形式，是普通法条与特别法条的关系。从形成原因上看，普通法条与特殊法条的法条竞合表现为以下情况：

（1）因犯罪主体的特殊性而设立特别法条，形成普通法条与特别法条的竞合。如刑法第382条规定的贪污罪，如果国家工作人员监守自盗非法占有公共财物，便与刑法第264条规定的一般公民实施的盗窃行为竞合。

（2）因犯罪对象的特殊性而设立特殊法条，形成普通法条与特别法条的竞合。如与现役军人配偶结婚的行为，既符合刑法第258条的重婚罪的犯罪构成，又符合刑法第259条的破坏军婚罪的犯罪构成。

（3）因犯罪目的的特殊性而设立特殊法条，形成普通法条与特别法条的竞合。如以牟利为目的传播淫秽物品的行为，既符合刑法第363条第1款规定的传播淫秽物品牟利罪的犯罪构成，又符合第364条规定的传播淫秽物品罪的犯罪构成。

（4）因犯罪手段的特殊性而设立特殊法条，形成普通法条与特别法条的竞合。如冒用他人名义签订合同骗取财物的行为，既符合刑法第224条规定的合同诈骗罪的犯罪构成，又符合刑法第266条规定的诈骗罪的犯罪构成。

（5）因危害结果的特殊性而设立特别法条，形成普通法条与特别法条的竞合。如交通肇事致人死亡的，既符合刑法第 233 条规定的过失致人死亡罪的犯罪构成，又符合刑法第 133 条规定的交通肇事罪的犯罪构成。

（6）同时因手段、对象等特殊性而设立特别法条，形成普通法条与特别法条的竞合。如以特定手段诈骗贷款的行为，既符合刑法第 266 条规定的诈骗罪的犯罪构成，又符合第 193 条规定的贷款诈骗罪的犯罪构成。

4. 法条竞合的处理原则

当一个犯罪行为同时触犯数个法条形成法条竞合时，就有一个如何正确定罪和如何适用刑罚的问题。对此，刑法理论和司法实践中主要存在以下适用原则：

（1）特别法优于普通法。

特别法优于普通法本身包括两种情形：一是特别法规与普通法规的竞合，例如修订以前的刑法关于走私罪的规定与全国人大常委会颁布的《关于惩治走私罪的补充规定》；二是特别法条与普通法条的竞合，例如现行刑法第 140 条的生产、销售伪劣产品罪与第 141 条至 148 条的生产、销售特殊的伪劣产品罪的竞合。后一种一般称为狭义的法条竞合。所谓特别法优于普通法，就是指一个犯罪行为同时触犯特别法条和普通法条时，在定罪和量刑上优先适用特别法条，排斥适用普通法条。

（2）新法优于旧法。

新法是指在原有法律有效的情况下，刑事立法又作出一定的补充修改规定。这样，某一个犯罪行为就会同时触犯新的法条和旧的、但仍有效的法条。所谓新法优于旧法，就是指一个犯罪行为同时触犯新法条和旧法条时，在定罪和量刑上优先适用新法条，排斥适用旧法条。其理由是：刑事立法根据客观形势的发展变化，认为旧有的法条已无法适应定罪与量刑的需要，才及时作出补充修改规定，这意味新法代表了刑事立法者的最新意志变化，所以理所当然地要适用新法。

（3）重刑法优于轻刑法。

重刑法优于轻刑法，有的理论也称之为重法优于轻法，是指一个犯罪行为同时触犯数个法条时，在定罪和量刑上优先适用重刑法条，排斥适用轻刑法条。其理由是：当一个犯罪行为同时触犯重刑法条和轻刑法条，而轻刑法条不能体现罪刑相适应原则时，理应优先适用重刑法条。

在处理破坏社会主义市场经济秩序罪中的法条竞合问题时，我们主要应当注意以下几个问题：

（1）一般情况下应当适用特别法优于普通法原则。

适用特别法优于普通法原则，存在两种情况：

第一，刑法条文中对于适用何种原则定罪量刑没有特别规定的情况。

此时，应当以特别法优于普通法原则作为一般原则。例如在一个行为同时符合诈骗罪与合同诈骗罪的时候，应当优先适用刑法关于合同诈骗罪的规定进行定罪量刑。这是处理法条竞合问题的一般性原则。通常情况下，这种处理方式能够准确反映犯罪行为的特殊性质，并符合罪责刑相适应的基本原则。

第二，刑法条文中对于适用何种原则定罪量刑具有明确的特别规定的情况。

刑法条文中对于适用何种原则定罪量刑具有明确的特别规定，当然就要按照这种特别规定来处理。就是说，一个行为同时符合同一法律中的不同条款的规定，而该法律中的相关条款明确指出适用某一特殊法条的，应根据法条规定明确指出优先适用的具体条款定罪处罚。例如，我国刑法第149条第2款规定："生产、销售本节第一百四十一条至一百四十八条所列产品，构成各该条规定的犯罪，同时又构成本节第一百四十一条规定之罪的，依照处罚较重的规定处罚。"还有类似的情况，如刑法第233条、第235条在分别规定了过失致人死亡罪、过失致人重伤罪的刑事责任后，又明确规定："本法另有规定的依照规定"。这里所说的"本法另有规定"就是特别法，"依照规定"就是适用特别法。

（2）某些情况下适用重刑法优于轻刑法原则。

在某些情况下，刑法对于特别法条规定的法定刑比普通法条规定的法定刑轻。这种情况下，如果仍然适用特别法优于普通法的原则，虽然能够反映出犯罪行为的特殊性质，但是就会出现在同等条件下对行为人从轻处罚的现象。这不符合我国刑法罪责刑相适应的基本原则。因此，对于这种情况，应当适用重刑法优于轻刑法原则。我国刑法第149条第2款规定的"生产、销售本节第141条至148条所列产品，构成各该条规定的犯罪，同时又构成本节第141条规定之罪的，依照处罚较重的规定处罚"。这反映了在适用法条竞合的有关原则处理犯罪问题的时候，有必要选择重刑法优于轻刑法的原则这样一种立法意图。

问题二：就信用卡诈骗和普通诈骗而言，如果是利用信用卡诈骗 4 000 元的

139

话，是达不到信用卡诈骗罪的起刑点的，但达到了普通诈骗罪的起刑点。在这种情况下，能否以普通诈骗罪论处？

这个问题，按照我的理解来看，它虽然不构成信用卡诈骗罪，但是可以按照普通诈骗罪来处罚。刑法第196条规定了信用卡诈骗罪，它的表现形式之一就是恶意透支。刑法所规定的恶意透支就是指持卡人以非法占有为目的，超过规定的限额或者规定的期限透支，并且经发卡银行催收后仍不归还的行为。这里发卡银行催收是构成犯罪的一个要件。现在假定现实生活中有这样一个案子：甲在某地办了一张信用卡，在里面存了2 000元人民币，并且由他的堂兄来做他的担保人。某一天，甲取出信用卡里的2 000元到外地去了。甲利用取款时每次只要不超过银行限额就可以不需要发卡银行同意的便利条件，就透支了3 000元。后来发卡银行发现甲没有如期还款，但是又联系不上甲，发卡银行就联系上担保人乙，要求乙告诉甲及时还款。后来，发卡行又两次联系上甲，让其赶快还上透支的3 000元。但是甲就是不还款。对于这样的案件怎么办？甲的行为虽然属于信用卡诈骗，但是其恶意透支的钱款数额达不到信用卡诈骗罪的起刑点——5 000元①，不过，其骗取的钱款数额已经达到普通诈骗罪的起刑点——2 000元。我们是否可以以特别法优于普通法为理由，认为甲的行为不够构成犯罪呢？我认为不行。特别法优于普通法是法条竞合时的一般适用原则，但不是唯一原则。法条竞合有时也可以适用重法优于轻法原则。由于刑法第196条规定的信用卡诈骗罪与刑法第266条规定的普通诈骗罪是法条竞合关系，亦即具有特别法与普通法的关系，一般情况下应当适用特别法优于普通法的原则。但是，如果适用特别法优于普通法严重不公平，不能反映罪责刑相适应的时候，就应该考虑适用重法优于轻法原则。事实上，恶意透支信用卡的行为本质上就是诈骗，也完全符合普通诈骗罪的特征，因此，对行为人甲以普通诈骗罪论处并无不当。

问题三：在实践中，在实施盗窃、抢夺、抢劫的行为后，行为人获取了他人的信用卡，再到ATM机上取款，密码是被害人自己写在信用卡上的，如何认定此类行为？

---

① 根据2001年4月18日最高人民检察院、公安部《关于经济犯罪案件追诉标准的规定》第46条，信用卡诈骗罪的追诉标准起点为5 000元。但2009年12月3日最高人民法院、最高人民检察院《关于办理妨害信用卡管理刑事案件具体应用法律若干问题的解释》第5条、第6条规定，一般信用卡诈骗罪的起刑点为5 000元，但恶意透支型信用卡诈骗罪的起刑点调高到10 000元。

刚才提到的问题，要分不同情况来考虑。首先，现行刑法典第196条只规定了"盗窃信用卡并使用的，依照本法第264条的规定定罪（盗窃罪，引者注）处罚"。但是如何处理抢夺、抢劫行为中获取他人的信用卡进而使用的行为？现行刑法典、立法和司法解释尚未涉及。对此，应当依据刑法理论进行分析认定。从行为事实上来讲，行为人一般是在抢夺或者抢劫其他财物时顺便取得了被害人的信用卡（如抢夺或者抢劫他人的挎包时，挎包中正好有信用卡）。如果此种情况下行为人进而利用非法取得的信用卡到ATM机上取款，则可以认定为盗窃（当然，如果行为人除了信用卡之外，其抢夺、抢劫行为符合成立抢夺或者抢劫罪的，应当认定为相应犯罪）；如果行为人利用非法取得的信用卡到银行或者商场以持卡人名义取款或者消费则应当认定为诈骗。其次，如果行为人明知被害人身上带有信用卡，明知其信用卡上有大量存款，且信用卡背面写有密码，就是以抢夺或者抢劫信用卡并使用为目的，进而实施抢夺或者抢劫信用卡行为的，且抢夺、抢劫到信用卡后进而取出或者消费了信用卡上的钱款，则应当认定为抢夺或者抢劫既遂。再次，如果行为人明知被害人身上带有信用卡，且明知其信用卡上有大量存款，但不知信用卡密码，就是以抢夺或者抢劫信用卡并使用为目的而实施抢夺或者抢劫信用卡行为，抢夺、抢劫到信用卡后没能够取出或者消费信用卡上的钱款，则应当认定为抢夺或者抢劫未遂。

问题四：一般认为，普通诈骗罪的构成要以非法占有为目的，但在实践中证明犯罪人的主观上对财物有非法占有的故意往往存在一定难度。刑法分则第三章中规定了多个特殊诈骗罪，在金融诈骗中如集资诈骗、贷款诈骗以及合同诈骗中，刑法法条规定了"以非法占有为目的"的要求，而在其他的如票据诈骗、金融凭证诈骗、信用证诈骗、保险诈骗等罪中法条没有规定"以非法占有为目的"。应当如何理解刑法规定的这种区别？没有规定"以非法占有为目的"，能否理解为不再是犯罪构成必需的要件，在办案实践中也就无需加以证明？

我国刑法理论通说和实践部门均认为，诈骗犯罪是以非法占有为目的的犯罪。然而，在办理具体的诈骗案件时，公安机关、检察机关、法院均面临非法占有目的有无的认定难题，行为人非法占有目的的有无，也往往是控辩双方争论的焦点。非法占有目的的认定难，导致了此类案件的改判率、发回重审率长期居高难下。探究导致目前诈骗犯罪司法陷入困境的原因，除了非法占有目的的理解多元化，立法不统一，判定依据不全面，非法占有目的本身具有主观性、不可视性、难以把握等因素以外，试图运用证据直接证明行为人有非法占有目的的传统思路与方法是一个重要的原因。因为，行为人在主观上是否具有非法占有的目的，往往没有直接证据可以证明，司法机关难以直截了当地作出准确判定。大量的案例显示，诈骗犯罪行为人具有智能性、职业性，反侦查、反审判能力强等特点，往往通过各种手段或狡辩来模糊司法人员审查的视线，藉此证实或表明自己主观上没有非法占有的目的。随着社会经济生活的日趋复杂多样，各种犯罪手段花样不断翻新，越发增加了司法实践中证明、认定的难度。

（一）运用刑事推定方法之必要性

针对上述认定难题，有必要运用刑事推定的方法予以解决。

所谓推定，是指根据事实之间的逻辑联系，基于某一确定的事实，而推断另一符合逻辑结论的事实客观存在。其中，已查明的事实为基础事实，未查明、需要推定的事实为推定事实。推定的一般机理表现为根据基础事实的存在推断推定事实也存在。当推定事实无法直接证明或者直接证明的成本过高时，就可以通过证明基础事实的存在而间接证明推定事实的存在。刑事推定的法律实质就在于改变传统的、一般意义上用证据直接证明犯罪事实的做法，当不存在直接证据或者仅凭直接证据不足以证明待证事实时，通过间接事实与待证事实之间的逻辑联系进行推理，从而得出待证事实为真的结论。

通过刑事推定，可以使犯罪构成中某些无法通过证据直接加以证明的要素得到确认，简化认定事实的环节，缓解诉讼证明上的困难，从而切实降低刑事诉讼的社会成本，提高诉讼效率，对于认定和打击犯罪，防止犯罪分子逃脱刑事追究具有重要意义。

在实践中，推定的适用早已被西方学者所肯定。如英国著名法学教授克罗斯和琼斯指出，事实的推定由于它往往是能够证明被告心理状态的唯一手段，在刑事司法中起着非常重要的作用。法官应该对陪审团作出这样的指示，即它有权从被告已经实施了违禁行为的事实中，推断出被告是自觉犯罪或具有犯罪意图，如果被告未作任何合理辩解，推断通常成立。

金融诈骗犯罪的司法认定中，刑事推定的适用被我国一些学者所提倡。如陈兴良教授认为，所有金融诈骗罪都可通过客观行为推定行为人的主观目的，从而认定犯罪。

最高人民法院于 1996 年 12 月颁布的《关于审理诈骗案件具体应用法律的若干问题的解释》（以下简称《解释》）及 2001 年 1 月印发的《全国法院审理金融犯罪案件工作座谈会纪要》（以下简称《纪要》）也全面肯定了刑事推定在金融诈骗罪的非法占有目的的司法认定中的运用。因为，非法占有目的是人的主观上的心理活动，除了被告人本人供认以外（但大多数情况下行为人即使具有非法占有目的，也往往辩称自己没有非法占有目的），其余场合无法直接运用证据来证明行为人的主观心理活动。所以，需要转换思路，通过与主观心理密切联系的外在表现来加以推断，通过行为人本身实施的一系列客观行为，来推定其主观故意。

（二）刑事推定方法之合理运用

由于多方面的原因，推定的方法具有一定的局限性——推定的结论具有或然性。而刑事审判的结论要求是唯一的，所以在运用推定的同时必须克服其局限性，使推定的结论达到唯一性才能符合刑事审判的要求。我认为，英美刑法理论中关于犯罪意图的推定原理，可以作为我国刑事司法实践中推定"非法占有目的"的参照系。英美刑法中的犯罪意图的推定，是指根据犯罪人特定行为或行为情节来推定其具有犯罪意图。下列情况均可作为推定犯罪人具有犯罪所需意图的根据：（1）按照常人的见解，社会上一般人认为行为人已经预见到其行为将会导致某种危害社会的结果；（2）行为人理智健全，因而必然能预见到与其行为相联系的直接结果；（3）行为人在实施行为之前或实施其行为过程中，没有受到足以造成精神紊乱的强刺激。就我国的情况而言，我们认为，为了克服推定的局限性，适用推定认定非法占有目的，必须注意以下几个原则：

1. 适用推定必须确保基础事实的真实性

如在推定合同诈骗罪的非法占有目的时，应对签订合同主体资格是否真实、行为人有无履约能力、有无采取诈骗的行为手段、有无履行合同的实际行动、没有履行合同的原因、履行态度是否积极、对财物的主要处置方式、事后态度是否积极等方面审查清楚，相关证据必须确实、充分。在推定金融诈骗罪的主观目的时，对《纪要》列举的几种情况也要有充分的证据予以证明，以确保基础事实真实可靠。如果基础事实都不清楚，其推论势必失真。

2. 适用推定必须坚持主客观相统一的原则

《解释》和《纪要》对具有非法占有目的的情形，列举的落脚点在行为人对相关款项"无法返还"或"拒不返还"上。一般情况下，行为人有"拒不返还"的行为表现，其非法占有目的就非常明显。问题在于，"无法返还"这类情况比较复杂。因为，"无法返还"的客观结果推定出行为人具有非法占有目的，这是一种由果溯因的反推思维模式，容易走向客观归罪，违反我国刑法中主客观相统一的原则。从逻辑上讲，合同、金融诈骗行为人具有非法占有目的，势必表现为如《解释》或《纪要》列举的某一种或多种情形，但是，符合其中某一种甚至多种情形，有时尚不足以推出行为人具有非法占有目的之结论，二者并非一一对应关系。如非法集资款不能返还与非法占有目的之间就不具有一一对应关系。因为"未返还"完全有可能是非法占有目的以外的其他原因造成的，在没有排除其他可能原因的情况下，根据未返还这一客观事实就推定行为人具有非法占有目的，势必陷入客观归罪的泥潭。既然如此，推定的结论难免具有或然性，存在推定错误的可能。因此《纪要》强调：在司法实践中，认定是否具有非法占有目的，应当坚持主客观相一致的原则，既要避免单纯根据损失结果客观归罪，也不能仅凭被告人自己的供述，而应当根据案件具体情况具体分析。不能单纯以财产不能归还就按照金融诈骗罪处罚，不能仅凭较大数额的非法集资款不能返还的结果推定行为人具有非法占有的目的。

3. 适用推定必须坚持综合考虑、全面分析的认定模式

为克服刑事推定固有的局限性，需要科学的认定模式。所谓科学的认定模式，就是综合考虑与全面分析的模式，通过综合考虑、全面分析使得基础事实与推断结论之间形成具有高度盖然性的联系。一般认为，在判断行为人主观心理态度时，必须以其实施的活动为基础，综合考虑事前、事中以及事后的各种主客观因素进行整体判断，从行为人的诈骗技术过程、各个行为环节着手，综合所有事实，经过周密的论证，排除其他可能，才能得出正确结论。

问题五：一种观点认为，行为人只要实施了法条列举的几种行为之一（如合同诈骗（第224条）的"以虚构的单位或者冒用他人名义签订合同的"等五种情形之一），即可推定行为人已经具备了非法占有的目的，该理解是否正确？

谢：该法条中列举的几种行为方式，属于该种犯罪的典型表现形式。这些行

为往往可以成为判断行为人是否具备非法占有目的的根据。如合同诈骗犯罪中非法占有目的的表现形式，"以虚构的单位或者冒用他人名义签订合同的"等五种情形，事实上就是该罪主观方面的客观载体，对认定非法占有目的起着十分重要的作用。我认为，行为人实施了刑法第224条所列举的前四种行为之一，原则上即可推定其具有"非法占有目的"。（因为第5种行为是"以其他方法骗取对方当事人的财物的"较为模糊，立法没有准确表述，故难以作为认定行为人具有"非法占有目的"的根据。）但是在具体认定合同诈骗罪的"非法占有目的"时，还应综合考虑以下因素：

其一，行为人有无履行合同的实际能力或担保。

一般来说，行为人根本没有履行合同的能力和担保或只有部分履行合同的能力而与他人签订合同，取得数额较大的财物，事后又没有履行合同或没有完全履行合同的就原则上可认定具有非法占有的目的。司法实践中合同诈骗犯罪的嫌疑人一般都是没有能力履行合同的人，更没有实际的担保能力，最多也只是具有部分能力。如现实中存在的有些公司一方面行骗，另一方面也进行某些合法经营行为，在局部范围内或对小额合同可能有能力履行，但在整个过程中就没有能力了。

行为人明知自己没有履行能力而签订合同具有三种不同的心理状态：一是想通过自己的努力来履行合同，获取合法收入；二是根本就不想履行合同而是为了非法占有对方的财物；三是想通过签订合同先占有对方的财物。对能否履行合同持无所谓的心态，有办法履行合同就赚一笔，没办法履行就捞一笔。

上述第二、三种心理状态均应认定具有非法占有目的，如果第三种心理状态的人结果履行了合同，实际上应认为是犯罪的中止。但对于第一种心理状态的人如果最终仍没能履行合同，是否具有非法占有目的，那就看他对取得对方财物的处置情况来认定了。应当注意的是，履行合同的能力在现实生活中是在不断变化的，是一个变量，我们不能把签订合同时有履行能力或担保的人由于后来客观情况发生了变化，丧失履行能力或担保，致使不能履行合同的人视为无履行能力或担保的人。

其二，行为人是否采取了欺诈的手段。

行为人是否采取了欺诈的手段是认定行为人是否具有非法占有目的的一个重

要表现。行为人如果具有非法占有的目的就必然会采取欺诈手段，即采取虚构事实或隐瞒事实真相的手段。行为人采取欺诈手段签订合同一般具有三种不同的目的：一是获取高额利润；二是非法占有；三是能赚就赚，否则就骗；对于第二、第三种目的在没有履行合同的情况下应认定为具有非法占有目的，但对于第一种目的，在司法实践中往往争论较大。

我们应注意到《合同法》中明确规定了采取欺诈手段签订的合同是无效合同。这就是说在经济活动中存在合同欺诈行为，只是这种行为是无效的。但并不一定构成合同诈骗罪。对于行为人目的为多揽业务，夸大自己履行能力的事实而签订合同以便获取高额利润，事后又积极履行合同，即使违约仍设法承担违约责任，这样的行为不能认定具有非法占有目的，而是经济合同纠纷。如李某在旧货市场购得一台客车，通过大修后又购了一套手续，共花 2.5 万元，但李某对外声称是抵账来的，手续合法。唐某信以为真便以 4 万元的价格与李某签订购车合同。李某的根本目的是追求高额利润。我们认为不宜定为合同诈骗罪。

在司法实践中我们还常常遇到这样的问题：

一是合同条款中设"陷阱"。如李某与公司签订 50 万元的花炮购销合同并约定，付款 40%，余款在元宵节前付清。结果李某在收了 5 万元定金后拒不发货。公司遂告李某诈骗。经查李某认为提货时付款 40%，而公司认为货到付款 40%，对这种情况，如果没有足够的证据推翻书面合同则应以书面合同为准，对合同内容理解的争议则是合同纠纷，不具备非法占有目的。

二是相互骗取财物。例如李某吹嘘自己有花炮销路，王某吹嘘自己可以组织货源，结果李、王一拍即合签订 40 万元购销合同。结果王某骗了李某的 2 万元定金拒不发货履行合同。结果查明双方都有非法占有对方财物的目的，只是王某先发制人，骗了李某的钱。这种情况王某与李某都具有非法占有目的，都构成合同诈骗罪，李某系未遂可从轻处理，2 万元钱应作为赃款予以没收。

其三，行为人无履行合同的实际行动，不能履行合同时是否采取积极的补救措施。

一般来说，依合同发生正常交易没有非法占有目的的人，在合同签订后，必然会积极履行合同，即使由于客观原因不能完全履行或履行不能时也会主动与对方协商解决，即使不能履行，也会承担违约责任。具有非法占有目的的行为人在合同签订后，根本不想采取行动履行合同义务，即使有履行合同的行为，也只是象征性的。一旦占有对方财物或逃之夭夭，或挥霍，或挪作他用，根本无偿还诚意，或者在签订合同时就抱着一种放任的心理，先占有对方的财物，能履行就履行，不能履行也不积极采取措施，更不愿承担责任。此种情况亦应认定为合同诈骗。

其四，行为人占有对方当事人的财物后处置情况。

有诚意履行合同的行为人占有对方的财物后一般都会积极妥善处理，俗话说，善财难舍。一般说来，正常情况下行为人一旦按合同取得标的物或预付款、定金后，都会把它们投入正常的生产经营活动，从而为在合同期内履行自己的义务作努力。如果行为人在取得对方当事人的资金或财物后，根本不用于履约，或者在取得对方财物后用于挥霍，今朝有酒今朝醉，吃、喝、玩、乐，或用于还债、潜逃，或从事其他非法活动，即说明其主观上具有"非法占有的目的"。另外一种情形是行为人谎称财物遗失、被盗。此时，对于行为人的供述不能轻信，必须查证属实，同时也可要求行为人提供依据或线索，经查证如行为人所得财物确实遗失或被盗等意志以外的原因所造成的，则不能认定是非法占有目的。

问题六：在刑法分则第三章中很多罪名"数额巨大""数额特别巨大""情节严重""情节特别严重""造成重大损失""造成严重后果"诸如此类的要求，但是刑法和有关司法解释没有具体规定上述要求的标准，那么在实践中应如何处理这种情况？在生产伪劣产品、非法经营、侵犯知识产权等罪名中，均涉及一个数量或者数额计算问题，在办案实践中是一个难点问题，那么如何正确计算数量或者数额？对于处在不同阶段，如库存、运输中，销售中、已售出的产品或者商品，在计算数量或者数额时应注意哪些问题？

对于这个问题我认为大体上可从以下几个方面来把握：

（一）关于数额、情节等标准掌握问题

1. 刑法典、司法解释以及最高人民法院的有关座谈会纪要已经有了明确规定的，严格遵照规定执行。

2. 刑法典、司法解释以及最高人民法院座谈会纪要没有具体规定的情况，我认为可以参照相关司法解释或者有关座谈会纪要的精神所阐释的标准来进行处理。比如刑法典第187条规定了"吸收客户资金不入账罪"，但是没有规定"数额巨大""数额特别巨大"等具体标准，司法解释与最高人民法院的座谈会纪要也没有说明如何掌握本罪的"数额巨大""数额特别巨大"的标准。考虑到"吸收客户资金不入账罪"本质上侵害了金融管理秩序和客户的财产利益，与刑法第194条规定的票据诈骗罪具有某些类似之处。那么司法实践中就可以参考《全国法院审理金融犯罪案件座谈会纪要》（2001年1月21日）对票据诈骗罪的数额认定的规定来掌握，即：个人进行票据诈骗数额在5万元以上的，属于"数额巨大"；个人进行票据诈骗数额在10万元以上的，属于"数额特别巨大"。单位进行票据诈骗数额在30万元以上的，属于"数额巨大"；单位进行票据诈骗数额在100万元以上的，属于"数额特别巨大"。因此，在认定"吸收客户资金不入账罪"中"数额巨大""数额特别巨大"时，可以参考前述票据诈骗罪中相关数额标准来掌握。

3. 关于"情节严重""情节特别严重""造成重大损失""造成严重后果"等问题，可以按照上述数额标准认定的办法来解决，即参考现行刑法典、司法解释、最高人民法院座谈会纪要已有相关犯罪的"情节严重""情节特别严重""造成重大损失""造成严重后果"等的认定标准来解决。

4. 由于我国经济发展水平很不平衡，在没有全国性统一认定标准时，建议省、市、自治区高级人民法院制定本地关于数额与情节的认定标准。这也是我国刑事司法实践中惯常使用的一种行之有效的办法。

（二）关于数额计算的问题

总体上讲，关于数额计算问题的原则是：已经有相关司法解释或者座谈会纪要规定的，按照司法解释或者纪要来处理。对没有规定和解释的，也可以参照相关的司法解释和座谈会纪要的精神来作出归纳，从而总结出一些实践中可以参照执行的标准。大体上是这样的：

1. 已销售产品的数额计算问题。生产伪劣产品、非法经营、侵犯知识产权等犯罪中，一般在认定犯罪或者决定处罚轻重的时候都要考虑到销售金额大小的问题，就是说处罚轻重与销售金额有直接关系。根据"两高"《关于办理生产、销售伪劣产品刑事案件具体应用法律若干问题的解释》，这里所谓的销售金额是指生产者销售伪劣产品后所得和应得的全部违法收入，这里既包括通过销售伪劣产品已经获得的全部违法收入，也包括那些应得的但事实上还没有获取的违法收人，就是已经卖出去的和将要卖出去的两部分价值的总和。

2. 库存、运输中伪劣产品数额的计算问题。库存、运输伪劣产品属于尚未销售的产品，其价值的计算涉及不同的计价标准问题。根据"两高"司法解释的规定，伪劣产品未销售货值金额达到刑法第 140 条规定的销售金额 3 倍以上的，以销售生产伪劣产品罪的未遂定罪处罚。那么，库存、运输中的伪劣产品由于不像已销售产品那样有一定数额货币的实际体现，所以它仍然属于未销售的伪劣产品，对此应当按照货值金额的标准来进行计价。这里所说的货值金额的计算要分两种情况：第一，销售产品中有明码标价的直接按照标价来核实；第二，销售中的产品没有明码标价的，应当按照同类合格产品的市场中间价格来进行计算。至于货值金额难以确定的，应当按照国家计委、最高人民法院、最高人民检察院、公安部 1997 年 4 月 20 日联合发布的《扣押、追缴、没收物品估价管理办法》的规定，委托指定的估价机构来进行核价。

3. 销售中伪劣产品的数额计算

在实践中关于这方面的计算大体上可以从以下几个方面考虑：

（1）已销售的伪劣产品的销售金额已经达到起刑点，而尚未销售的伪劣产品货值金额没有达到起刑点的，这时如何计算？已经卖出去的按照卖出去的实际金额直接计算就可以了，问题是尚未卖出去的怎么办呢？我认为，按照已经销售出去伪劣产品的金额可以将行为人定罪的，将尚未销售的伪劣产品的货值金额作为一个量刑情节加以考虑即可。因为，前述"两高"的司法解释虽然规定对没有卖出去的那部分伪劣产品可以计价，但是明确规定以未遂处理。如果行为人已经销售的伪劣产品货值金额已经达到既遂，其尚未销售的伪劣产品就没有必要作未遂来独立认定了。

（2）尚未销售的伪劣产品已经达到了起刑点，而已经销售出去还没有达到起刑点时，如何处理？我们认为这种情况下按照尚未销售的伪劣产品的货值金额来定罪处罚即可，而把已经销售出去而尚未达到起刑点的这个金额作为量刑的情节给予考虑进去。这与前一问题的处理原则相同。

（3）已经销售出去的产品金额和尚未销售出去的伪劣产品的货值金额都没有达到起刑点，这时怎么办？对此，理论界有两个解决思路：一是认为可以不按犯罪处理，按照有关工商行政管理法律、法规，该罚的罚、该没收的没收就行了，没有必须按照犯罪来处理；二是认为，可以将已经销售出去的伪劣产品的金额和尚未销售的伪劣产品的货值金额进行折算后相加，其数额符合既遂标准的，按既遂处理，符合未遂标准的按未遂处理，持这种观点的学者认为可以按照3∶1来进行折算，其根据是"两高"的相关司法解释第2条规定，伪劣产品尚未销售的货值金额达到刑法第140条规定的3倍以上的以未遂来定罪处罚。但是我赞同第一种观点。

43. 关于两类透支型信用卡诈骗案的评析

（本文为回答某人民检察院的有关案例提出的书面意见。两类透支型信用卡诈骗案件是指：（一）由于经营失败，致使无法返还信用卡透支钱款的行为，如何认定行为人主观故意？（二）银行已向法院就借贷纠纷提出民事诉讼，并经法院依法做出民事判决，执法人员在强制执行中，银行是否可以同一事实申请刑事立案？具体案例略。）

就透支型信用卡诈骗案而言，要认定行为人的行为构成信用卡诈骗罪，必须是行为人客观上实施了信用卡透支行为，主观上具有"恶意"，即"非法占有目的"。具体言之，其客观行为须是信用卡透支额达到或超过了法定构罪标准，且经过发卡银行两次催收后超过3个月不归还；主观上的"恶意"或者"非法占有目的"，应当按照"两高"2009年12月3日《关于办理妨害信用卡管理刑事案件具体应用法律若干问题的解释》第6条第2款规定的6项（主要是第1项至第5项）规定的具体客观表现来认定。现根据西城区人民检察院汇总的透支型信用卡诈骗案，分别提出自己的一己之见。

一、由于经营失败，致使无法返还信用卡透支钱款的行为如何认定

西城区检察院汇总的第一类信用卡诈骗案件，其共同特点就是行为人按照正常程序申领信用卡，将利用信用卡取现的钱款用于经营，后来因为经营不善或者其他特殊原因，导致超期后无法归还银行钱款。且除叶某某外，后来都如数归还了银行款项。对于此类案件，我认为一般不宜作为信用卡诈骗罪论处。理由就是它们不符合刑法第196条规定的透支型信用卡诈骗罪的构成要件。具体来讲，就是行为人不具有"恶意"或"非法占有目的"。这些案例事实表明，行为人合法取得信用卡后，将利用信用卡提取的现金用于正常经营或其他正常开支，虽然行为人将"消费信贷"的款项用于经营，有违有关金融法律、法规的规定，但事实上发卡银行并不干涉持卡人如何利用信用卡消费，即发卡行一般都允许或默认当事人将利用信用卡透支的款项用于经营活动。发卡行所关心的乃是持卡人是否正常如期归还透支银行的款项。由于刑法和相关司法解释为透支型信用卡诈骗罪设定了定罪标准，只有完全符合法定构罪标准的行为，才能作为信用卡诈骗罪论处。就这一类案件而言，要认定行为人构成透支型信用卡诈骗罪，必须证明行为人主观上具有"恶意"或"非法占有目的"，即行为人必须具有下列行为之一：（1）明知没有还款能力而大量透支，无法归还；（2）肆意挥霍透支的资金，无法归还；（3）透支后逃匿、改变联系方式，逃避银行催收；（4）抽逃、转移资金，隐匿财产，逃避还款；（5）使用透支的资金进行违法犯罪活动；（6）其他非法占有资金，拒不归还。① 显然，西城区检察院汇总的第一类案件的行为人，均没有实施前列6种行为之一。虽然叶某某尚有23万余元没有归还，但他是因为个人与家庭遇到客观事由而造成的，其没有如期归还银行钱款，存在合理理由，而并非"拒不归还"——所谓"拒不归还"，应当是指没有合理理由拒绝偿还银行款项。因此，对于第一类案件，应当作为民事案件处理，不宜按照透支型信用卡诈骗罪论处。

二、银行已向法院就借贷纠纷提起民事诉讼，并经法院依法作出民事判决，持卡人欠款正在强制执行过程中，银行可否以同一事由申请刑事立案

对于这一类案件，无论是理论上还是实践中，均有不同意见。肯定者认为，同一事实经过民事诉讼程序结案的，仍然可以提起刑事诉讼。② 否定者自然认为不可以。我认为，对此一般不宜再作为刑事案件处理，即发卡银行虽然有报案的权利，但公安机关或司法机关不宜将此类案件再作为刑事案件处理，除非涉及公共利益。理由如下：

首先，应当尊重当事人的意思自治。由于权利人有权自由处分自己的财产利益，进而应当允许发卡行（权利人）在明知持卡人透支，且没有发生实质性错

---

① 这里第（6）项规定是一个兜底性条款，应当严格限制解释，即只有当与前5项规定性质相同且不在前5项规定之内的信用卡透支行为，才可认定为"其他非法占有资金，拒不归还"。

② 参见皇甫长城、徐灵菱、张炜：《对经民事诉讼结案的案件能否继续进行刑事诉讼》，载《检察日报》，2011－03－29。

误认识的情况下，自主选择实现自己权利保护的法律途径——以民事诉讼途径或者以刑事追诉途径实现自己的权利保护。这可以认为是刑法理论上同意原则或承诺原则的另一种表现形式。同意原则的基本含义乃是：当事人有权在法律许可的范围内放弃（处分）自己的某种权利，国家公共权力不应对此加以干预。就此类案件而言，发卡行有权选择报案且通过刑事追诉来保护自己的权利，但是它放弃了刑事追诉而选择了民事诉讼途径时，国家应当尊重当事人的自主选择。既然当事人在完全自主的情况下首先放弃了寻求刑事救济的途径，就不能反悔而再度要求国家对同一事实进行刑事追诉。

其次，根据我国现有法律制度和司法解释可以得出同样结论。英美法系国家采取了民事与刑事诉讼分离的法律制度，即刑事案件中被告人如果其犯罪行为给被害人造成了经济损失，被害人不仅可以而且应当分别以刑事追诉和民事诉讼请求来实现自己的权利保护。但我国刑事诉讼法规定了刑事附带民事的制度，即刑事诉讼法第 99 条规定的——被害人由于被告人的犯罪行为遭受物质损失的，在刑事诉讼过程中，有权提起附带民事诉讼。这就意味着，如果发卡银行认为持卡人的透支行为构成犯罪，完全可以通过刑事附带民事诉讼的途径来实现自己的权利保护。发卡银行没有首先选择这一途径，应当视为其自愿放弃刑事追诉权利。而从法律经济的原则来看，不应当允许发卡银行无端浪费国家司法资源。如果发卡银行通过民事诉讼向持卡人追讨透支款，民事判决生效后持卡人有能力还款而仍然拒不还款，则可以对持卡人以拒不执行判决裁定罪另行追诉。

再次，我国相关司法解释明确规定了在审理经济纠纷过程中，如果发现存在犯罪问题，应当移交公安机关或者检察机关处理。早在 1985 年 8 月 19 日，最高人民法院、最高人民检察院、公安部《关于及时查处在经济纠纷案件中发现的经济犯罪的通知》指出，为了保证及时、合法、准确地打击这些犯罪活动，各级人民法院在审理经济纠纷案件中，如发现有经济犯罪，应将经济犯罪的有关材料分别移送给有管辖权的公安机关或检察机关侦查起诉，公安机关或检察机关均应及时予以受理。此后在 1987 年 3 月 11 日，最高人民法院、最高人民检察院、公安部《关于在审理经济纠纷案件中发现经济犯罪必须及时移送的通知》再次强调，为了及时有力地打击经济犯罪，人民法院审理经济纠纷中发现的经济犯罪问题，法院必须及时移送，公安、检察机关也必须及时受理，不得互相推诿、扯皮。据此，如果说发卡银行对持卡人的透支行为是否构成犯罪还可能发生认识错误，但是人民法院的司法工作人员则应当对某一行为是否构成犯罪有基本正确认识。因此可以推定，如果在审理持卡人透支的民事案件过程中，法官没有将某一案件作为可能存在犯罪事实而移交公安机关或者检察机关处理的，应当理解为国家不认为有犯罪事实存在——法官正是代表国家进行司法，故国家不得以同一事实再行提起刑事诉讼。

最后应当指出，如果涉及公共利益，虽经民事诉讼处理，仍然可以按照刑事案件进行追诉。公安部 2005 年颁布的《公安机关办理经济犯罪案件的若干规定》第 12 条明确规定，对于与已作出生效判决、裁定的民事案件系同一法律事实的案件，如果检察机关要求立案的，公安机关应当立案侦查。虽然公安部的这一规定并非司法解释，但是由于公安部是我国刑事案件最高的侦缉部门，故其规定具有极其重要的指导意义。对于前述规定，完全可以从逻辑上理解为——对于与已作出生效判决、裁定的民事案件系同一法律事实的案件，一般不宜进行刑事立案侦查，但是检察机关要求立案的除外。由此来看，"检察机关要求立案的"就成了一个关键问题。在我看来，检察机关也不能随意要求公安机关就某一个"已作出生效判决、裁定的民事案件系同一法律事实的案件"以刑事案件立案，而只能对那些涉及公共利益的"已作出生效判决、裁定的民事案件系同一法律事实的案件"要求公安机关再进行刑事立案。至于哪些利益属于公共利益，则需要另行论述了。

44. 关于王某某等行为的定性分析

（本文是 2013 年 8 月 16 日在某人民法院参加案例讨论会提交的书面发言稿。具体案例略。）

一、王某某等人第一部分行为不能认定为贪污犯罪，而是民事侵权行为

关于本案第一部分事实，即王某某采用虚假手段将软件著作权登记在自己名下的行为，不构成犯罪，属于民事侵权行为。刑法 217 条规定的侵犯著作权罪的客观要件不包含侵犯署名权的行为；另外，《计算机软件保护条例》第 23 条规定，将他人软件作为自己软件登记的，承担民事责任。（第 23 条规定："除《中

华人民共和国著作权法》或者本条例另有规定外，有下列侵权行为的，应当根据情况，承担停止侵害、消除影响、赔礼道歉、赔偿损失等民事责任：（一）未经软件著作权人许可，发表或者登记其软件的；（二）将他人软件作为自己的软件发表或者登记的；（三）未经合作者许可，将与他人合作开发的软件作为自己单独完成的软件发表或者登记的；（四）在他人软件上署名或者更改他人软件上的署名的；（五）未经软件著作权人许可，修改、翻译其软件的；（六）其他侵犯软件著作权的行为。"）

根据《著作权法》第 11 条规定：著作权属于作者，本法另有规定的除外。创作作品的公民是作者。由法人或者其他组织主持，代表法人或者其他组织意志创作，并由法人或者其他组织承担责任的作品，法人或者其他组织视为作者。如无相反证明，在作品上署名的公民、法人或者其他组织为作者。据此，该软件（脉点系列实战管理软件 V4.0，以下简称"V4.0 软件"）系由 XC 公司研发并享有著作权。王某某只是该公司研发该软件的负责人，并非软件研发人，因此该软件并不属于王某某的职务作品。另外，我国著作权登记采自愿原则，著作权登记并非强制性制度。著作权自作品完成之日便由作者享有，并不受登记与否之影响。因此，王某某的非法登记无论是事实上还是法律上都不能够排他性地占有该著作权。

而且事实上，王某某等人虽然非法将 V4.0 软件登记到了自己名下，但是并没有影响真正权利人 XC 公司的权利行使——"XC 公司一直在无障碍地使用并享受其相关权益，到 2006 年 2 月，XC 公司销售该款软件得款 102 万元……"值得注意的乃是——知识产权分为人身权与财产权。人身权，是指法律赋予民事主体与其人身紧密联系而无直接财产内容的民事权利。如知识产权中的署名权、发表权、修改权等即是。其特点是不具有直接财产性内容，且具有不可买卖、继承等特点。财产权乃是权利主体所享有的具有经济利益的权利。知识产权中的财产权有复制权、发行权、出租权等。其特点乃是权利人可以通过买卖、转让等方式获取财产性利益。（关于知识产权的人身权与财产权属性，可参考《著作权法》第 9 条关于著作权包括人身权和财产权的规定。）就本案第一部分事实来看，王某某非法将 V4.0 软件登记为自己是权利人的行为，侵犯的是知识产权中的人身权，由于人身权并无财产属性，因此将王某某等人第一部分行为认定为贪污罪是不妥当的，而认为其贪污款项为 V4.0 软件当时的市场价值 165.423 万元更是不正确的。

二、王某某等人的第二部分行为应当认定为贪污

关于王某某等人的第二部分行为，从现有材料来看，王某某等五人应当均为国家出资公司中的国家工作人员，只是事发之时，王某某是 S 省煤炭运销总公司 J 城分公司党委书记（以下简称"J 城公司"），张某某、杨某、李某某、贾某某仍为 XC 公司的国家工作人员。

本案的基本事实可以归结为：王某某等五人通谋之后，由 XC 公司负责人张某某、杨某、李某某以 XC 公司名义与 Y 城公司洽谈出售 V4.0 软件，并谈好了价格。为了非法占有本来应当归 XC 公司所有的款项，王某某等人决定请 XT 公司代为与 Y 城公司签订 V4.0 软件销售合同。杨某、李某某等人则将 XC 公司贾某某保管的 V4.0 软件拷贝后给 Y 城公司进行了安装。Y 城公司则将货款 58 万元分期打入 XT 公司账户。后来王某某等人对该款项进行了提现分赃。这里有以下事实值得特别注意：

1. 事发之时，V4.0 软件仍然在 XC 公司的有效掌控之下，并由其员工贾某某负责保管。

2. 张某某是 XC 公司主持工作的副总经理，杨某为总经理助理，李某某为营销部经理，他们代表 XC 公司与 Y 城公司洽谈出售 V4.0 软件的行为，应当视为其公司的行为。故向 Y 城公司销售 V4.0 软件所得款项应当归 XC 公司所有。

3. XT 公司与 Y 城公司所签脉点产品销售合同，实际上是王某某、张某某等人为了非法侵吞本该 XC 公司所有的那笔款项而采取的偷梁换柱的犯罪手段。换言之，让 XT 公司与 Y 城公司签脉点产品买卖合同，只是为了掩人耳目，故改变不了本案性质。

4. 王某某事发时已经不是 XC 公司工作人员，但非本公司工作人员完全可以和本公司人员实施共同的贪污犯罪。

综上，本案第二部分行为以贪污罪的共同犯罪论处是有充分道理的。

关于本案的犯罪数额，我认为应当实事求是地加以确认。具体来说，应当以合同约定的 58 万元为基础，以 Y 城公司实际支付的款项数额为准。各共同犯罪人应当对共同犯罪的整体数额负责。各个行为人具体分配的数额，可以结合考虑

他们在共同犯罪中所起作用大小，作为量刑因素对待。

三、本案不宜认定为侵犯著作权罪

其基本理由就是本案第二部分行为不符合刑法第 217 条侵犯著作权罪的构成要件。将被告人杨某、李某某等人拷贝 XC 公司 V4.0 软件后再给 Y 城公司进行安装理解为刑法第 217 条第 1 项规定的"复制发行"是错误的。因为该软件本来就是 XC 公司所有，且在 XC 公司的掌控之下，XC 公司的杨某、李某某等人在该公司主持工作的犯罪人张某某授意下拷贝复制并给 Y 城公司安装，这完全是 XC 公司内部的工作安排，其与刑法第 217 条第 1 款规定的"复制发行"（当是指"侵权复制发行"）完全不是一个概念！

45. 关于孟某、何某某盗窃案的意见

（2014 年 11 月 22 日回复某人民法院研究室的函）

某人民法院研究室：

收到您们寄来的案例材料。我倾向于赞同"孟某、何某某盗窃案"的处理意见和立场。这里就有关问题，提出我的个人看法，供参考：

首先，一切具有金钱价值的物质都具有财产属性，一切具有物质属性的财产都能成为盗窃罪的对象。一般来说，有价值的非物质的精神现象不具有物质属性，因而不能成为盗窃罪的对象。一般认为，盗窃罪的对象只能是现实生活中可移动的有价值的财物，如汽车、钞票等，而不动产——如土地、房屋等不能成为盗窃罪的对象。Q 币等属于计算机网络中具有金钱价值的财产，虽然它不同于现实生活中的钱币、实物等，不具有货币、实物的形体特性，但仍然以特定的电子形态显示了其物理或物质特性，虽然它被称之为"虚拟财产"，但其财产属性却具有真实性——即它具有现实的真实价值，并被网络领域普遍承认。也正因为如此，才会有人去盗窃 Q 币！

其次，关于 Q 币等虚拟财产的价值认定，由于目前国家尚没有法律、法规或政策规定，我认为可以按照网络市场认可的价值计算。理由在于，在网络社会领域，如果参与市场活动的人士均接受某个价格，这就说明该价格是合理的，这也符合市场经济高度意思自治的本质特征。如果盗窃某种网络财物（如 Q 币）使

他人遭受的实际损失正好以该网络财物价值体现出来，那么以该网络财物的实际价值作为计算根据就具有合理性，这同样符合市场经济原则。

再次，不宜按照非法获取计算机信息系统数据罪论处。所谓数据，乃是计算机中对事实、概念或指令进行描述的一种特殊格式。事实上，一切通过计算机存储、交换、运行处理的信息都是以数据的形式而存在的。因此，盗窃计算机信息系统中Q币的行为，也可能是非法获取计算机信息系统数据的行为。但是，由于不同的数据具有不同的法律意义，因此获取计算机信息系统数据的特性不同，就可能构成不同犯罪。例如，非法获取的计算机信息系统数据属于国家秘密的，就可能构成非法获取国家秘密罪；非法获取的计算机信息系统数据属于"财产"性质的，则可能构成侵犯财产的犯罪。其实，对此种情况也可以按照竞合理论来处理，即一个行为触犯数个罪名的，从一重处断。由于Q币具有十足的财产性质，且行为人盗窃Q币就是为了非法占有他人财物，故按照盗窃罪论处是正确的。

以上意见，仅供参考。

46. 醉酒驾车致人死伤案的定性——以黎某某案为例

（本文为2009年7月为参加某人民法院案例研讨会准备的书面发言稿。）

案情： 2006年9月16日上午，被告人黎某某驾驶粤A1J374面包车外出送货后与朋友梁某某等人到广东省佛山市南海区盐步东秀碧华村"锦带河"酒楼喝早茶，几人喝了一瓶"白兰地"后，黎某某驾车到朋友黄某某的虾场继续喝啤酒。中午时分，黎某某驾车到"锦带河"酒楼吃饭，又与同村朋友喝了两瓶"白兰地"。从酒楼出来时，黎某某驾车行驶约100米即与梁某某的摩托车发生了碰撞，将梁某某及摩托车撞倒在地。黎某某下车查看，梁某某安慰其说没有事并叫黎去虾场坐一下。15时许，黎某某驾车到了虾场，将车停好进去后继续喝酒，期间黎某某与人发生争执，被黄某某等人劝开。18时50分许，黎某某怒气冲冲驾车离开虾场。当黎由南向北行驶至碧华村新路治安亭附近路段时，从后面将骑自行车的李某某及其搭乘的儿子陈某某撞倒。接着，黎某某继续开车向前行驶，在撞烂治安亭前的铁闸及旁边的柱子后，调转车头由北向南向穗盐路方向快速行

157

驶，车轮被卡在路边花地上。此时黎某某驾驶室的车窗是打开的，梁某某等上前劝阻黎不要搞那么多事，村民陈某某上前用砖头顶住车前轮想让黎下车，但黎车门锁住无法拉开。此情况下，黎某某加大油门驾车冲出花地向李某某及正在救助伤者的群众撞碾过去，面包车碾过已倒在地上的李某某，接着又撞倒梁某某。黎某某驾车驶向路面外池塘，在池塘边再次被卡住，后黎某某下车朝停在路边的警车冲去，被治安队员及民警抓获。被害人李某某、梁某某经送医院抢救，均因受巨大钝性暴力撞击致多脏器损伤、急性失血性休克而死亡。陈某某的损伤构成轻伤。

刑事化验检验报告书证实，送检的黎某某血液中检出乙醇成分，含量为369.9 毫克/100 毫升。

法医精神病司法鉴定报告书证实，鉴定检查过程中黎某某未查获幻觉、妄想等精神病性症状，不属病理性醉酒的范畴，黎某某案发时为急性醉酒状态。

分析意见

在我看来，本案可以认定为"（间接故意）伤害（致人死亡）罪"。分析如下：

一、对于醉酒后违法犯罪，应当按照"原因自由行为"理论处理

所谓原因自由行为，又称"原因上的自由行为"或"作为原因的自由行为"，是指在符合构成要件的危害结果发生时行为人没有责任能力（或行为人无认识与控制能力），而在实施成为该危害结果之原因行为时行为人存在责任能力（或行为人具有认识与控制能力）的情况。[①] 如行为人放纵狂饮致醉后杀人或者服用毒品后精神恍惚情况下纵火焚毁他人房屋等，此即典型原因自由行为案例。对于此类案例如何定性，德日刑法学理论与刑事司法实践上存在不同见解。主流学说认为，此种情况下仍然应当对行为人按照故意犯罪来处理，即认为：行为人在实施原因自由行为之初具有认识与控制能力，他本来认识到饮酒致醉或服用毒品会使人减弱或者失去认识与控制能力，进而会实施危害社会的行为，但是他放任其原因自由行为，最终导致危害社会结果发生，故行为人在实施原因自由行为之时已经存在责任因素，故行为人应当对其行为造成的后果完全承担故意犯罪责

---

① 参见 ［日］村龟二主编，顾肖荣、郑树周译校：《刑法学词典》，231 页，上海，上海翻译出版公司，1991。

任，不能减轻或免除其罪责。另有学者认为：对此应当具体情况具体分析——如果行为人实施原因自由行为之前已经具有犯罪意图，只是利用原因自由行为促使自己进一步实施犯罪行为的，应当按照故意犯罪论处；例如，在已经有了杀人意图后喝酒壮胆，进而实施杀人行为，应当按照故意杀人犯罪论处。如果行为人事前并无犯罪意图，只是在因为原因自由行为而完全丧失认识与控制能力的情况下实施了危害社会行为时，则至少应当排除行为人的犯罪故意，甚至可以排除行为人的责任。德国的有关判例即持此一见解，但遭到德国刑法学界的尖锐批评。①

在司法实践中，涉案人员往往否定事前已有犯罪意图，致使司法审判中很难查清或证明行为人事前已有犯罪意图。我认为，由于在我国酒后（甚至醉酒后）驾驶机动车辆的行为极其普遍，并造成众多人员伤亡或大量财产损失，从刑事政策角度来看，十分有必要将行为人在原因自由行为情况下实施危害社会的行为之责任起点前置——即有必要要求行为人从饮酒开始之时就应当履行自己的谨慎注意义务，避免自己实施法律所禁止的行为。任何一个具有责任能力的理智健全之人，都会知道饮酒会降低人的认识与控制能力，若过量饮酒，则会使人丧失认识与控制能力，但是行为人仍然酒后驾车，甚至饮酒致醉后驾车，完全置他人生命与财产安全于不顾，此种放任危害结果发生的行为如果不严加惩治，则社会大众生命与财产安全将会毫无保障！

二、醉酒后驾车致人死伤的，可以按照间接故意杀人或伤害罪论处

我国刑法第 18 条末句规定：醉酒的人犯罪，应当负刑事责任。但是，醉酒的人犯罪是应当负故意责任还是过失责任？我国刑法规定并不清楚。但是在我国刑事司法实践中，关于对酒后（包括醉酒后）实施的犯罪基本上均按照故意犯罪论处。这一做法可以认为是吸收了"原因自由行为"理论中的主流观点。

这就给我们这样的启示：既然酒后实施其他犯罪按照故意犯罪处理，那么，酒后（包括醉酒后）驾车严重侵犯他人生命、健康安全的，就完全可以根据具体案件事实按照间接故意类型的杀人罪或伤害罪论处。也许有人会反驳道：前述两案行为人酒后实施的"寻衅滋事""强奸"本身即构成犯罪，而酒后的"驾车"行为本身并不成立犯罪，因而，它们之间不具有可比性。但是，正如本文上节已经论证的那样：有必要将行为人在原因自由行为情况下实施危害社会的行为

---

① 参见张丽卿：《交通刑法》，84～86 页，台北，学林文化有限公司，2002。

之责任起点前置——即有必要要求行为人从饮酒开始之时就应当履行自己的谨慎注意义务，避免自己实施法律所禁止的行为。如果此一推论正确，那么，虽然单纯的酒后驾车，甚至醉酒后驾车，在现有法律框架下并不成立独立犯罪，但是，行为人在饮酒之初就有义务预见到酒后（特别是醉酒后）会减弱乃至丧失认识与控制能力，从而会引发危害社会的严重后果，而行为人无视此一基本事实，放任结果的发生，最终造成他人死伤的严重后果，这完全符合间接故意的杀人罪或伤害罪构成要件。

应当注意的是：我国刑法学传统理论一般认为，杀人罪或伤害罪的行为对象应当是特定的人，正是这一特点，把造成不特定多数人死伤的危害公共安全类犯罪与杀人罪或伤害罪区别开来。因此，会有人认为：酒后驾车造成他人死伤的情况，其行为对象正是不特定多数人，故不能按照杀人罪或伤害罪定罪处罚。对于此一观点，我不敢苟同。第一，刑法第 232 条与第 234 条规定的杀人罪和伤害罪之构成要件，其核心是"故意杀人"与"故意伤害他人身体"，即行为人没有合法（正当）理由而非法剥夺他人生命权和健康权，并不要求被害人是特定的。无论是作为评价规范还是裁判规范，杀人罪与伤害罪的法条本质是"禁止非法杀人或伤人"。可见，杀害或伤害不特定的被害人，本质上仍然属于杀人罪或伤害罪。第二，杀人罪、伤害罪与某些故意实施的危害公共安全罪（如以爆炸方法实施的杀人罪与爆炸罪等）本来就存在竞合，因此，是否被害人为不特定多数人并非两者本质区别。第三，杀害或伤害不特定被害人，也是杀人罪或伤害罪的客观构成要件。对此，我将借助两大法系有关国家刑法关于杀人罪的规定加以说明。《德国刑法典》对故意杀人的犯罪分别规定为"谋杀罪"和"故意杀人罪"。其第 211 条（谋杀罪）规定：（1）谋杀者，处终生自由刑。（2）谋杀者，是指出于谋杀兴趣，为满足性欲，出于贪婪或者出于其他卑劣动机，恶意地或者残忍地或者用危害公众的方法或者为了能够实施或者掩盖另一犯罪，而杀人者。其第212 条（故意杀人罪）规定：行为人不是谋杀者而杀人的，作为故意杀人者处不低于 5 年的自由刑。此外，其第 222 条专门规定了"过失杀人罪"[①]。英美刑法上也将杀人罪分为有预谋的"谋杀（murder）"、没有预谋的"杀人（manslaughter）"

---

① 冯军译：《德国刑法典》，第 16 章，北京，中国政法大学出版社，2000。

以及"误杀（negligent homicide）"①。德国刑法上的谋杀、英美刑法上的谋杀与中国刑法中的直接故意杀人含义相同，它们均指蓄谋杀害他人；英美刑法中的没有预谋的"杀人（manslaughter）"包括"轻率（recklessly）"杀人，其与中国刑法学所说的间接故意杀人大体相同，也包括了德国刑法上的非谋杀情况下的间接故意杀人。英美刑法学上没有预谋的"杀人（manslaughter）"，其行为对象正是事先并没预谋确定的特定被害人，而恰恰是行为时所遇上的对象。由上分析可知，虽然我国刑法学关于杀人罪的分类与德国或英美刑法学不尽相同，但是我国刑法上间接故意杀人的行为对象也可以是杀人行为发生时所遇上的对象。

三、现有法律框架下，黎某某案是否只能按照刑法第133条规定处理

有观点认为：此一问题的答案应当是肯定的。其理由在于：最高人民法院2000年11月10日《关于审理交通肇事刑事案件具体应用法律若干问题的解释》第2条第2款及其第1项明确规定：酒后、吸食毒品后驾驶机动车辆并造成1人重伤以上且负事故全部或主要责任的，以交通肇事罪定罪处罚。应当承认，刑法第133条规定与前述司法解释确实存在一些问题，亟须尽快通过新的刑法立法和司法解释将其修正完善。但是，在新的刑法立法或者新的司法解释出台之前，司法机关仍然应当按照该解释处理交通肇事案件。现在的问题是：如何正确理解前引司法解释所说的"酒后、吸食毒品后驾驶机动车辆"。我认为，对该司法解释所说的"酒后、吸食毒品后驾驶机动车辆"，应当理解为行为人酒后、吸食毒品后没有犯罪的直接故意或间接故意而驾驶机动车辆，具体而言，这里的"酒后、吸食毒品后驾驶机动车辆"，是指行为人虽然有饮酒或吸食毒品行为，但是仍然有理由相信其能够正常驾驶机动车，只是由于自己疏忽大意没有预见，或者虽然预见可能发生危害社会后果却轻信能够避免而最终造成交通事故的情形。例如，行为人平日正常酒量为500cc，某次仅饮酒50cc，他自信能够正常驾驶机动车，从而开车上路，结果终因处置不当将横穿马路的某甲撞成重伤。如果行为人甲明知自己只有100cc酒量却豪饮500cc，后又驾驶机动车辆超速行驶并驶入人行道，结果将行人某乙撞死，则甲在严重饮酒过量情况下的驾驶机动车辆行为，就是在毫无理由相信其能够正常驾驶机动车的情况下所实施的冒险行为，因而属于"原

---

① Black's Law Dictionary, 6th Edition, West Publishing Co., 1990, p. 734.

因自由行为"考量的范围。

换言之，如果有证据证明行为人饮酒或吸食毒品后为了利用机动车犯罪而驾驶车辆，则理当按照所故意实施犯罪的具体罪名来认定。对此当不存在疑问。至于行为人酒后或吸食毒品后驾驶机动车且造成他人死伤，同时负事故全部责任或主要责任的，是属于交通肇事还是属于间接故意的杀人或伤害犯罪，关键在于考察行为人是否存在疏忽大意过失以及是否采取了避免被害人生命权或健康权受到侵犯的措施。具体要分以下情况来处理：（1）如果行为人饮酒或吸食毒品后驾驶机动车，行为人的认识与控制能力虽然减弱但没丧失，其本来应当预见违章驾驶机动车（如闯红灯）可能发生致他人死伤的后果，但行为人没有注意到行人正好穿过斑马线而将其撞死，行为人应当承担交通肇事罪责任。（2）如果行为人饮酒或吸食毒品后违章驾驶机动车（如超速行驶），行为人的认识与控制能力虽然减弱但没有丧失，且在交通肇事前采取了避免侵犯被害人生命权与健康权的具体措施（如紧急刹车、急打方向盘避免撞上被害人等），但由于种种原因没有避免死伤结果发生的，应当认定为交通肇事罪。（3）行为人饮酒或吸食毒品后违章驾驶机动车（如超速行驶、闯红灯等），行为人虽然没有丧失认识与控制能力，但在交通肇事前没有采取避免侵犯被害人生命权与健康权的具体措施（如紧急刹车、急打方向盘避免撞上被害人等），最终造成他人死伤的，应当认定为间接故意的杀人罪或伤害罪。（4）行为人饮酒致醉或吸食毒品而丧失认识与控制能力情况下仍然违章驾驶机动车，最终造成他人死伤的，应当按照"原因自由行为"理论认定为间接故意的杀人罪或伤害罪。

四、黎某某案不宜定"以其他危险方法危害公共安全罪"

根据刑法第 114 条的规定，"以其他危险方法危害公共安全罪"乃是危险犯，且为故意犯罪，过失不构成本罪。刑法第 115 条第 1 款为该罪的结果加重犯，第 2 款规定了该罪的过失危险犯。刑法学理论认为，结果加重犯乃以基本犯已经成立犯罪为前提。但是根据我国现有司法解释，单纯的酒后驾驶机动车而没有造成具体后果的，尚不构成犯罪[①]，更不构成刑法第 114 条规定的"以其他危险方法危害公共安全罪"。那么黎案是否成立"过失以其他危险方法危害公共安全罪"？在我看来，答案是否定的。因为正如我前面已经论证的那样——如果行为人饮酒

---

① 黎某某案发生时，我国刑法尚未规定"危险驾驶罪"。

致醉或吸食毒品而丧失认识与控制能力情况下仍然违章驾驶机动车，最终造成他人死伤的，应当按照"原因自由行为"理论认定为间接故意的杀人罪或伤害罪。此外，从刑法第115条第2款关于"过失以其他危险方法危害公共安全罪"的刑事责任与第133条交通肇事罪涉及"有其他特别恶劣情节"的刑事责任来看，两者量刑幅度完全相同——均是3年以上7年以下有期徒刑，故在此二者之间进行区别应定何罪已无实质意义。

五、结论

黎某某醉酒驾驶机动车辆，造成两人死亡，一人受轻伤的后果。由于被害人李某某、梁某某并非当场被李某驾车撞死，而是送医院抢救无效而死亡，故对黎某应当以（间接故意的）伤害（致人死亡）罪论处。

47. 关于于某某故意杀人案的证据分析

（2013年5月在某人民检察院参加疑难案件讨论提交的书面意见。具体案件事实略。）

本案原审判决认定于某某故意杀人事实不清、证据不足，其中一些认定案件关键事实的主要证据不确定、不充分，案件存在的矛盾和疑点无法得到合理排除，根据原审判决认定的案件事实和证据，无法得出合理、唯一及排他的结论。具体如下：

（一）有关于某某有罪供述与现场勘查结果及鉴定报告等证据之间的矛盾

1. 有关液化气瓶问题。于某某1996年12月18日有关液化气瓶阀门供述为"阀门开的比较小"，1996年12月2日现场勘查笔录记录为液化气瓶"呈关闭状"，一审法院判决对此认定为"打开状"，以便于液化气排放达到一定程度，烛火引燃液化气。

2. 有关性行为和精子问题。于某某四次供述与韩某发生性行为，但鉴定报告显示被害人体内精子并非于某某所有。

3. 有关火柴梗和捆绑用绳子问题。于某某供述其系用火柴点燃蜡烛，火柴梗丢于现场，其作案时用于捆绑被害人绳子在韩某脸色青紫时解开后，扔到窗外院子当中，此二者证明案件事实的重要证据现场勘查当中均未获取。

4. 有关电话线问题。于某某供述为拽断，现场勘查结果为割断。

5. 有关被害人韩某被杀后状态。于某某供述为拔掉其所穿黑色紧身裤，只剩一件裤头，勘查结果为韩某下身衣裤整齐。

以上供述与勘查结果之间矛盾重重，无法据此认定案件事实。

（二）有关作案时间及伪造现场时间的证据认定

1. 有关作案时间证据。原判决认定于某某于 7 点 45 分到达单位，依据为证人朱某某证言，但证人刘某某证实其于 7 点 40 分之前见到于某某，二者之间存在明显矛盾，在无法证实其中一人证言不实的情况下，原审判决认定时间难以确保符合案件事实。

2. 有关伪造现场时间证据。原审判决认定于某某 9 点 50 分返回家中伪造现场，时间为 30 分钟，即 10 点 20 分才能回到单位。于某某辩称其 10 点左右回到单位，后曾接到传话并用办公室电话回复传呼机，并称其将传呼机交予侦查机关。虽后查明侦查机关曾对相关人员及传呼机通话记录进行调查，但这一重要证据并没有随卷收集，且侦查人员刘某某对此重要细节——"关于通话记录的调查结果可能对于认定于某某作案不利"，据此，否认于某某辩解其 10 点左右回到单位的证据便不充分。

（三）有关是否存在不间断询问和指供、诱供问题无法合理排除

根据于某某 1996 年 12 月 10 日的第一次有罪供述笔录中"我能不能休息一下，再接着谈""你们干工作很辛苦，几天几夜都没合眼"等内容以及于某某对到底砍被害人韩某几刀及如何砍的细节供述时间均在尸检报告之后形成，且关于与被害人韩某某发生性行为的情节，在关于精子的 DNA 鉴定结果作出后，于某某再无对此作供述，而其于侦查机关在尸检报告（1996 年 12 月 3 日）发现精斑后曾四次对此作出供述。于某某关于案件供述随着侦查机关对案件的侦查进程逐步发生改变，且逐步与侦查结果相吻合，因此，侦查机关否存在不间断询问和指供、诱供问题无法合理排除。另，于某某在看守所写给家人的被截获的信件中称"现在我讲的基本事实已经符合，只是一些细节还对不上"。此处所称"细节对不上"所指为何？如果确系其作案，对作案过程必然十分了解，只需"陈述"即可，无需和什么细节对上。显然，于某某所称要对上之"细节"究竟是否为侦查机关诱供所设置之"细节"恐怕也值得探寻。

（四）是否有他人作案的合理怀疑不能有效排除

1. 原审判决采信的"现场手印检验报告"本身不具有客观性和科学性。侦查机关现场提取手印共 28 枚，但对于另外 2 枚不属于于某某及其家人所留的手印，并没有写入检验报告，且原因据手印检验人员赵某某称，一是可能是比较模糊，对比不出来；二是不属于于某某一家所有，没有排除出来。据此，在对如此重要的证据样本没有作出全部科学检验的情况下，"现场手印检验报告"作为原审判决重要依据缺乏合理性和科学性。

2. 被害人韩某阴道内提取的精子经鉴定不属于于某某本人所有，客观上也无法排除有其他人作案的可能性。

综上所述，原审判决认定于某某故意杀人一案的证据认定并不确实、充分，全案证据没有形成完整的证据锁链，据此无法排除合理怀疑，无法得出唯一确定结论，本案应该提起抗诉。

48. 关于庞某等破坏计算机信息系统案如何定性的意见

（2011 年 1 月 28 日提交某人民法院的书面意见）

为了方便说明本案定性，我首先将该案基本事实压缩为以下简短内容：

庞某原是某车管所计算机系统管理员，2006 年 5 月被辞退。司某为代办车辆业务的黑中介，他找庞修改计算机网络数据，为他人代办年审等，从中收取费用。庞请范某编写修改交警计算机数据库程序代码，范教会庞使用方法。庞、司与李、赵合谋，通过修改交警数据牟利，为他人办理汽车年审等，总共收取了他人费用 250 余万元，造成国家税款 280 余万元不能及时收缴。

综合本案情况，我认为对庞某等人应以破坏计算机信息系统罪（刑法第 286 条第 2 款）定罪处罚为宜。

理由如下：

一、本案不存在诈骗事实

所谓诈骗，是指行为人弄虚作假，或者编造事实，使他人信以为真并产生错误认识，从而将钱财交付给他人的行为。就本案而言，那些交钱给庞某等人的违反交通法规者是在明知篡改交警记录系非法（无论通过何种方式篡改均为非法）

的前提下，想通过庞某等人非法篡改违章记录获得年审通过等，正因为那些交钱给庞某等人的违反交通法规者是在完全了解庞某等人的行为违法性质的前提下将钱款交给庞某等人的，故其自然不存在上当受骗的事实。至于那些交钱给庞某等人的违反交通法规者虽然付出了代价却最终仍然要受到交通管理部门的依法处罚（即花了钱却不能有效改变交警对他们的违章记录等），事实上，此种风险是他们自己在意识完全清醒时自己招致的——即他们是在意识自由的状态下作出的行为选择，不存在错误认识，故他们理当为自己的行为带来的风险负责（同于德国刑法理论上的"自我答责"），此不属于上当受骗的范畴。

二、本案侵犯的是社会管理秩序中的计算机信息系统安全管理秩序

在我国刑法分则体系中，破坏计算机信息系统罪被安排在刑法分则第 6 章（妨害社会管理秩序罪）第一节（扰乱公共秩序罪中）。本案行为人所实施的行为，完全符合刑法第 286 条第 2 款的规定——"违反国家规定，对计算机信息系统中存储、处理或者传输的数据和应用程序进行删除、修改、增加的操作"，即行为人明知交警计算机信息系统中存储有对违反交通法规者的违规记录，而为了谋取利益，故意通过计算机网络删除或者修改记录。不难看出，行为人对计算机信息系统中存储的数据进行"修改、删除"的行为，直接侵犯了计算机信息系统安全管理秩序，扰乱了社会公共秩序。

三、本案不存在牵连犯问题，也不存在数罪问题

正如前文分析的那样，由于本案行为人并非为了骗取他人财物而实施犯罪，虽然收取了他人钱款，但行为人也事实上为他人修改、删除了有关记录，"他人"又是在完全了解行为人之行为系非法的前提下交付钱财的，故行为人之行为只符合一个犯罪构成——破坏计算机信息系统罪，故既不存在牵连犯问题，也不存在数罪问题。

四、本案系共同犯罪，应当对涉案的庞、司、李、赵以及范分清各自责任，恰当追究其刑事责任

案件事实表明，本案乃是由多人共同实施的破坏计算机信息系统罪，不同行为人在整个案件中扮演了不同角色，故应当严格按照罪责刑相适应原则对不同行为人判处与其罪行相适应的刑罚。值得注意的是，本案涉案数额特别巨大（250余万元），且导致国家巨额税款（280 余万元）不能及时收回，这些事实应当作为对行为人从重处罚的情节加以考虑。

49. 关于"吕某某、刘某、车某某强迫交易案"定性之我见

（2007 年 6 月 27 日提交给最高人民法院《刑事审判参考》编委的书面意见）

最高人民法院《刑事审判参考》编委会：

现将"吕某某、刘某、车某某强迫交易案"我个人意见阐述如下，仅供参考：

一、吕某某等被告人的行为不构成敲诈勒索罪

所谓敲诈勒索罪，是指以威胁或要挟的办法，强行索取数额较大的公私财物。根据 2000 年 4 月最高人民法院《关于敲诈勒索罪数额认定标准问题的规定》，敲诈勒索罪的起刑点为 1 000 至 3 000 元。具体到本案来说，吕某某等三被告人强行乞讨要到的数额仅为 333.2 元，认定为敲诈勒索罪并不合适。

二、吕某某等被告人的行为不构成抢劫罪

所谓抢劫罪，是指以不法占有为目的，当场实施暴力、胁迫或者其他令被害人不敢反抗、不知反抗、不能反抗的办法，当场强行劫取公私财物的行为。吕某某等三被告人的行为不成立抢劫罪。

首先，成立抢劫罪要求行为人必须当场使用暴力、胁迫或者其他方法。事实上，不管是抢劫罪中的暴力方法也好，胁迫手段或者其他方法也罢，都要求必须达到令被害人不能反抗、不敢反抗或者不知反抗的程度。从本案案情来看，吕某某等被告人的行为虽有暴力、胁迫倾向，但并未达到成立抢劫罪所要求的这一程度。综合全案来看，三被告人唯一能够称得上"暴力"的行为，即：被告人在卖唱、要钱时，有一位旅客假装睡觉，被告人吕某某以磕头为名用头撞向这位旅客。但当该旅客起身气愤地对被告人等说："你们这样子是要不到钱的。"此时，"被告人吕某某等人虽然人多势众，却没有进一步的升级行动以强行获取钱财，而是选择了离开。"由此可见，被告人吕某某等人的暴力行为尚未达到致被害人不能反抗的程度。

抢劫罪中的"胁迫"手段必须具备当场转化兑现的现实紧迫性。但正如材料分析所言："本案被告人所实施的威胁行为，并不具备当场兑现的现实紧迫性。

167

虽然被告人作案之初叫喊着'大家把钱准备好，装睡的，都给我醒醒，不然把你整醒，就对不起了'，但在实际犯罪过程中，被告人并没有通过进一步的暴力行为来兑现其先前胁迫的内容。被告人只是在威胁之后'被动'地等待旅客交付钱财，没有进一步实施主动搜身、夺取钱财行为。面对威胁，旅客实际未丧失其自由意志，一些不愿意付钱的旅客仍可以自主选择躲避、离开。对于这部分不愿付钱的旅客，被告人只是站在他们面前继续唱歌、用拐杖跺车厢地板或者是谩骂，而没有进一步地侵犯旅客人身权益的意思表示或实际行动。"

需要注意的是，吕某某等被告人从 2 号车厢乞要到 5 号车厢，仅乞要到 333.2 元，这也说明大部分旅客还是并未被三被告人的暴力、胁迫行为给恐吓住。将三被告人的行为视为抢劫罪，从行为的客观方面，亦即暴力、胁迫的程度来看还缺乏依据。

其次，成立抢劫罪要求行为人必须具备当场劫取财物的目的。也就是说，当财物的所有人、占有人或管理人不愿将钱财交出时，行为人往往会对其实施进一步的暴力、威胁，甚至会当场强行夺取其所有或占有的财物。而从本案案情来看，在大部分被害人不愿交出财物的情况下，吕某某等被告人并未实施进一步的暴力、威胁，以当场取得财物。这说明行为人并不具备当场劫取财物的目的。可见，从主观方面来看，将三被告人的行为视为抢劫罪还缺乏足够的根据。

三、吕某某等被告人的行为不构成强迫交易罪

所谓强迫交易罪，是指以暴力、威胁手段强买强卖商品、强迫他人提供服务或者强迫他人接受服务，情节严重的行为。就本案基本事实来看，吕某某等被告人的行为并不成立强迫交易罪。

首先，强迫交易罪侵犯的客体是市场正常的交易秩序和被强迫交易人的合法权益。由刑法分则的体系来看，强迫交易罪被规定在第三章——破坏社会主义市场经济秩序罪一章中，该罪的主要客体应是市场正常的交易秩序。因此，构成强迫交易罪要求行为人与被害人之间必须存在一个交易形式。如果说街头艺术家的表演行为是以出卖自己劳动力的行为换取钱物，属于市场交易行为的话，那么，以卖唱为名恶意乞讨并非街头艺术家的表演行为，根本不具有交易内容。这是因为：乞丐卖唱行乞，其目的在于行乞，而非以此为交易出卖自己的劳动力换取周围围观者的钱财。事实上，卖唱只不过是行乞人吸引周围人群目光的一个手段，利用周围人群的同情心和善良不劳而获才是其真正目的之所在；而从另一个侧面来看，周围人群之所以把钱给行乞人，完全是出于同情心，而并非出于获取某种艺术上享受的目的。因此，以卖唱为名行乞时，行为人与被害人之间根本不存在所谓的市场交易行为，根本不可能成立强迫交易罪。更何况，以卖唱为名的恶意乞讨，并非是利用周围人群的同情心获得钱财，而是依靠其威胁、侮辱、谩骂行为使得被乞讨人无奈之下交付钱财，因而此种情况下不具有市场交易的实质内容。

其次，将本案认定为强迫交易罪将导致如下尴尬局面：如行为人以卖唱为名恶意乞讨，因存在所谓的"交易"形式成立强迫交易罪，但如行为人不卖唱，直接恶意乞讨，当其数额未达到敲诈勒索罪的定罪量刑点时反而不成立任何犯罪！这是按照材料原文思路得出的逻辑结论。以本案为例，如果吕某某三被告人卖唱行乞，情节严重的，因存在所谓的交易形式，故成立强迫交易罪；反之，当三被告人并不卖唱，而以强乞的方式，即不给钱即侮辱、谩骂的方式索取他人少量财物时，反而不成立任何犯罪！这显然既不合理也不合法！

四、三被告人的行为足以成立寻衅滋事罪

由于寻衅滋事罪系由 1979 年刑法中的流氓罪分解而来，故我国刑法学界有人认为，成立寻衅滋事罪要求行为人主观上必须出于流氓动机，客观上必须表现为无事生非。然而对此，理论上早就存在争议。事实上，认定寻衅滋事罪并不一定要求行为人必须具有流氓动机，而本案主客观事实足以认定为寻衅滋事罪。这是因为：

首先，动机并不影响行为的定性，这在中外刑法理论界已是通说，何以流氓动机就成了寻衅滋事罪的构成要件？对此，学理上的解释是：既然寻衅滋事罪是由流氓罪分解而来，理当具有流氓动机时才可以成立。问题是，仔细研读刑法第293 条之规定，我们并不能从中发现所谓的成立本罪必须具有流氓动机，否则不成立本罪的文字表述。

其次，退一步讲，即使成立寻衅滋事罪必须具备所谓的流氓动机，但何谓流氓动机，对此，学界并无定论。有学者指出"流氓行为所违反的公共生活规则，总是同人们共同的道德观念联系在一起。一切流氓行为，在社会心理上总是被人们看作是一种不道德的行为。而这种行为的实施又总是与行为者本人的道德败坏密切相关。因此这类行为一经实施，就必然伤害人们的道德感，引起人们的愤恨和厌恶。"① 问题在于，行为人以卖唱为名恶乞何以不是出于一种不道德的（流氓动机）呢？

最后，本案三行为人之行为符合"强拿硬要"的寻衅滋事罪构成要件。根据现行刑法第293条之规定，有下列行为之一的构成寻衅滋事罪：（1）随意殴打他人，情节恶劣的；（2）追逐、拦截、辱骂他人，情节恶劣的；（3）强要硬拿或者任意损毁、占用公私财物，情节严重的；（4）在公共场所起哄闹事，造成公共秩序严重混乱的。

就本案情况而言，当被害人不给予其财物时，三行为人即以威胁、侮辱、谩骂方式对待被害人，这本质上是一种"强拿硬要"的泼皮、无赖行径！更何况，三被告人利用外出务工人员胆小怕事的心理，以卖唱为名从2号车厢乞要到5号车厢，严重打乱了铁路春运秩序，完全符合寻衅滋事罪侵犯社会管理秩序的客体特征。故此，三行为人成立寻衅滋事罪应当是毫无疑问的。

以上意见，仅供参考。

附：基本案情

一审南昌铁路运输法院经公开开庭审理后认定，被告人吕某某、车某某、刘某共同商议利用外出务工人员怕惹事，求平安的心理，到外出务工人员集中的2013次旅客列车上讨钱。2005年3月2日凌晨5时许，三被告人从信丰火车站强行翻车窗进入2013次旅客列车2号车厢，吕某某站在座位上对旅客大声辱骂，叫喊"装睡的，都给我醒醒，不然一会儿我把你整醒，就别怪我不客气了"，并以拐杖用力击打车厢地板吓唬旅客。按事先分工，由刘某在车厢连接处望风，在2号至5号车厢，被告人吕某某、车某某分别挂拐杖假装残疾人，被告人车某某唱歌、被告人吕某某向旅客索要钱财，部分旅客迫于被告人的粗暴言行，给了1元、2元不等的零钱。对部分不愿给钱的旅客，被告人吕某某、车某某则用拐杖击打地板，并以磕头为名用头将其撞醒，辱骂一番后离去。6时许，乘警接到报案后，在5号至6号车厢连接处将被告人吕某某、车某某抓获，并缴获拐杖两支。9时30分许，公安人员在信丰站将被告人刘某抓获。案发后收缴赃款人民币333.2元。南昌铁路运输法院认为，被告人吕某某、车某某、刘某以非法占有

---

① 张智辉：《我国刑法中的流氓罪》，13页，北京，群众出版社，1988。

170

为目的，选择外出务工人员集中的车次、车厢，在一个相对封闭的环境内，利用旅客怕惹事、怕挨打的心理，依仗人多势众，采取语言威胁等粗暴手段，胁迫旅客当场交出钱财，其行为已构成抢劫罪。三被告人关于不构成抢劫罪的辩解意见不能成立。被告人吕某某、车某某是主犯；被告人刘某在共同犯罪中负责望风，起辅助作用是从犯。依照《中华人民共和国刑法》第二百六十三条第（二）项，第五十六条第一款，第二十五条第一款，第二十六条第一款，第二十七条，第六十四条的规定，于 2006 年 1 月 19 日判决如下：

咨询答疑 二、

1. 被告人吕某某犯抢劫罪，判处有期徒刑十年，剥夺政治权利一年，并处罚金二千元。

2. 被告人车某某犯抢劫罪，判处有期徒刑十年，剥夺政治权利一年，并处罚金二千元。

3. 被告人刘某犯抢劫罪，判处有期徒刑七年，并处罚金一千元。

4. 作案工具拐杖两支予以没收，赃款三百三十三元二角发还被害人。

一审宣判后，被告人吕某某、刘某不服，向南昌铁路运输中级法院提出上诉。被告人吕某某上诉提出，其行为不构成抢劫罪。被告人刘某上诉提出，他不知且没有参与吕某某、车某某对旅客实施的斥骂、叫喊、用拐杖敲地板等威胁行为，不构成共同犯罪；原判量刑过重。

南昌铁路运输中级法院经二审公开开庭审理（基本事实与前同）。二审南昌铁路运输中级法院审理本案后认为，本案发生前，上诉人及原审被告人系以卖唱乞讨为生，后为不法获利而在旅客列车上强行卖唱讨钱，其主观上具有明知旅客不愿意接受听歌服务却强制旅客听歌并付钱的故意，客观上以威胁手段迫使旅客接受听歌服务并违背其真实意愿而交付了听歌费用，三被告人有预谋地将犯罪时机选择在铁路春运期间，将犯罪场所选择在外出务工人员相对集中的旅客列车上，迫使多达 4 节车厢的众多旅客交付钱财，虽然强行收取旅客的听歌费用面值多为一元、二元不等的人民币，但却严重地损害了旅客的合法权益，给铁路的安全运输生产造成恶劣影响，其行为情节严重，已共同构成强迫交易罪。针对刘某上诉意见，法院认为，虽然刘某与其他被告人事前商议时未明确商量有关向旅客要钱的具体方式，且刘某上车后也没有对旅客实施威胁行为，但刘某在吕某某、车某某采取恐吓方式强行索要旅客钱财的过程中，明知而积极予以配合，负责保

171

管同伙收取来的钱财，因而构成强迫交易罪的共同犯罪。在共同犯罪中，吕某某提起犯意、为主实施威胁手段，车某某积极参与，两人为主非法获取旅客钱财均系主犯，应按照其所参与的全部犯罪对其处罚；车某某的作用略小于吕某某，可酌情对其予以从轻处罚；刘某在犯罪过程中负责望风、保管非法获取的钱款，系从犯，依法对其予以从轻处罚。对吕某某、刘某上诉意见中于法有据的部分予以采纳，对检察机关的二审出庭意见不予采纳。依照《中华人民共和国刑法》第二百二十六条、第二十五条第一款、第二十六条第一款和第四款、第二十七条、第六十四条、《中华人民共和国刑事诉讼法》第一百八十九条的（二）项的规定，判决如下：

1. 维持南昌铁路运输法院（2005）南铁刑初字第151号刑事判决第四项，即作案工具拐杖二支予以没收，赃款三百三十三元二角发还被害人。

2. 撤销南昌铁路运输法院（2005）南铁刑初字第151号刑事判决第一、二、三项。即被告人吕某某犯抢劫罪，判处有期徒刑十年，剥夺政治权利一年，并处罚金二千元；被告人车某某犯抢劫罪，判处有期徒刑十年，剥夺政治权利一年，并处罚金二千元；被告人刘某犯抢劫罪，判处有期徒刑七年，并处罚金一千元。

3. 上诉人吕某某犯强迫交易罪，判处有期徒刑一年十个月，并处罚金一千五百元。

4. 上诉人刘某犯强迫交易罪，判处有期徒刑一年二个月，并处罚金一千元。

5. 原审被告人车某某犯强迫交易罪，判处有期徒刑一年八个月，并处罚金一千五百元。

50. 关于 H 非法转让土地使用权案的分析意见

（2010 年 5 月 14 日在某人民法院讨论会上的书面发言）

案情：2006 年 12 月，被告人 H 伙同 B（另案处理）注册成立了乙公司。同年 9 月，乙公司通过拍卖取得了甲公司 30 亩仓储用地的使用权。H 作为法人代表的乙公司在未有任何规划建设审批、建设工程许可证、商品房预售许可证、职工集资建房审批等手续情况下，擅自改变该 30 亩土地用途，建造了 7 栋住宅房，并以招工分房协议的方式售出 340 套房，获利 2 000 多万元。

根据法学基本理论和我国刑法、土地管理法律、法规以及有关司法解释精神，现提出以下个人意见，仅供参考。

一、认定犯罪，必须严格遵循罪刑法定原则，对于模棱两可的行为，不应当按照犯罪论处

我国 1997 年刑法早已确立了罪刑法定原则，作为刑法核心原则的罪刑法定精神应当成为认定某一行为是否构成犯罪的绝对准则！对于那些介乎于罪与非罪之间的行为（似乎可认定为犯罪，也可不以犯罪论处），宁可不以犯罪论处。这就是所谓宁可放纵犯罪也不可冤枉好人！因为，冤枉好人的代价远较放纵坏人的代价更大！必须纠正宁可冤枉好人也不能放纵犯罪的极端思想！

二、本案不成立非法转让土地使用权罪

非法转让土地使用权罪，是指以牟利为目的，违反土地管理法规，非法转让土地使用权，情节严重的行为。本罪的核心内容乃是"非法转让土地使用权"，即违反土地管理法规，以牟利为目的，转让了不能擅自转让的土地。

就本案而言，行为人 H 的乙公司已经通过拍卖方式合法取得了甲公司的 29.72 亩仓储用地使用权，如果 H 的乙公司建造仓储后销售（转让给他人），则并不违反土地管理法规。韩某擅自将用于仓储的土地建成商品房出售，虽然违反了《土地管理法》第 4 条第 3 款——使用土地的单位和个人必须严格按照土地利用总体规划确定的用途使用土地，以及违反《土地管理法实施细则》第 6 条第 2 款——依法改变土地用途的，必须持批准文件，向土地所在地的县级以上人民政府土地行政主管部门提出土地变更登记申请，由原土地登记机关依法进行变更登记，但仍然只是应当承担行政违法的责任。

《土地管理法》规定"构成犯罪的，依法追究刑事责任"的条款共有五个，即第 73 条（买卖或者以其他形式非法转让土地等）、第 74 条（占用耕地等）、第 75 条（非法占用地等）、第 79 条（侵占、挪用征地补偿款等）、第 84 条（土地管理人员滥权渎职等）。其中，只有第 73 条规定了"买卖或者以其他形式非法转让土地"。无论是从学理还是从立法本意来解释，"非法转让土地"，均应该是指以"土地转让"为核心的商业行为。但是本案涉及的核心问题却是被告人擅自改变土地用途，将仓储用地建房销售，而在商品房销售过程中，房屋本身才是交易的核心，房屋附带的土地使用权仅处于附属地位。正因如此，1991 年 5 月

23 日，全国人大法工委在答复浙江省人大常委工委的《关于卖房等行为是否按照土地管理法第 47 条规定的买卖或以其他形式非法转让土地的行为予以处罚的答复》中指出："所述卖房等行为（在宅基地上建房后售卖）有些确实有问题，涉及的法律问题须另行研究作出规定，不宜将这些行为按土地管理法第 47 条（1986 年土地管理法）规定的买卖或以其他形式非法转让土地行为予以处罚。"

本案中 H 的行为十分类似未经依法批准而在拥有使用权的宅基地上建房出售牟利的行为。既然对此全国人大法工委早就作出明确解答，那么对本案完全可以参照前引批复处理。

三、本案也不宜按照非法经营罪论处

非法经营罪，是指违反国家规定，非法经营，扰乱市场秩序，情节严重的行为。具体表现为：（1）未经许可经营法律、行政法规规定的专营、专卖物品或者其他限制买卖的物品；（2）买卖进出口许可证、进出口原产地证明以及其他法律、行政法规规定的经营许可证或者批准文件；（3）未经国家有关主管部门批准非法经营证券、期货、保险业务，或者非法从事资金支付结算业务；（4）其他严重扰乱市场秩序的非法经营行为。从该条规定的客观构成要件来看，本案行为人的客观表现与非法经营罪的前三类客观构成要件并不符合，那么可否对本案行为人适用刑法第 225 条第 1 款第 4 项——其他严重扰乱市场秩序的非法经营行为？我以为不可。理由在于：首先，本条的立法精神并不包括非法从事不动产活动。该款规定的前三种表现形式显然不包括不动产，虽然第（4）项使用了包罗万象的"其他严重扰乱市场秩序的非法经营行为"，但我们无疑不能任意扩大"其他……"的含义，这里的"其他……"应当限于与前三项行为类似的行为。其次，使用"其他……"这样的立法用语本来就有违罪刑法定原则之嫌，为了避免无端扩大刑事责任，我国立法机关与司法机关向来十分谨慎对待"其他……"这样的规定。比如，在关于如何正确理解"其他依照法律从事公务的人员，以国家工作人员论"问题上，全国人大常委会十分谨慎地将村民委员会等基层组织人员协助政府从事救灾抢险等七类事务解释为符合刑法第 93 条第 2 款的规定的国家工作人员。司法实践中，也少见有任意适用"以国家工作人员论"的规定。这种谨慎的态度值得肯定，在立法机关或最高司法机关对"其他严重扰乱市场秩序的非法经营行为"作出明确解释之前，我们不能将其作为一个万能罪

刑事正义与学者使命

174

名适用！

四、本案是否涉嫌诈骗犯罪

从形式上看，本案被告人在未获得批准或取得房地产预售许可等证件的情况下，将所建房屋售出，收取了大量购房者的金钱，这好似与诈骗相同。但我认为，此种交易仍然是基于双方的自愿与互信——被告人确实把所建房屋交给了购房者，购房者所购房屋的价值也与当地同类房屋相当。至于被告人因为违反行政管理法规而导致的有关风险，当然应当由其自己承担。

五、本案宜按照非犯罪化处理

通过前述分析，我认为本案涉及的问题仍然属于行政违法的范畴。

51. 关于吕某案的法律意见

（2001 年 11 月 29 日在某人民检察院参加案件讨论的意见要点）

一、总体意见

从现有材料来看，吕某案构成共同犯罪，即应定性为 M 旅游发展有限公司与刘某、马某某共同实施的金融凭证诈骗罪（未遂）。

二、具体分析

（一）三方有共同犯罪故意

从现有材料可知，当吕某最初经人介绍与马某某商谈到境外融资一事时，双方一拍即合，当时即谈好分工与报酬：马某某负责"让 H 省中行出具大额美元存单"，吕某负责联系外国银行，且许诺"事成之后给马某某融资资金的 3% 的手续费"（参见 2000 年 8 月 27 日 H 省公安厅经侦处对吕某的询问笔录）。后来，马某某又与刘某联系，他将吕某的意图告知刘某，刘在反复思考一个月后，告知马某某"银行担保不能，存款单可以开（指大额美元存款单，引者注）"（参见 2000 年 8 月 26 日 H 省公安厅经侦处对马某某的询问笔录）。此后，三方又多次谋议。这足以说明，三方是有共同故意的。

（二）三方实施了共同犯罪行为

通过最初三方谋议之后，三方便进入了实质性的分工合作阶段。在从 1998 年 10 月到 2000 年 4 月期间，刘某开出了 22 份共计 5.5 亿美元虚假大额美元存单，吕某的 M 旅游发展有限公司则用这些虚假美元存单到境外骗取融资，而马某某则一直穿梭于吕某与刘某之间，传递信息、费用。对此，案卷材料已提供完整说明，故不赘述。

（三）应特别说明的几个问题

1. 涉案人员存在对事实认识的错误，但并不影响定性。具体言之，就是吕某与马某某存在对刘某所开的大额美元存单的错误认识，也就是把刘某伪造的大额美元存单当作为 H 省中行所开的存单。由于事实上吕某所在的 M 旅游发展有限公司根本就没有在 H 省中行存美元，即便本案的虚假大额美元存单为 H 省中行某个人所开，仍然改变不了该大额美元存单的虚假本质——无大额美元存款而"证明"有大额存款。而用此虚假大额美元存单到境外进行融资诈骗，显然严重侵犯了国际金融安全秩序，应当受到刑罚制裁。

2. 涉案人员存在对法律认识的错误，但并不影响定性。具体言之，就是本案中的 M 旅游发展有限公司的法人代表吕某误以为 H 省中行所开的大额虚假（没有美元存款而给开出美元存单）美元存单就是合法的，并可以用来到国际金融市场进行合法融资。这显然错误理解了我国有关金融法律和法规以及国际金融法的规定。但是刑法学的基本理论告诉我们，本案中行为人对法律的错误理解完全不会影响司法机关对行为人之行为的定性。

3. 鉴于吕某是 M 旅游发展有限公司的法人代表，且其行为目的与动机均是为了给其公司建设筹集资金，其"融资"也是以其公司名义进行的，故对其行为应认定为法人行为，即单位犯罪。

52. 关于韩某某案的法律意见

（2001 年 11 月 29 日在某人民检察院参加案件讨论的意见）

一、涉案人员赵某某（某派出所民警）捉拿史某某等之行为严重违法，不应视为合法有效的公务行为

1986 年公安部发布的［86］公（厅）字 67 号文（即《公安部关于要正确处理军人违反治安管理问题的通报》，以下简称《公安部通报》）明确指出："今后除了军人在社会上进行现行刑事犯罪活动，可以立即拘留，然后移交所在部队

刑事正义与学者使命

保卫部门处理外，对军人违反治安管理问题的处理，一定要注意以下几点：一、当发现军人在社会上违反治安管理时，公安干警要按规定予以制止并查明事实，同时向领导报告，由县以上公安机关及时通知或移交所在部队保卫部门处理。二、当公安干警和军人发生争执或纠纷时，干警要严于律己，顾全大局，头脑冷静，以理服人，防止简单粗暴。三、任何时候都不准对军人滥用警械或辱骂、殴打（对一般群众也应如此），今后，如发生因公安干警处理军人违反治安管理问题方法不当而造成严重后果的事件时，一定要查明情况，严肃处理，挽回影响……"

本案中，史某某等人的先行行为（1990 年 7 月 7 日 10 时许）即使涉嫌违反治安管理，但在被害人韩某某等人送纷争中受伤的战友付某某去医院救治时，史某某等人与 H 饭庄工作人员的纷争早已结束一小时，这时已无需公安人员"制止"。即便此时公安人员认为仍有权"查明事实"，但"查明事实"显然应当是客观冷静的调查研究而决不能偏听偏信一方当事人的一面之词，并对另一方当事人采取过激行为。然而在本案中，作为一名具有近十年警龄的老公安，赵某某并未对事件进行细致调查，在仅仅听取了一方当事人 H 饭庄老板焦某等人的一面之词后便带上手枪、手铐前往捉拿史某某等人。这里必须指出的是：根据前引《公安部通告》规定，此时的公安人员已无权捉拿史某某等人，至多只有"查明事实"的权力，而"查明事实"当然不能使用手铐，更不能使用手枪！正是赵某某忘乎所以的胡作非为激怒了韩某某等军人，才导致了双方的推搡。

从现有材料来看，赵某某有严重违法行为：

其一，即便把赵某某的行为视为执行公务，但赵某某不着警服、不出示工作证件，这不符合人民警察执行职务的基本工作要求。《中华人民共和国警察法》第 9 条规定：为维护社会治安秩序，公安机关的人民警察对有违法犯罪嫌疑的人员，经出示相应的证件，可以当场盘问、检查……第 23 条规定：人民警察必须按照规定着装，佩戴人民警察标志或者持有人民警察证件，保持警容严整，举止端庄。

其二，根据前引《公安部通告》第 3 项规定，公安人员"任何时候不准对军人滥用警械或辱骂、殴打"，但赵某某在没有深入调查事件真相的前提下，刚到韩某某等人所在处所（医院门口），就拔出手枪、拿着手铐，骂骂咧咧走向韩某某等人，并要将韩某某等军人铐走。这显然是完全不讲办案程序和办案规矩的表现。[请参阅：（1）焦某在1990年7月31日办案人员杨某某等的调查笔录中说："赵某某在问是谁的车的时候，手里提着枪，枪口向下提着。"（2）1990年7月10日联合调查组对刘某某的调查笔录。当时，刘某某作证说："……从前面摩托车下来的一个人（该人即赵某某，引者注）手里不知拿着什么东西（实际上是手枪，引者注），我听到啪的一声，像是电警棍放电的声音。他说：'还打你逼克的（当地骂人话）呢！把他铐起来！'"]

其三，本案中，当史某某等军人与H饭庄职工争执结束后，赵某某等公安人员已经判断出对方是"二炮"的军人。[参阅1990年7月8日安次区检察院王某某等人对侯某某的询问笔录。侯某某说："……张某某把车号记下来，跟赵某某说找这汽车，说是部队的牌子（指汽车牌照是部队的，引者注）……"另请参阅赵某某1990年7月9日在某区看守所对杨某某等人的供述。赵某某供认"……因原先听说他们可能是二炮的……"] 而处理军人违反治安管理的问题，应当按照前引"公安部通告"精神来办理，根据当时纷争已经结束，且已知史某某等人的军人身份和车牌号的具体情况，正确的做法应该是：将情况"向领导报告，由县级以上公安机关及时通知或移交所在部队保卫部门处理"，即便是赵某某等公安人员认为自己有必要继续追查该案，也应该按照前引"公安部通告"第2项意见处理问题，即"当公安干警和军人发生争执或纠纷时，干警要严于律己，顾全大局，头脑冷静，以理服人，防止简单粗暴"。但是办案中，赵某某等人不但不履行"顾全大局，头脑冷静，以理服人，防止简单粗暴"的注意义务，而且胆大包天，滥用职权，不但在不该使用警械的场合拔出手枪并打开保险 [请参阅1990年7月17日赵某某对杨某某等人讯问的回答：杨某某等问：你那天掏枪后有没有其他动作？赵某某答："搬击锤了。"（即打开保险，引者注）]，并拿出手铐要铐史某某，此种事实表明，赵某某等人的行为已完全不具有合法公务的性质了。

二、韩某某"抢枪"证据不足

理由如下：

首先，当时离韩某某和赵某某最近（只有50公分左右）的证人吕某某在1990年7月10日在回答杨某某等人调查时说："我看见穿警裤的人举起右手用枪拍那个穿短上衣的人，穿短上衣的人用手挡还（是）（说明：调查笔录中这里可能掉了个'是'，引者注）抢我没看清。这时枪就响了……"从吕某某的证词来看，很难得出当时韩某某的举动就是"抢枪"。在当时受到他人的拍击时，韩某某完全有可能是用手去招架。我认为，吕某某在所有的证人中事发当时离韩某某与赵某某最近，又与本案双方当事人没有任何利害关系，因而他的证词是较为真实可靠的。

其次，刘某某 1990 年 7 月 10 日接受齐某某等人的调查时只说"……他们几个人打在一起我不清楚，只见从车上下来的那个人（即赵某某，引者注）用手中的东西打了被打的那个人（即韩某某，引者注）的头部和颈部……打了那个人头部和颈部三下……"这里，刘某某没有谈到韩某某抢夺赵某某的枪。

再次，证明韩某某有抢枪举动的主要是与赵某某有某种利害关系的人，因而其证词的可信度就应当大打折扣。从现有证据材料来看，认为韩某某有抢枪举动的主要是：（1）焦某，H 饭庄经理；（2）侯某某，派出所巡逻队长；（3）赵某某本人。这些人中，除开赵某某本人，另两位均与本案有一定利害关系：焦某是本案件涉及的现行治安案件的报案人，赵某某事实上是在为焦某的饭店处理问题。因此，焦某可能会出于某种个人情感因素故意作有利于赵某某的证词。而侯某某则与赵某某系同事，更可能考虑作有利于赵某某的情况说明。因此，焦某与赵某某的证词的真实性是值得怀疑的。

应当指出的是，虽然现有材料中与本案无利害关系证人刘某某（某市人民医院护士）的证言说到韩某某有抢枪举动，但从其证词描述的情况来看，她的结论应属个人推断，而不是客观描述，因而其证据效力也应受到怀疑。[请参阅 1990年 7 月 18 日刘某某接受曹某某等人调查时的笔录。]

以上事实表明，从现有材料来看，不能得出韩某某有抢夺赵某某枪支的举动的结论。

三、从现有证据来看，赵某某应当承担过失致人死亡的刑事责任

正如本文第一部分所说明的那样，赵某某严重违反了 1986 年公安部发布的［86］公（厅）字 67 号文（即《公安部关于要正确处理军人违反治安管理问题的通报》），他不仅违法办案，而且在与军人发生冲突时没有履行"顾全大局，头脑冷静，以理服人，防止简单粗暴"的注意义务，他在不该使用警械的场合拔

出手枪并打开保险，用手扣着扳机拍打被害人韩某某。本案的所有材料说明，韩某某的死亡与赵某某违法办案、不履行必要的注意义务具有内在的因果关系。因此，我认为，赵某某应当承担过失致人死亡的刑事责任。

53. 关于王某等伪造委托书倒卖房产案的意见

（2015 年 5 月 14 日提交给某人民检察院的案例讨论书面意见）

案件情况：某市 PJ 胡同×号的产权人为王母（现年 84 岁，香港居民）。2007 年开始，ZX 拆迁公司对其进行拆迁，期间拆迁公司的人多次找王母商谈未谈妥。2012 年上半年，王母之子女王某、殷某、王某某（均为同母异父）商议，因其他同母异父的高某某、王甲在香港居住，应由在京居住的王某、殷某、王某某代表王母进行拆迁事宜，随后王某、殷某、王某某于 2012 年 7 月 27 日背着王母伪造了一个授权委托书（内容为王母委托王某在拆迁过程中作为王母的代理人，代表其负责办理拆迁补偿相关事宜，签署、受领包括拆迁补偿协议在内的法律文件。委托人王母，受托人王某、殷某、王某某）。后王某某认为伪造委托书违法退出。2012 年 8 月 14 日，王某、殷某在拆迁公司办公室，在王母没有授权、没有谈好拆迁补偿的前提下，伪造了王母的授权委托协议、具结书，由王某代表王母办理了所有的拆迁手续。随后上述×号拆迁，王母名下全部拆迁补偿款 1 000 余万元存入王某账户。

本案法律关系较为复杂，但基本事实可归纳为：PJ 胡同×号院，产权人是王母。虽然权利人王母曾经将该房子分给其子女：高某某 16 平方米、王某 9 平方米、王某某 9 平方米（王母没有分给殷某房产，但房管局于 1982 年让殷某住在×号院），但是，由于房产属于不动产，只有按照法律程序登记过户且同时缴纳相应税费等后才能合法取得其产权，故王母允诺分给各子女房产只是一种赠与承诺，因为各子女并没有对该房产依法登记过户，故在法律意义上亦未合法取得受赠房产，因而该×号院在法律意义上仍然属于王母所有。王某、殷某在没有权利人王母授权的情况下，伪造了王母的授权委托协议、具结书，由王某代表王母办理了所有的拆迁手续，并占有了权利人王母名下全部拆迁补偿款 1 410 万元。

虽然本案事实发生在亲属之间，但由于涉及严重的侵犯财产权利的事实，故对王某等的行为有理由（有必要）按照涉嫌侵犯财产类犯罪论处。理由如下：

我国刑法规定的侵犯财产犯罪有抢劫罪、盗窃罪、诈骗罪、抢夺罪、侵占罪、故意毁坏财物罪等。显然，本案行为事实完全不符合抢劫罪、抢夺罪的构成要件。王某等的行为事实中虽然有"骗"的成分，即他假冒王母的委托代理人身份与中信地产公司拆迁办签订拆迁合同，ZX 地产公司虽然信以为真并支付了 1 410 万元拆迁补偿款，但 ZX 地产公司得到了相应的地产开发权，其并无经济损失，因而不存在上当受骗的情况，故本案不能成立诈骗罪。王某等伪造王母授权委托书与 ZX 地产公司签订拆迁补偿合同，直接导致王母所有的×号院房产被 ZX 地产公司所拆毁，表面上看好像符合故意毁坏财物罪的构成要件，但是根据拆迁补偿合同，一方面 ZX 地产公司支付 1 410 万元后获得了×号院的开发权，王某则获得了×号院的对价——1 410 万元补偿款，且无论是王某还是 ZX 地产公司均无故意毁坏财物的主观意图，故也不能成立故意毁坏财物罪。王母曾经允诺分给王某×号院房产的 9 平方米，而且王某一直占有并使用这 9 平方米房产。就此来看，王某自己占有的 9 平方米房产属于代王母保管的财产。如果王某通过伪造授权委托书并与 ZX 地产公司签订拆迁补偿合同，进而非法占有本该王母所有的财产，理论上是可以成立侵占罪的。不过，考虑到权利人王母曾经允诺分给王某 9 平方米房产，且事实上王某早就在控制和使用该 9 平方米房产，对王某采取不合法手段实现该 9 平方米所有权的行为，可以依据刑法第 13 条"但书"，不按照侵占犯罪论处。但是，王某等通过伪造授权委托书与 ZX 地产公司签订拆迁补偿合同，将自己占有之外的×号院的房产交给 ZX 地产公司开发，并将拆迁补偿款据为己有，则可能成立盗窃罪。因为，王某和殷某无权处分他人所有的或他人控制下的财产，此二人却通过伪造王母授权委托书与 ZX 地产公司签订拆迁补偿合同，并非法占有拆迁补偿款，这明显侵犯了他人的财产利益。

问题的难点在于：不动产是否可以成为盗窃的对象？在传统刑法理论中，通常认为只有动产或者钱款等才可能成为盗窃罪的对象。之所以有此论点，一是因为发生盗窃不动产的行为极其罕见；二是人们习惯上认为既然是"不动产"，所以是无法盗走的（如土地、房产），如此一来，不动产就似乎当然不能成为盗窃的对象了。这种传统思维显然不科学也不合理，更是于法无据。在一些专门规定有侵占不动产犯罪的国家（如日本），侵夺不动产行为可以直接按该罪论处。我

181

国刑法没有规定侵夺不动产罪，遇有盗卖他人不动产行为时，就应当根据刑法基本理论来进行合理解释，如果符合盗窃罪成立要件的，就应当按照盗窃罪论处。本案基本事实其实就是：王某和殷某通过伪造权利人王母的授权委托书等，将权利人王母的房产卖给了地产公司，并非法获取了 1 410 万元钱款。换言之，王某和殷某盗卖了本来属于王母的房产。就此而言，盗卖房产与盗卖他人的动产在本质上并无差异，故以盗窃罪论处是正确的。

当然，对于本案的处理，还要考虑 2013 年 4 月 2 日"两高"《关于办理盗窃刑事案件适用法律若干问题的解释》第 8 条的规定。该条规定："偷拿家庭成员或者近亲属的财物，获得谅解的，一般可以不认为是犯罪；追究刑事责任的，应当酌情从宽。"该解释包含了两层意思：其一，家庭成员或者近亲属之间的偷拿行为，获得被害人谅解的，一般不作为犯罪论处；其二，即便是追究刑事责任，也应当酌情从宽处理。所谓"偷拿"，一般应当是指偷摸行为，即偷窃财物的价值或者数额相对有限，并非十分巨大。像本案嫌疑人通过伪造授权委托书进而盗卖被害人价值 1 000 多万元的房产，显然远远超出了"偷拿"的含义！因此，结合我国刑法规定的平等适用刑法原则以及刑法应当平等保护财产精神，对嫌疑人应当在查明事实的基础上以盗窃罪论处。当然，根据前引司法解释，应当酌情从宽处理。另外还要说明，由于王某某在知道王某等伪造王母授权委托书后即退出了后续行为，其前期参与行为至多也只是犯罪预备，故可以不追究其刑事责任。殷某自始至终和王某一起实施了伪造王母授权委托书等行为，虽然他所起作用较王某小，但只是在王某没有兑现分给他的那份钱款时才提出控告，换言之，王某与殷某共同参与了整个涉嫌盗窃犯罪的行为，只是他没有分得赃物，仍应对其以共同盗窃论处。

54. 关于三个案件的个人意见

（2010 年参加某市公安局经济犯罪专家咨询委员会议时就三个疑难案件提供的书面意见）

一、关于第一个案例

基本事实：B 公司董事长乙伙同某农行行长丙伪造 B 公司会计主管邓某签

名，开出无真实贸易背景的3 500万元人民币银行承兑汇票给深圳市某科技有限公司，通过在某农行私设的第二账户将3 500万元人民币最后挪用到A公司总经理甲实际控制下的C公司和D公司。同日，C公司和D公司向B公司在该支行的第二账户分别转入2 200万元和2 000万元人民币，作为入股B公司的"增资验资款"。当日下午，甲、乙又将该笔4 200万元人民币的"增资验资款"转入A公司的关联公司的银行账户。同时，丙明知该"增资验资款"并未实际转入B公司第一正式账户，而是转入了未被B公司所知道和控制的第二账户，并且该资金随即被转至A公司关联公司的银行账户，在这种情况下，仍然作出了C公司和D公司分别增资入股B公司2 200万元和2 000万元人民币《验资询证函》的验资确认证明。

基本观点： 就本案基本事实来看，甲、乙、丙三人实际上是有预谋地为了A公司控制的C、D两公司筹集验资款入股B公司，而通过B公司开出无真实贸易背景的承兑汇票的方式，将B公司的3 500万元挪用给了A公司控制的C、D公司用于对B公司的出资，在验资程序完成后，甲、乙又将4 200万元增资验资款转入A公司的关联公司银行账户——即甲、乙又抽走了A公司控制的C、D公司对B公司的出资，而丙明知该"增资验资款"未到位仍然作出了C公司和D公司分别增资入股B公司2 200万元和2 000万元人民币《验资询证函》的验资确认证明。因此，甲、乙、丙三人共同构成挪用资金罪（刑法第272条），甲、乙还涉嫌构成虚假（抽逃？）出资罪（刑法第159条），丙则还涉嫌构成违法出具金融票证罪（刑法第188条）。但综合全案事实，我认为，本案应当按照数罪并罚处理。具体而言：甲、乙、丙共同构成挪用资金罪、虚假（抽逃？）出资罪，丙还构成违法出具金融票证罪（刑法第188条）。

理由如下：

1. 本案不是牵连犯。有人认为，甲、乙、丙共同实施了挪用资金与虚假出资两个行为，其中，挪用资金是手段行为，虚假出资是目的行为，按照处理牵连犯原则——从一重处断，即按照挪用资金罪论处即可。我认为，此种观点值得进一步推敲。因为，牵连犯所说的手段（原因）行为与目的（结果）行为之间的牵连关系，应该是具有事实上符合逻辑的手段（或原因、方法）与目的（或结果）之间的牵连关系，如为了诈骗而伪造公文、印章。本案行为人挪用资金的目的在于"出资",也就是说,虚假出资与挪用资金之间并不存在符合逻辑的牵连关系,故挪用资金与虚假出资之间并不存在刑法学上的牵连关系。且从当今大陆法系刑法学(更不用说英美刑法学与刑事司法立场了)与刑法立法立场来看,否定牵连犯已是大势所趋,故对本案不宜按照牵连犯处理。

2. 丙为 C、D 公司出具虚假增资入股的《验资询证函》,独立构成刑法第 188 条规定的违法出具金融票证罪。尽管丙的违法出具金融票证的行为是为了帮助甲控制的 C、D 公司取得增资入股 B 公司的变更登记——工商注册登记,但是由于虚假出资与违法出具金融票证是两个彼此完全独立的行为而没有刑法上的牵连关系,因此,对于丙当然应当追究其违法出具金融票证罪的刑事责任。

二、关于第二个案例

基本事实:某市 F 公司在某市 A 地点、B 地点、C 地点等多个办公场所存有大量带有"Cisco System""Avago"(未在中国进行商标注册)商标的电子模块和不干胶商标标签。美国思科公司对涉案的电子模块进行鉴定,确定为假冒"Cisco System"注册商标的商品,工商局对涉案电子模块进行了委托价格鉴定,某市物价局认定 A 地点的假冒"Cisco System"商标产品价值 600 多万元人民币,B 地点的假冒"Cisco System"商标的产品价值 10 万元人民币。某市工商行政管理局以电子模块为假冒注册商标的产品,并达到追诉标准的理由将该案按货物查扣地点拆分为两个案件,要求对某市 F 公司的行为再次进行刑事立案审查。

基本观点:

本案涉及以下问题:

1. 销售假冒在美国注册的商标商品是否构成刑法第 214 条规定的销售假冒注册商标的商品罪?答案是肯定的。中国和美国均为《商标国际注册马德里协定》(1967 年修订并于 1979 年修改的斯德哥尔摩文本)的签约国,因此,受国际法保护的注册商标,中国有义务保护。

2. 是否构成犯罪?对此应当严格按照最高人民法院、最高人民检察院 2004 年 12 月 28 日发布的《关于办理侵犯知识产权刑事案件具体应用法律若干问题的解释》规定的认定标准来把握——即立案标准应该以是否"销售金额数额较大"(5 万元以上)。关于"销售金额",根据"两高"前述解释,是指销售假冒注册商标商品后所得和应得的全部违法收入。

3. 如何确定假冒思科二手产品价格？对此，如果有国家关于二手产品估价准则或司法解释，则应当遵守国家制定的或司法解释规定的标准；如果没有，可由物价评估部门根据社会市场行情当时的情况，作出评估。

4. 美方提供的鉴定结论是否可以作为定案依据？对此，可根据 2000 年 12 月 28 日通过的《中华人民共和国政府和美利坚合众国政府关于刑事司法协助的协定》处理。该协定包括在刑事诉讼中相互协助送达文书、调查取证以及冻结、扣押、没收等程序中的协助等内容。因此，美方提供的有关证据可以作为定案依据。

5. 对于 F 公司的行为如何定性？对此，应当根据《关于办理侵犯知识产权刑事案件具体应用法律若干问题的解释》第 13 条处理：实施刑法第 213 条规定的假冒注册商标犯罪，又销售该假冒注册商标的商品，构成犯罪的，应当依照刑法第 213 条的规定，以假冒注册商标罪定罪处罚。因此，如果 F 公司仅仅是销售假冒注册商标的商品，则只定销售假冒注册商标商品罪；如果先假冒他人注册商标，然后又销售的，则应当数罪并罚。

6. 如何理解刑法第 213 条中的"明知"？根据"两高"、公安部、国家烟草专卖局 2003 年《关于办理假冒伪劣烟草制品等刑事案件适用法律问题座谈会纪要》第 2 条，"明知"，是指知道或者应当知道。而"应当知道"，可以根据具体案件事实加以推定。

三、关于第三个案例

基本事实：

乙货运代理有限公司法定代表人为赵某。赵某低价承揽运输业务，再高价委托甲运输有限公司运输。乙货运代理有限公司向生产企业收取所有运费后支付少部分运费给甲运输有限公司（比如：乙公司收取生产企业每柜 1 900 元人民币，然后乙公司委托甲公司运输需支付甲公司 2 000 元，同时乙公司每柜需支付 6.6% 的税款）。合同前段，乙交付运费给甲，后期甲在收取不到运费后，主动中断了与乙的合同，后乙继续与其他运输公司合作继续经营，直至欠下其他运输公司运费后被迫终止乙公司的运作；乙公司在运营过程中每一个货柜都亏钱，导致乙公司赵某最终欠款逃走。2008 年 5 月，乙公司人去楼空。

问题：

1. 赵某及乙货运公司对甲运输公司的运输未付款，运输是一种劳务，劳务可否作为合同诈骗的标的？

第一种观点认为劳务可作为合同诈骗罪的标的，因为劳务最终要以人民币作为支付对价的。

第二种观点认为劳务不可作为合同诈骗罪的标的，因为合同诈骗罪没有规定劳务。

2. 本案是否可以合同诈骗立案？

第一种观点认为可以合同诈骗立案，因为赵某以低价承揽运输业务，再高价委托甲运输有限公司运输，本身就说明其不会将相关费用全部支付给甲公司，其有非法占有的故意。可以立案。

第二种观点认为不能以合同诈骗立案，因为甲是因亏钱而人去楼空。这是经济纠纷。

基本观点：

1. 劳务是否可能成为骗取的对象？我国传统观点认为，骗取的对象是公私财物（刑法第266条）。但是，如何正确理解财物？值得认真推敲。现在，学界一般认为，财物既包括金钱，也包括具有金钱价值的物资；既可以是有形物，如货币、汽车等，也可以是无形物，如煤气、电力等；财物还可以理解为财产性利益，即具有金钱价值的物资利益，如债权、使用权、服（劳）务等。因此，我认为，服（劳）务可以成为诈骗的对象。

2. 本案是否涉嫌合同诈骗？对此，要根据具体案件事实进行具体分析。首先，要严格按照刑法第224条规定的合同诈骗罪成立条件对照犯罪事实，逐一核实——就是检查本案是否符合刑法第224条规定的五项合同诈骗罪成立条件之一：（1）以虚构的单位或者冒用他人名义签订合同；（2）以伪造、变造、作废的票据或者其他虚假的产权证明做担保；（3）没有实际履行能力，以先履行小额合同或者部分履行合同的方法，诱骗对方当事人继续签订和履行合同；（4）收受对方当事人给付的货物、货款、预付款或者担保财产后逃匿；（5）以其他方法骗取对方当事人财物。就办案事实来看，似乎尚不足以认定赵某及乙货运公司有合同诈骗的事实，甲与乙公司的纠纷本质上仍属于债务纠纷。当然，如果有事实表明赵某及乙货运公司故意欺骗甲方为其提供劳务服务，事后恶意携款逃匿，则不排除可以构成普通诈骗罪。

55. 关于刘某、范某、何某、刘小某行为如何定性的意见

（2013 年 7 月 23 日书面回复某人民检察院的意见。具体案情略。）

某人民检察院：

根据贵院提供的《关于被拆迁户为多得拆迁款对非国家工作人员行贿系列案件是否涉嫌犯罪提请专家咨询委员会咨询的报告》，参考（2013）某刑初字第 183 号及（2013）某刑初字第 226 号判决书，我赞同贵院反渎局对该案的处理意见。刘某等四人为了谋取不正当利益，大量给与拆迁公司负责人戴某好处费，非法获取高额拆迁补偿，其行为触犯刑法第 164 条第 1 款规定，应当以对非国家工作人员行贿罪追究刑事责任；刘小某在拆迁过程中虚报根本不存在的户口 3 个，为了骗取更多拆迁补偿，向某大学拆迁办主任郝某及拆迁公司负责人戴某大肆行贿，其行为分别构成刑法第 389 条第 1 款规定的行贿罪和刑法第 164 条第 1 款规定的对非国家工作人员行贿罪。

应当特别指出，行贿罪中的"谋取不正当利益"，应当按照 2008 年"两高"《关于办理商业贿赂刑事案件适用法律若干问题的意见》的相关规定来掌握，即："谋取不正当利益"是指行贿人谋取违反法律、法规、规章或者政策规定的利益，或者要求对方违反法律、法规、规章、政策、行业规范的规定提供帮助或者方便条件。本案中，前述涉案人员采取非法手段大肆行贿，而相关受贿人员正是在受到巨大非法利益诱惑下，大慷国家之慨，大大提高了对行贿人的拆迁补偿幅度。这种以行贿方式获得的且违反国家或地方关于拆迁补偿法规、条例、政策等规定的不合理高额补偿，当然应当理解为"不正当利益"！

以上意见，仅供参考。

56. 关于徐某某不构成非法买卖制毒物品罪的法律意见

（2015 年 3 月 21 日给某人民检察院的法律意见。具体案情略。）

某人民检察院：

最近，我认真研究了徐某某案件材料和有关法律规定，并走访了有关化学专家。根据我所掌握的案件材料和事实情况，依据我国现行有效的法律、法规，我认为徐某某不构成某公安局指控的非法买卖制毒物品罪。现将我的法律意见写成书面材料，供贵院审查本案时参考。

本案的核心问题在于：买卖含有甲苯的混合苯（物）是否构成非法买卖制毒物品罪？对此，答案只能是否定的。分析如下：

一、徐某某没有"违反国家规定，在境内非法买卖"易制毒化学品的行为，因而不可能构成刑法第 350 条规定的犯罪

从公安机关移送给检察院的案卷材料来看，徐某某涉案的基本事实乃是他曾经将 400 多吨混合苯（物）卖给了北京市某科技有限公司。

毫无疑问，经营易制毒化学品，必须遵守 2005 年 8 月 26 日温家宝总理签署发布的第 445 号国务院令——《易制毒化学品管理条例》的规定，凡是列入该条例附表"易制毒化学品的分类和品种目录"内的化学品，必须严格依照法律要求报备。甲苯就是前述条例附表目录中的第三类易制毒化学品。而混合苯并没有列入前述条例附表目录中！这就意味着，凡是经营甲苯，必须按照法律要求报备；而经营混合苯，并不需要按照前述条例报备！这同时意味着，徐某某并没有"违反国家规定，在境内非法买卖"易制毒化学品（刑法第 350 条），因而不具备成立非法买卖制毒物品罪的基本条件。

二、公安机关认定徐某某涉案事实存在严重错误——即公安机关把含有甲苯的混合苯（物）直接认定为甲苯了

混合苯与前列国务院令附表中的第三类易制毒化学品"甲苯"是两种不同的产品，混合苯具有独立的名称、特性，其与甲苯在主要成分、物理性质、化学性质、工业用途等方面均有实质不同。经向有关化学专家请教，化学上称之为甲苯的化学品，有工业级和实验级两个级别，实验级甲苯要求其纯度达到 99.99%以上，而工业级甲苯纯度则要求达到 99%以上，因为工业生产中没有实验室那样的精细程度，所以工业级甲苯要求相对低些；凡是甲苯含量低于上述纯度标准的，在化学上不能称之为甲苯，但可称之为混合苯或含甲苯的混合物（徐某某所在公司经营的甲苯纯度均在 99%以上）；而混合苯的主要成分是苯、甲苯、二甲苯以及其他芳烃类混合物。混合苯含有甲苯乃是必然事实，即便混合苯含有较大比例甲苯，只要没有达到化学上要求的纯度，其化学属性仍然只是混合苯或含甲苯的混合物而不是甲苯！（这就好比刑事责任年龄起点为 14 周岁，一个人即便是 13.9 周岁，也不可追究其刑事责任！）公安机关在办案过程中不但没有严格区分甲苯与混合苯或含甲苯的混合物，甚至故意将混合苯或含甲苯的混合物说成是甲苯，这是极不负责且严重违背法治精神的！此外，即便是徐某某经手卖出的混合苯含有公安机关所说的 87.3% 的甲苯（暂不讨论公安机关鉴定的合法性与合理性），在没有明确的法律规定前提下，也不能故意作出不利于被告人的解释——故意将含有较高甲苯成分的混合苯或混合物解释成甲苯，从而对被告人定罪处罚。如果这样解释，显然违背了现代刑事法治奉行的"有利于被告原则"。（所谓有利于被告原则，也可称之为"若有疑点，利益应当归被告"。该原则要求在处理法律问题遇有疑问时，应当作出有利于被告的解释和法律适用。我国刑法规定的"从旧兼从轻原则"就是有利于被告原则的具体体现。）

三、不可依据商务部 2007 年第 23 号公告（关于对含易制毒化学品的混合物的进出口管理作出具体规定）来处理本案

我注意到，商务部 2007 年第 23 号公告第 1 项规定："含甲苯、丙酮、丁酮、硫酸 4 种易制毒化学品之一且比例高于 40%（不含）的货物以及含盐酸比例高于 10%（不含）的货物"属于"混合物"，"经营者进出口上述混合物，应当按照《规定》申请许可。"但是，由于该具有行政解释性质的公告乃是针对"含易制毒化学品的混合物的进出口管理作出的具体规定"，因此，该公告内容不能适用于国内贸易（买卖交易）。换言之，不能引用该公告规定精神来处理国内贸易中的相关事务，否则就会造成法律、法规适用错误！同时，根据该公告精神还可以说明，含有甲苯的混合苯虽然属于"混合物"，但是毫无疑问，不能将混合苯（物）理解为甲苯！因为，如果可以将混合苯（物）理解为甲苯，那么该公告将"含甲苯"的混合物专门加以规定就纯属多余了！

四、不可借用刑法第 357 条第 2 款规定处理本案

刑法第 357 条第 2 款规定："毒品的数量以查证属实的走私、贩卖、运输、制造、非法持有毒品的数量计算，不以纯度折算。"根据该规定，在认定走私、贩卖、运输、制造（刑法第 347 条）、非法持有毒品犯罪（刑法第 348 条）时，

涉案毒品的认定不要求以纯度来计算，只要查证涉案物品含有构成犯罪的毒品成分属实即可。值得注意的是：刑法第 350 条规定的非法买卖制毒物品罪与前述犯罪存在重大区别，这主要表现在：非法买卖制毒物品罪的行为对象是"制毒物品"，而前述犯罪的行为对象是"毒品"，"制毒物品"显然不是"毒品"！故不能以刑法对毒品认定的相关规定套用于"制毒物品"的认定。此外，我国刑法早已确立罪刑法定原则，对于任何犯罪的认定，必须严格遵循刑法规定。刑法第 357 条第 2 款"不以纯度计算"的规定只能适用于走私、贩卖、运输、制造（刑法第 347 条）、非法持有毒品（刑法第 348 条）犯罪，而刑法并没有明确规定非法买卖制毒物品罪（第 350 条）"不以纯度计算"，因此，对于本案涉及的混合苯是否属于"甲苯（制毒物品）"，应当考察其纯度是否符合自然科学上甲苯这种物质的化学特性。换言之，只有含有纯甲苯成分在 99% 以上的化学品，才是化学上的甲苯，其他含有较多甲苯成分的混合物，至多也只是混合苯或含甲苯的混合物。而混合苯或含甲苯的混合物并不是刑法第 350 条规定的非法买卖制毒物品罪的行为对象！

综上，请贵院高度重视对本案的审查工作，维护徐某某应当受到法律保护的权利！

57. 当前形势下死刑制度去留问题

（本文为 2005 年 1 月 19 日接受人民网访谈内容）

编者按：

关于死刑的存与废的问题，在世界范围内已经争论了两百多年。自从 1764 年意大利学者贝卡里亚提出废除死刑的见解以来，人们从尊重生命权和天赋人权的角度，对废除死刑进行了广泛深入的论证。由于死刑有着久远的历史，它既是一个最古老的刑罚方法，又是一个被认为具有最大威慑力的刑罚方法，因此人们对于死刑的存与废，产生了重大的分歧认识，始终没有得出统一的废除死刑的结论。就世界范围的情况来看，欧盟各国事实上已经废除了死刑。2005 年 1 月 19 日 10 点，西北政法学院副院长贾宇教授、中国人民大学国际刑法研究所副所长谢望原教授做客人民网强国论坛，以当前形势下死刑制度的去留为题目与网友交流。（这里只保留了本人的发言部分。）

【谢望原】： 各位网友大家好！很高兴来人民网作客，和大家共同讨论大家关注的死刑问题。

［创新特色］： 嘉宾好！死刑存废与法治程度相联，我认为中国目前不宜废除死刑，而是限制死刑。对此，你有何评价？谢谢。

［创新特色］： 请专家从生命权角度看中国死刑的存废？

【谢望原】： 关于死刑的存与废的问题，在世界范围内已经争论了两百多年了。自从 1764 年意大利学者贝卡里亚提出废除死刑的见解以来，人们从尊重生命权和天赋人权的角度，对废除死刑进行深入的论证。但是，由于死刑有着久远的历史，它既是一个最古老的刑罚的方法，又是一个被认为具有最大威慑力的刑罚方法，因此人们对于死刑的存与废，虽然产生了重大的分歧认识，却并没有得出统一的废除死刑的结论。就世界范围的情况来看，欧盟各国事实上已经废除了死刑。但是，世界上的很多国家，仍然保留了死刑，包括像作为发达国家的美国、日本等等这些国家。

我个人认为死刑的存与废，应当从一个国家的国情出发。就中国的情况来看，我认为目前甚至在相当长的今后一段时间，死刑是不能废除的。这并不等于我们不尊重人权，因为用死刑来威吓预防犯罪在我国还是必要的。

[紫砂壶]：为什么废除死刑是必然的趋势？

【谢望原】：关于废除死刑是不是必然趋势，目前还很难作出绝对肯定的回答，因为人类社会的发展，包括社会制度和法律制度发展变化，它总会有自身的规律性。在我看来，死刑至少在相当长的时间内是不应该废除的，我认为死刑是解决社会中犯罪这一矛盾现象所必需的一种武器，这正如战争是解决社会矛盾的一种极端手段一样，只要战争有存在的理由，那么死刑就有存在的理由。因为，战争必然给人类带来死亡的后果。而死刑作为应对犯罪的一种极端手段，也有其合理存在的理由。

[创新特色]：如何理解保护人权特别是生命权与死刑存废之间的关系？谢谢！

【谢望原】：我认为作为人的一种权利，生命权显然是各项人权中的最为关键的一项权利。因此，每一个国家对公民的生命权都无比尊重和关注。但是，这并不等于尊重生命权、关注生命权，就应该完全放弃或者消灭死刑。在我看来，如果那些丧心病狂、丧失人伦的犯罪分子，当他们毫不尊重他人的生命权时，肆意践踏他人的生命权的时候，国家就有必要采取极端手段，以死刑的刑罚来遏制其犯罪。这里还要指出，死刑之所以有存在的理由，我认为主要基于这样几点理由：第一，阻吓犯罪；第二，平衡社会秩序；第三，满足报复心理。因此，尊重和保护生命权与死刑的适当保留并不矛盾。

[岳大盟主]：本人是学法律的。虽然我知道"徒法不足以自行""民不畏死，奈何以死惧之"，但是毛主席又告诉我们"矛盾有主要和次要的两个方面"。对于暴力或者侵权犯罪，也许死刑已不具有威慑力；对于经济和公共职务领域里

192

的恶性案件则不然，他们不是不怕死才敢犯罪，而是体制原因使他们有机会逃避严厉惩罚，才激发他们的"犯罪心理"，对他们施行死刑，第一可以有效遏止这些犯罪，另外，可以醇化风气从而导致社会道德和规则的扭转，以减少弱势人群"呐喊和挣扎"式犯罪客观动机。您说是吗？

【谢望原】：在我看来，"民不畏死，奈何以死惧之"，这是一个古老的话题，如果从刑法学的角度来看，这句话包含了死刑究竟有没有威慑力，以及有多大威慑力的问题。要回答这个问题，有必要首先说明刑罚的本质。在我看来，刑罚的本质中，很重要的一个因素，或者说它的根本属性就是报应。这就是说，即便是刑罚不能真正的阻吓犯罪，但是刑罚作为一种满足"社会报应心理"的一件法律武器，它仍然具有存在的合理性。

[掀起建议新高潮]："死刑"对未成年人网开一面是基于什么原因？

【谢望原】：我认为我国刑法之所以规定，对未满 18 周岁的青少年以及孕妇，不适用死刑，这完全是从人道主义的角度，以及未成年人的教育、心理等方面的情况，来考虑问题的。它体现了我国刑法尊重人权，特别是尊重和保护青少年生命权的精神。因为，青少年由于年龄尚小，所受教育有限，身心发育尚未完全成熟，他们认识和控制自己行为的能力，也十分有限。因此，国家的法律对青少年犯罪人采取了更宽松的刑事政策，这也符合世界各国刑法立法的规律。

[法志]：请问两位老师，在美国许多州已废除死刑，但民意调查显示，多数民众并不支持废除死刑，这又做何解释？

【谢望原】：有关资料表明，美国各州的立法并不相同，美国有一些州曾经在上个世纪五六十年代废除过死刑，但是后来已经废除死刑的州又恢复了死刑。这也从一个方面反映了一个问题，一个国家采取何种刑罚方法，来抗制犯罪，应该从自己国家的国情出发，而不可感情用事。就美国的情况来看，美国的法律价值观念，以及政治价值观念的取向，和欧盟各国大体相当，但是欧盟各国废除了死刑，而美国却保留了死刑，这正是因为美国和欧盟各国国情和民意大不相同。……

[愚林]：请问谢老师，杀人偿命是自古以来深入人心的理念，难道废除死刑不会引起报复杀人吗？

【谢望原】：我个人并不主张完全废除死刑，我所持的观点是最大限度的限制死刑。因此，对于那些杀人、放火、抢劫、强奸、爆炸等等暴力犯罪，仍然有必要保留死刑的。至于死刑减少或者废除，会不会引起报复杀人？我认为这并没有必然性，国家有必要、有义务对公民开展深入的法制教育，在依法治国的前提下，充分培养公民的守法意识，如果每一个人都能够依法行事，那么犯罪就会大大减少了。

[创新特色]：由最高法院统一收回死刑核准权，对提高死刑案件的质量有哪些作用？谢谢！

【谢望原】：根据我国《刑事诉讼法》的规定，死刑案件的复核权，应当由最高人民法院行使。法律上之所以这样规定，是因为考虑到判处死刑是一件极其严肃的事情，人命关天，死后不能复生。因此，对于死刑案件的核准，必须严格按照法律标准掌握。据传国家有关机关正在考虑将死刑案件的核准权统一由最高人民法院来行使，改变目前存在的省市一级高级人民法院对某些死刑案件行使复核权的现状。我认为，这一举措对于统一掌握判处死刑的标准，对于统一全国的法制，减少和限制死刑，是有重要意义的。

[宋公明]：我国现行死刑制度和国外有什么不同？实行的结果有何弊端？

【谢望原】：就这个问题而言，我认为在世界上其他保留死刑的各国中，《刑法》规定的死刑罪名，相对较少。我国《刑法》规定的死刑罪名，相对较多。我也认为，世界保留死刑的其他国家，适用死刑和执行死刑，也相对较少，而我国适用死刑和执行死刑，相对较多。我国有必要尽其可能地减少死刑的适用和执行。

[网友]：两位老师好！你们对以下个案（马加爵案）持何观点？望实话实说，谢谢。

【谢望原】：就"马案"来说由于他故意杀死了 4 个同学，根据中国现行的《刑法》规定来看，对其适用和执行死刑是有法律根据的。

[宋公明]：没有死刑当然就不会有错杀，那么为了避免错判是不是可以取消刑罚？

【谢望原】：对于这个问题，我认为中国有句古话说得很好："人非圣人，孰能无过"，这就是说人不是神，谁也无法保证自己不做错事。对于司法机关来说，这个道理也是一样的，这就是说司法机关将无可避免的会办错案，我们不能为了不办错案，就废除必要的刑罚方法，甚至完全取消刑罚。我看到过一个美国的司法统计，就美国的刑事案件来看，美国大约有 1%～5% 的错案率，但是美国也没有因此就有人提出，要废除刑罚，甚至取消刑罚。

我们国家的错案率究竟有多少？因为没有公开的司法统计，我们尚不清楚。但是，我认为无论我们的错案率是多少，我们都不可以得出要完全取消死刑甚至其他刑罚的结论。我们只能要求严格科学的司法执法，确保错案率的最低水平。

[激激]：请问谢老师，即使限制死刑的适用，如果保留死刑，您认为这是对人权的践踏吗？

【谢望原】：我不认为是对人权的践踏。前面我已经指出，死刑是国家对付犯罪的一种最极端的手段，这正如战争是解决社会矛盾的一种最极端的手段一样，世界上没有人对战争的存在表示过怀疑，就是因为战争至少在当前和今后很长时间内，有其合理的存在空间。这可以说明死刑的存在也有其合理的根据，因为战争和死刑有一个共性，都会剥夺人的生命权。人们没有理由一方面认可战争存在的合理性，而完全否定死刑的存在的合理性。

[创新特色]：死缓制度是我国司法的独创，请问它是否是中国死刑走向废除的重要一步？谢谢！

【谢望原】：一般认为死缓制度是我国刑事司法制度当中的一项独具特色的制度，它对于减少死刑的执行，"少杀""慎杀"，避免"错杀"，确实具有十分重大的意义。死缓在我国并不是一项独立的刑罚方法，而是一种死刑的执行方法，也就是说，死缓也是死刑。如果我们的司法机关能够确立这样一种信念：在对于需要判处死刑的案件，首先考虑适用死缓，只有对那些必须适用死刑立即执行的案件，才适用死刑立即执行。这样，就能大大地降低我国的死刑执行，从而能对被告人的生命权提供更多的保护。

【谢望原】：非常感谢人民网邀请我到强国论坛来，和诸位网友交流对死刑的看法，从各位网友所提的问题中，我学得了很多十分有价值的刑法问题，也使我更加了解到了我国人民群众对死刑问题的关注，这将促使我更加关注我国的刑罚改革问题，特别是有关死刑的存废问题。谢谢大家！

58. 《焦点访谈》：反商业贿赂访谈要点

（本文为 2006 年 12 月 30 日接受中央电视台《焦点访谈》记者采访准备的文稿）

一、近几年跨国公司典型商业贿赂案件

（一）国内

1. 德普商业贿赂案。美国德普公司是目前世界上最大的专业性诊断试剂跨国公司。1991 年，该公司在天津经济技术开发区成立中国分公司。其后的 11 年时间里，为推销产品，德普中国公司向中国多家国有医院的医生以及实验室工作人员提供非法"回扣"高达 162.3 万美元。德普公司总部 2003 年 2 月发现了公司的账面问题并展开调查。美国司法部认定该行为触犯了美国《海外反腐败法》有关"禁止美国公司向外国有关人员行贿"的规定。最后，德普中国公司于 2005 年 5 月 20 日向美国司法部认罪。德普公司被罚向美国司法部支付 200 万美元的罚款和向美国证券交易委员会上缴 204 万美元的非法所得，并同时缴纳 75 万美元的预审费等费用。

2. 立邦"日本跨国公司"商业贿赂案。2005 年底，长春市工商局经济违法稽查局以"立邦漆大搞回扣"，涉嫌"企业行贿"和"不正当竞争"为由对其立案侦查。日前，该局已向立邦漆驻长春办事处下达处罚通知书，罚没 19.7 万元。

3. 2004 年 4 月 6 日，朗讯向美国证券交易委员会递交汇报文件，指出朗讯将解除其中国区总裁戚道协、首席运营官关赫德及财务主管和市场部经理的职务，理由是他们为合作方提供回扣。

4. 2004 年 3 月，世界 500 强之一的默沙东（MSD）公司解雇了二十多名中国分区副经理和医药代表，原因是"假以学术推广的名义报销娱乐费"。

5. 2003 年 12 月，云南省对外贸易经济合作厅原党组书记、厅长彭木裕因在审批昆明沃尔玛管理服务有限公司项目时，默认其妻收受昆明沃尔玛管理服务有限公司董事邹丽佳价值 10 万元人民币的"礼物"，被判处有期徒刑五年。

（二）海外

1. 张恩照案。2005 年 3 月，中国建设银行股份有限公司董事长张恩照涉嫌

经济腐败被"双规"。早在 2004 年 12 月 9 日,在中国建设银行信贷管理软件系统进口项目的合同纠纷案中,美国著名金融 IT 服务供应商 FNF（Fidelity National Financial,美国保险公司）子公司 FIS（FIS Information Services,美国信息公司）为主要被告,张恩照被列为第三主要被告,张恩照涉嫌收受前者巨额贿赂。

2. 2005 年 3 月,一家国防工程承包商和军火商巨人公司受美国证券交易委员会指控,向贝宁共和国总统的商业咨询顾问支付了超过 350 万美元的贿金。

3. 2005 年 1 月,著名生物和农业技术公司孟山都公司向美国证券交易委员会缴纳了 50 万美元罚金,作为向印度尼西亚政府官员行贿的代价。

4. 2004 年 10 月,戴姆勒—克莱斯勒公司前会计师向美国联邦法院举报,该公司存在违反《海外反腐败法》的行为,曾利用 40 个银行账号向外国政府官员行贿。

5. 2004 年 1 月,IBM 韩国分公司负责处理与韩国公共机构关系的常务董事张井浩被控涉嫌帮助该公司经销商 WINSOL 公司,以不正当手段从韩国税务机关获取了总价值 3 580 万美元的采购合同。

二、跨国公司商业贿赂的主要危害

在国际商业活动中,跨国公司的商业贿赂行为具有严重的社会危害性,主要表现在以下方面:

其一,该行为影响一个国家企业在国际商业领域的核心竞争力。虽然在短期内,企业可能通过商业贿赂行为而换取某些暂时的利益,但以此种方式去进行国际竞争是难以持之久远的。试想,一个国家的企业不去努力进行技术研发、提高企业科学管理水平、按照国际商业的游戏规则开拓并占领国际市场,而是把心思和精力放在搞歪门邪道方面,这样的企业势必在无情的国际商业竞争中被淘汰出局。

其二,该行为损害了国家的国际形象。在国际商业活动中,一国的经营者往往代表一个国家的形象,在我国加入 WTO,更多地参与国际政治、经济活动的情况下,此类商业贿赂行为必将引起国际舆论对我国法律制度、投资环境等方面的严重负面评价,从而带来难以估量的经济损失。

其三,该行为为孳生其他犯罪提供土壤。诚实、守信是应当遵循的商业伦理道德,而商业贿赂行为背弃了公平竞争的原则。长此以往,经营者将日益漠视伦理道德，为追求利润而不择手段，进而实施制售假冒伪劣产品、洗钱、走私等犯罪。

其四，该行为最终扰乱国内市场竞争秩序。在日益全球化、经济一体化的国际社会背景下，一国国内市场与海外市场是紧密联系、不可分割的。一个国家的企业如果在国际商业竞争中进行商业贿赂可以逍遥法外，那么该国家的国内企业就会纷纷仿效。由于商业贿赂的最大危害在于其进行不正当竞争、破坏市场经济的公平竞争秩序，因此，国际商业活动中的贿赂行为最终必然对国内商业秩序产生消极的连锁反应。故如果国家要保护国内市场竞争，就必须对经营者的海外贿赂行为予以规制。这就是美国在上世纪 70 年代为什么制定《海外反腐败法》的原因之一。

三、跨国公司商业贿赂德典型手段

国际商业贿赂行为表现形式五花八门。主要有：

1. 给回扣。

2. 针对不同国情"送礼"。

3. 以学术活动、培训等名义，报销费用。

4. 直接送钱送物；等等。

四、如何有效治理跨国公司的商业贿赂

（一）国外做法

1. 建立健全各种法律制度。西方各国均有完善的反贿赂立法。如众所周知的美国《海外反腐败法》（又称《海外腐败行为法》）、德国有《反不正当竞争法》《德国刑法典》和 1997 年 8 月份修订的《反腐败法》等，日本、韩国也有相应反商业贿赂的系列立法。

2. 加强国际反商业贿赂合作。如经济合作组织（OECD，有 30 多个国家为该组合成员国）1977 年签订的《打击贿赂国际商务活动中外国官员行为公约》、联合国 2003 年推出的《反腐败公约》等，用以遏制国际商业活动中的腐败行为。

3. 国家严格监督其在海外的跨国公司，一经发现有商业贿赂行为，严惩不贷。美国在此方面做得较为成功。据有关媒体报道，美国已经处罚五十多家海外跨国公司的商业贿赂行为，而其他国家在此方面做得较一般。

（二）如何有效治理

就我国当前情况来看，我认为，我们主要应当从以下方面做起：

1. 借鉴国外反商业贿赂经验，建立健全反商业贿赂立法。我国关于反商业贿赂的刑事法律主要是刑法（第 163 条、第 164 条对公司、企业人员的商业贿赂犯罪作了规定。《刑法修正案（六）》已将第 163 条和 164 条的主体范围扩大为"公司、企业或者其他单位的工作人员"、第 385 条至 393 条对国家工作人员和国有单位的贿赂犯罪作了规定），此外，还有少数行政法律、法规以及经济法律、法规一些规定。但是，我国对自己的跨国公司的商业贿赂行为如何规制，目前尚无完备法律可资遵循。因此，我认为国家立法机关应当尽快对反商业贿赂进行统一立法，为反商业贿赂提供完备的法律依据。

2. 严肃认真执行有关国际公约。我国已经在于 2003 年 12 月签署联合国《反腐败公约》，全国人大常委会于 2005 年 10 月批准联合国《反腐败公约》。该公约对各类国际性腐败行为（包括国际商业贿赂行为）作出了具体规定。我国一方面应当及时调整国内法律，以与国际法相协调；另一方面，根据"国际法效力高于国内法效力"的原则，对我国的跨国公司违反联合国《反腐败公约》的行为，应当严格按照该公约惩处。

3. 进一步深化法制教育，培养唯法是从精神。现代法治国家的经验告诉我们，有效管理国家的唯一途径就是依法治国。换言之，大到国家事务，小到商品交易，只有严格按照法律规定的原则进行，社会事务才能有序进行。因此，应当教育全体国民，特别是教育那些掌控商业交易大权的人士，必须严格约束自己的行为，即自觉把自己的行为控制在法律许可的范围内。如果掌控商品交易大权者自觉在商品交易中依法行事，那些试图通过行贿受贿达到获取非法利益目的者便无法得逞。

4. 发挥新闻媒体的特殊监督作用。众所周知，新闻媒体的主要任务之一就是社会监督。从世界范围的经验来看，凡是新闻媒体监督力度大的国家和地区，社会政策、法律制度的公正性就高；凡是新闻媒体监督力度小的国家和地区，社会政策、法律制度的公正性程度就低。就反商业贿赂而言，如果允许新闻媒体直接介入，随时将那些见不得人的行贿受贿行为揭露于光天化日之下，使那些人们深恶痛绝的丑行无处藏身，行贿受贿者一经披露，则其马上成为过街老鼠，人人喊打。似此，谁还敢行贿受贿？而且新闻媒体反商业贿赂的成本最低，能够收到其他手段无法达到的效果。

59. 境外赌博构成赌博罪吗

（2005 年 2 月 21 日接受《检察日报》记者柴春元采访的观点）

对于公务人员赌博行为，相关的党纪政纪规范已经作了比普通人更为严格和完备的规定。如果公务人员贪污、挪用公款或者用受贿款进行赌博，则应分别以贪污罪、挪用公款罪或者受贿罪追究刑事责任。一些公务人员出境赌博的现象，以及由此引出的一系列腐败案件更是引起社会各界的高度关注。如何正确运用刑事手段对此予以有效打击？刑事司法手段在遏制公务人员出境赌博中应扮演什么样的角色？带着上述问题，记者走访了中国人民大学博士生导师谢望原教授。

一、公务人员出境参与赌博，一般不能以赌博罪追究其刑事责任

记者：近来，一些地方官员赴境外赌博的现象引起社会舆论和各界的强烈反响。对于赌博问题，我国相关法律是如何规定的？对于出境参与赌博的公务员，能否以赌博罪追究其刑事责任？

谢望原：虽然世界上有些国家和地区的法律准许赌博的存在，但要求必须严格按照相关法律的规定来进行。如我国澳门地区就准许博彩业的合法存在，但对于赌博都有非常完备的法律来规范。值得注意的是，多数国家和地区的法律对公务员赌博大都严格禁止，如澳门的公务员除在春节等大型节假日外，平时是绝对不允许"光顾"赌场的，一旦发现，就要受到非常严厉的处罚。

就我国的情况而言，从新中国成立以来，党和政府就把赌博作为一种陋习严加禁止。我国刑法规定，以赢利为目的，开设赌场、聚众赌博或者以赌博为业的，构成赌博罪。但我国刑法对赌博罪的处罚比较轻，其法定刑是三年以下有期徒刑、拘役或者管制，并处罚金。

至于公务人员参加赌博是否构成赌博罪，根据我国刑法，构成赌博罪必须是以赢利为目的，且符合聚众赌博、开设赌场或者以赌博为业三种情形之一。公务人员到境外赌博，如果仅仅具备参与赌博的行为，显然不符合此条规定的三种情况。因此，对于公务人员出境参与赌博的行为，一般不能以赌博罪追究其刑事责任。

二、境外人员在互联网上设置"赌场"，不宜以"聚众赌博"追究责任

记者：当前，跨境赌博行为又产生了一些新的方式和手段，如有的外国人以

到境内组织旅游为名，召集国内人员到境外参赌；有的则是在境外通过互联网开设"虚拟赌场"，行为人在境内就可参与境外赌博。对于上述情况，能否以"开设赌场"或者"聚众赌博"，追究行为人的刑事责任？

谢望原： 在信息社会，许多通常需要面对面进行的行为都可以远程操作了，赌博也是一样。我的理解是，境外人员在互联网上设置"赌场"的行为，不宜以"聚众赌博"追究外国人的法律责任，这里行为人的行为应认定为发生在境外。各个国家都有自己的司法管辖权，这是国家主权的组成部分。如果境外人员在国外开设虚拟赌场，其他国家则无权对之进行管辖，事实上也无法实现管辖。但对于派人以旅游团的名义来中国拉人出境赌博，并符合"聚众赌博"形式的，我国刑法可以对此行使管辖权，以赌博罪定罪处罚。

三、没有必要专门规定公务人员的赌博罪

记者： 鉴于当前赌博犯罪日趋严重，最高人民法院、最高人民检察目前正在研究制定司法解释，以准确打击赌博犯罪。还有观点认为，为了更有利于打击公务人员赌博，应对我国刑法进行修改，建议在刑法中增加内容，对公务人员的赌博行为作出比普通赌博罪更为严格（如不要求以营利为目的，不必符合聚众赌博、开设赌场或者以赌博为业的情况也可构成犯罪）的规定，这种建议是否可取？

谢望原： 为了禁止赌博行为，特别是公务人员出境参与赌博的行为，有必要完善我国的刑事立法和相关的司法解释。但专门规定公务人员的赌博罪似无必要。公务员在从事公务之外也是一个普通人，应与普通人适用相同的刑法标准。试想，如果我国刑法在每个普通犯罪的条文后面都另外规定一个专门的公务员犯罪，如公务员盗窃罪、公务员诈骗罪等，那样势必造成刑法条文过于琐碎，也不符合刑法的逻辑。而且，对于公务人员赌博行为，相关的党纪政纪规范已经作了比普通人更为严格和完备的规定。如果公务人员贪污、挪用公款或者用受贿款进行赌博，则应分别以贪污罪、挪用公款罪或者受贿罪追究刑事责任。因此，从这个层面看，我国现有的刑事立法体系，对赌博这一问题的规定基本上是合理的。

四、从源头上解决挪用公款赌博这一问题，需要从制度上进行完善

记者： 在打击公务人员出境赌博这一行动中，刑事司法手段应当起到什么样的作用，扮演一种什么样的角色？

谢望原： 一般而言，赌博行为和腐败现象之间并没有必然的联系。例如亲朋

好友之间、街坊邻居之间不以营利为目的、带有少量彩头的娱乐活动，以及提供棋牌室等娱乐场所并只收取固定的场所和服务费用的经营行为等，这些情况应当不以赌博罪论处。另外，对于一般赌博用刑法来制约，并不是最科学、最有效的手段。大陆法系刑法学有一种理论，认为普通的"赌博"属于一种"无被害人犯罪"，所以一般认为公民以自己的财产参与赌博，如果国家为此启动如此复杂的刑法机器来调整，司法成本过大。因此，对于一般的赌博行为，按照行政法规进行调整是比较合理的。如果是公务人员以自己的财产进行赌博行为，而未涉及刑法有关规定的，还是应当依照相关的党纪政纪进行严肃处理。

在我国，之所以出现公务人员出境用公款赌博的情况，主要还是体制方面的原因。由于一些党政干部个人权力过于集中，缺乏一些必要的监督机制，党和国家的财产、纳税人的血汗钱，他们往往轻而易举地支配和处分，造成了少数干部挥金如土的奢侈习惯，公务人员出境赌博也就是这种现象的集中表现之一。如果从权力运行的角度来看，这实际是一种权力的腐败。对此，刑事手段只能扮演"治标"的角色，要"治本"，即从源头上解决挪用公款赌博这一问题，还是需要从制度上进行完善，如从用人制度、监督机制、财务制度三个方面要做大量的工作，既要保证提高党政机关工作人员的自身素质，又有必要的监督制约机制。

五、打击公务人员出境赌博的行动，为深入开展反腐败工作提供了切入点

记者：值得注意的是，当前有的公务员挪用大量公款到境外豪赌，赌资动辄上百万元，多则上千万元甚至上亿元。近年来这种现象愈演愈烈，引起党中央、国务院以及司法部门的高度重视。对此应如何准确适用刑法进行制裁？

谢望原：对于这种情况，我国刑法规定，国家工作人员利用职务上的便利，挪用公款归个人使用，进行非法活动的，构成挪用公款罪。最高人民法院发布的司法解释也规定，挪用公款归个人使用，进行赌博走私等非法活动的，构成挪用公款罪。因此，根据现有法律和有关司法解释的规定，对于党政干部挪用公款进行赌博的行为，还是应当按照刑法的规定，以挪用公款罪定罪处罚。

另外，公务人员出境赌博，如果其赌资是贪污或者收受贿赂而来的，则应该以贪污罪或者受贿罪追究其刑事责任。因此，如果在反腐败的大背景下审视司法机关打击公务人员出境赌博的行动，这项行动无疑为我国的反腐败工作提供了一个很好的切入点。

60. 回答法制日报记者袁定波专访

(本文为 2007 年 11 月 7 日回答《法制日报》记者袁定波采访提供的意见)

我国刑法关于受贿犯罪的规定确实存在有待进一步完善之处。这次"两高"虽然就刑法第 163 条的罪名进行了更改——由原来的"公司、企业、其他单位人员受贿罪"改为"非国家工作人员受贿罪",但是并没有从根本上改变由于立法欠科学带来的问题。长期以来,我国的刑法立法受到国家工作人员等身份问题的困扰,致使贪污受贿犯罪主体认定产生很多麻烦。反观西方国家的刑法规定和刑事司法实践,却没有我国这样复杂。西方国家的受贿罪一般分为两类,即公务受贿和商业受贿。前者是以公务员作为犯罪主体,后者则以商业从业人员作为犯罪主体。至于其他类型的受贿行为可以归纳为违背职业或特定身份操守或信义的背信罪等。刑法第 163 条中使用了"利用职务便利"这样的术语,但是何谓"职务"?"职务"与"职业""业务"或"劳务"等是否应当严格加以区别?又怎样严格区别?这些都是令人极为头疼的问题!如果强调"职务"与"业务"、"职业"或"劳务"具有严格区别,它只能是与"职权"紧密联系的职权行为,则刑法第 163 条即使经过《刑法修正案(六)》的修正,也显然没有解决诸如医生开处方收回扣、医生收红包等问题。

至于说"两高"的解释将"公司、企业、其他单位人员受贿罪"改为"非国家工作人员受贿罪"有何积极意义,我个人认为主要是简化了罪名称谓,同时使我国刑法规定的受贿犯罪明确划分为两类——即"国家工作人员受贿"与"非国家工作人员受贿"。但是,即使现在"两高"的司法解释将刑法第 163 条罪名修改为"非国家工作人员受贿罪",原来在认定受贿罪或"公司、企业、其他单位人员受贿罪"时存在的问题依然存在,因为"两高"的解释并没有对该罪的构成要件进行修正,只不过是将罪名作了改变而已。

61. 回答法制日报记者万静访谈

(本文为接受《法制日报》记者万静采访提供的意见)

应当充分肯定,《刑法修正案(七)》拟增加的有关隐私权的刑法保护内容十分重要且非常必要。在西方发达国家的刑法中，早就有了关于隐私权刑法保护的规定。这是社会生活中人权保护日益重要对国家刑事立法的必然要求。例如，《丹麦刑法典》第27章就规定了较为完备的有关公民个人隐私权的刑法保护内容。摘录数条如下，供参考：

第263条第1款规定：（一）非法实施下列行为之一的，应当处以罚金或者处以不超过6个月之监禁：（1）毁弃、开拆他人信件、电报或者密封之信函、通知、或者使自己知悉其内容；（2）进入他人保存有关个人物件之处所；（3）借助有关器具秘密窃听、录制他人私人谈话、电话通话、或者其他人之间或自己没有参加以及不得非法接触之秘密会议协商谈话。（二）非法进入他人设计用于电子数据程序之信息或者编程的，应当处以罚金，或者不超过6个月之监禁。

第264条第1款规定：非法实施下列行为之一的，应当处以罚金，或者处以不超过6个月之监禁：（1）进入他人房屋或者任何不可随意进入之场所；（2）被要求离去时不离开他人之土地。

第264A条规定：非法对处于不对公众开放场所之人士进行拍照的，应当处以罚金，或者处以不超过6个月之监禁。借助于望远镜或者其他设备，非法观看处于前述场所人士的，前句规定之刑罚同样适用之。

第264C条：没有参加前述特定犯罪活动，获取或者非法利用相关犯罪行为使之曝光之信息的，本法第263条至第264A条规定之刑罚同样适用之。

第264D条规定：非法传播他人私生活之信息或者照片，或者非法传播他人显然不希望为公众所知晓情况下其他照片的，应当处以罚金，或者处以不超过6个月之监禁。传播已经死亡之人前述照片的，前句规定之刑罚同样适用之。

第265条：受到警察警告，仍以侵扰、信件、追逐或者其他令人烦恼之方式破坏他人宁静生活的，应当处以罚金，或者处以不超过6个月之监禁。

此外，两大法系国家的刑法均有类似规定。当然，每个国家的具体情况不同，其立法上的文字表述或者内容会有所不同。我认为，国家当前通过刑事立法，将国家机关或者金融、电信、交通、教育、医疗等单位的工作人员，违反国家规定，将履行职责或者提供服务中获得的公民个人信息出售或者非法提供给他人，或者以窃取、收买等方法非法获取上述信息的行为纳入刑事法律规范调整范畴实属必要。我甚至建议，国家立法机关应当在更大范围内加强公民隐私权的刑法保护，可以借鉴发达国家在此方面的立法经验，更进一步完善我国的刑事法制。

62. 高考舞弊行为的法律规制

（本文为 2012 年 7 月 11 日接受《检察日报》记者柴春元采访的基本观点）

高考舞弊是多年来广为社会关注的热点问题。对于防范与打击此类行为，确保高考招生公平，国家已经作出多方面努力。可以肯定，在现有法律框架内可以解决此一问题。通观高考舞弊，无非涉及以下问题：其一，知悉高考试题内容的人员故意或过失泄露试题。所谓知悉高考试题内容的人员，通常是指命题人或者管理高考试题的人员。由于高考试题属国家机密当属无疑，所以故意或者过失泄露高考试题的，按照刑法第 398 条论处即可（即以故意泄露国家秘密或过失泄露国家秘密罪论处）。其二，知道高考试题内容的人员，收受他人钱款或其他财物，向他人泄露高考试题的，可能同时构成故意泄露国家秘密罪与受贿罪。例如，如果行为人具有国家工作人员身份，为了获取非法利益而向他人泄露高考试题，他就同时触犯受贿罪与泄露国家秘密罪，此时可以按照处理牵连犯原则，从一重罪处断。当然，对于行贿人应当按照行贿罪论处。其三，如果在考试过程中，生产者、销售者非法向他人提供间谍专用器材用于高考舞弊的，其生产者、销售者可能构成刑法第 283 条规定的非法生产、销售间谍专用器材罪。但是此种情况下，现有法律框架下使用者并不构成犯罪，除非使用者非法使用的是窃听、窃照器材（刑法第 284 条规定之罪）。其四，刑法第 418 条还专门规定了"招收学生舞弊罪"。如果国家机关工作人员在招生工作中徇私舞弊，情节严重的，可以处 3 年以下有期徒刑或者拘役。具体立案标准，可按照 2006 年 7 月 26 日最高人民检察院《关于渎职侵权犯罪案件立案标准的规定》办理。这里应当指出，如果在招生工作中徇私舞弊且收受他人贿赂的，也应当按照处理牵连犯原则处理，即从一重罪处断。

最后应当指出，现有法律体系已经足以处理或解决各种高考舞弊犯罪，那种建议增设"重大考试舞弊罪"的观点并不可取。至于如何防范高考舞弊犯罪，关键在于确立法律至上理念，必须确保国家一切政策在法律制度之下运行，同时，确保每个公民对法律制度的绝对忠诚，培养尊重法律为荣、以身试法为耻的道德理念。唯其如此，国家才能真正走向公平正义！

63. 法律不支持为保全自己生命而牺牲他人的生命

（2015 年 11 月 19 日接受人民网记者刘茸采访观点）

基本案情： 四川一名富豪被绑票后，绑匪胁迫其杀死一名陌生女性，全程录像以勒索据悉高达一亿元的赎金。日前由四川宜宾公安在官方微博上通报的这一案件，引起了法学界的大讨论。

记者： 请问谢教授，你对有关媒体报道的前述"被迫杀人"的案件有何看法？

谢： 即使是受到胁迫而杀人，也必定构成故意杀人罪，这一点在世界上两大法系的法律上没有任何疑问，在中国刑法或刑法学上也不例外。在法律保护的所有权利之中，生命权是最重要的，并且所有人的生命等值，为保全自己而牺牲别人没有任何的合理性、合法性。

在这一前提下，我认为，可以根据案件中涉案人员受胁迫的具体情况、当事人主动投案自首等情节，讨论章某是否属于胁从犯、是否可以从轻处罚。

从已披露的情况来看，章某被索要一亿赎金，在被威胁下杀害了被害人。目前信息没有表明章某是否受到了生命的威胁，如果是为保全自己较次要的金钱利益而杀害了他人，即便是认定可以从轻处罚，其从轻的幅度都是极其有限的。因为法律不能允许践踏人类社会生活的核心价值——生命权是至高无上的权利，且每个人的生命权具有等价性，任何人不得为了保全自己而杀害他人！

我也注意到了有人认为该案可以按照"紧急避险"来处理。但在我看来，主张这样观点的人，可能没有真正弄懂刑法学上紧急避险的真谛："紧急避险在法律上指的是'两害相权取其轻'，只有所要保护的利益比被牺牲的利益更重要时，牺牲某种利益才具有合理性，但通过剥夺他人的生命来保全自己的生命，绝不属于紧急避险的情况。"

64. 以有毒有害化学物质损毁大面积经济作物，应当以投放危险物质罪论处

(2005 年 8 月 21 日，接受《法制日报》记者万兴亚采访提供的书面意见)

关于本案涉及的行政、民事法律问题，我不拟研讨，留待行政、民法专家发表高见。这里仅就本案涉及的刑事法律问题发表一己之见。

如果本案报道属实，本案中实施了相关危害社会行为的人就应当承担相应的刑事法律责任。我国刑法第 114 条规定："放火、决水、爆炸以及投放毒害性、放射性、传染病病原体物质或者以其他危险方法危害公共安全，尚未造成严重后果的，处三年以上十年以下有期徒刑。"刑法第 115 条规定："放火、决水、爆炸以及投放毒害性、放射性、传染病病原体物质或者以其他危险方法致人重伤、死亡或者使公共财产遭受重大损失的，处十年以上有期徒刑、无期徒刑或者死刑。"我国刑法第 275 条还规定："故意毁坏公私财物，数额较大或者有其他严重情节的，处三年以下有期徒刑、拘役或者罚金；数额巨大或者有其他特别严重情节的处三年以上七年以下有期徒刑。"

就本案基本事实来看，有人动用飞机向一万多亩玉米地喷洒化学药剂，致使即将成熟的价值数百万元的玉米毁于一旦，其客观事实已经构成犯罪，其行为符合刑法第 114 条、第 115 条规定的犯罪，也符合刑法第 275 条规定的犯罪，属于刑法学罪数论中的竞合犯。按照处理竞合犯的原则，应当从一重罪处断。因为投放危险物质罪处罚较故意毁坏财物罪重，故应当对相关责任人员以刑法第 115 条规定的投放危险物质罪论处。

这里有几个法律技术性问题需要搞清楚：其一，主管退耕保水工作的怀来县库区办主要负责人是否应当对投放危险物质的行为负责？我认为，作为主管退耕保水工作的怀来县库区办主要负责人没有认真履行管理职责，妥善处理退耕保水工作中的矛盾，对造成一万多亩玉米被投放危险物质且毁于一旦负有渎职责任。根据全国人大常委会 2002 年 12 月 28 日通过的《关于〈中华人民共和国刑法〉第九章渎职罪主体适用问题的解释》，主管退耕保水工作的怀来县库区办主要负责人应当负玩忽职守罪的责任，但不构成投放危险物质罪的共犯。其二，怀来县

库区苗木公司经理徐崇明策划指使他人对一万多亩玉米地投放了危险物质，应当负投放危险物质罪的主要责任。如果有其他人参与了共谋，参与共谋者应当负共犯责任。其三，要查清锡华通用航空有限责任公司的负责人（同意安排飞机撒药者）是否明知或者应当知晓徐崇明要求用其飞机向玉米喷洒有害化学药剂，飞行员是否明知或者应当知晓是驾机去向玉米喷洒有害化学药剂。如果证据表明他们是明知或者应当知晓徐崇明是用其飞机向玉米喷洒有毒化学药剂，而为了经济利益接受并实施了向玉米喷洒有毒化学药剂的行为，则他们构成徐崇明投放危险物质罪的共犯。其四，如果锡华通用航空有限责任公司的负责人（同意安排飞机撒药者）不知晓徐崇明要求用其飞机向玉米喷洒有害化学药剂，飞行员也不知驾机是去向玉米喷洒有害化学药剂，但是，他们却没有按照使用飞机执行喷洒化学药剂的国家或主管部门的行政法规、制度，则他们存在重大违反行政法规、政策的过错，且对其行为造成的一万多亩玉米被毁有重大过失，因此，他们应当负过失投放危险物质罪（刑法第 115 条第 2 款）的法律责任。

当然，对本案行为人给被害人造成的经济损失，被害人可以通过提起附带民事诉讼的方式解决。

65. 砸死小偷却被判刑　专家点评见义勇为

（2001 年 4 月 3 日《北京青年报》"法律圆桌"访谈内容）

访谈背景案情：据《扬子晚报》报道：2000 年 12 月 15 日，为抓贼却因方法不当致"小偷"死亡的江苏青年韩某，被当地法院以过失致人死亡罪，判处有期徒刑 1 年，缓刑 2 年。2000 年 8 月 1 日 14 时许，安徽籍青年周苏成、周信武窜至江苏某市新坝乡施港村 6 组村民陈某家行窃，被当地村民发现。正在回家路上的同村 17 岁少年韩某听到"捉贼"声，丢下自行车就与村民一起围追上去。两名窃贼慌乱之下，跳入河中继续逃窜。周苏成因水性不好被堵在河中。韩某便和围追的群众一起朝其扔砖块和泥块，想迫使其上岸。其间韩某扔出的半块青砖正好击中周的右眼部，周被砸伤后，挣扎着游了 1 米左右沉入河中。经法医鉴定，周苏成溺水死亡与其右眼部被砖石砸伤有关，韩某因有重大嫌疑被警方刑事拘留。

此案宣判后在当地引起了激烈的争论。有村民认为，韩某虽是做好事，但行为有偏激过火之处，并致人死亡，依法惩处是对的；有的村民则认为，韩某的过失是在抓贼过程中犯下的，如果韩某受到法律制裁，今后谁还敢见义勇为？韩某所在镇政府、村委会还向法院递交了一份证明，要求将见义勇为的韩某释放，而不应受到法律制裁。

对韩某的行为到底该作何评价？本期法律圆桌的专家们就此问题各抒己见，进行了如下探讨。（以下只保留了本人的意见）

议题一：韩某砸死小偷究竟算不算见义勇为？

谢望原：这个案件的被害人，也就是这个小偷，实施了偷窃的行为，应当承担相应的法律责任，但是他的合法权益也应该受到保护。

小偷已经跑到河里去了，村民们应该采取的措施是捉住他，扭送到公安机关，不应该继续采取伤害行为。不幸的是，这位 17 岁的青年，拿着半截青砖，重重地砸在这个人的眼角上，最后导致他溺水死亡，所以这个 17 岁的青年最初是见义勇为的行为，当他拿砖头砸人的时候，已经发生性质上的转变，就不是见义勇为的行为了。

议题二：判轻了还是判重了？

谢望原：我认为，实际上韩某有一种伤害的故意。正当防卫必须是危害正在发生，形势非常紧迫，为了保护国家的利益，公民的利益，采取合法有效的防卫行为。小偷当时已经跑到水里去了，没有继续实施盗窃，这个时候，正当防卫的前提已经不复存在，你拿砖头砸他，显然与正当防卫没有什么关系。所以这个案子要定性，应该定间接故意的伤害致死，而不是过失杀人的问题。

我个人认为，还是轻了一点，根据现行刑法第 17 条有关规定，已满 16 岁未满 18 岁的人犯罪，应当从轻或者减轻处罚，但是减轻的幅度究竟多大，是不是能从十年减到一年？这个当然有待法官正确发挥自由裁量权，否则对被害人来说是不公正的。

主持人：存不存在这种可能，韩某扔石头是为了吓唬小偷，让他上岸？

谢望原：用吓唬小偷来为自己的行为辩解是不成立的，你用石头砸水中的人，会有什么样的后果？小偷已经丧失抵抗能力，在水中，我们完全有可能采取其他积极有效的办法把他抓住扭送到司法机关去。

谢望原：你只要知道砖头投出去会伤人，你放任不管，不计后果，产生了致人死亡的结果，这就是间接故意了。

议题三：在你死我活的见义勇为斗争中，如果机械强调保护犯罪嫌疑人的生命权，是不是对见义勇为者生命权的忽视？

谢望原： 如果是司法军警人员，他们有义务要把犯罪分子捉拿归案，对于群众而言，追捕逃犯不是法律上的义务，可以做，可以不做。既然是可以做，可以不做，如果你做，必须在合法的限度下做，如果好事做坏了，实际上还是要承担责任。

主持人： 这样的话，群众就会觉得见义勇为的风险很大了。假如是一个持枪逃犯在逃跑，后面有群众追捕，双方力量对比很悬殊，逃犯持枪，我们手无寸铁，对方只是在逃跑，还没对我人身进行侵害，但他随时可能把我们置于死地，这种情况下，我们想给他适度的伤害抓住他，结果却伤害致死，怎么办？

谢望原： 我觉得他如果有反抗举动的话，当然可以采取措施即使把他打死，也不算过分，属于防卫行为的范畴。

主持人： 难道只有等他向我举枪了，我才开始伤害并制止他？

谢望原： 如果对方没有攻击你的时候，你是事前防卫，假想防卫。

谢望原： 国家为什么准许公民有正当防卫的权利？在紧急情况下，国家的专门机关来不及合法地保护公民了，才准许本来应当国家行使的一部分权利让给公民行使。比如说已经让他偷了，再去公安局报案，他早跑到九霄云外了，这种情况下，可以先把他制服，但正当防卫的时候要严格受到法律规定的度的约束，仅仅是偷东西，就不能把他打死。

66. 侵占股权应该如何定罪

(2006 年 8 月 15 日接受《法制日报》记者万静采访提供的访谈意见)

案情简介： 2006 年年初，安徽省合肥市公安局在移交给市检察院的一份起诉意见书中称，北京某投资有限公司（下称北京投资公司）于 2001 年投资 1 000 万元在合肥成立安徽某房地产开发有限责任公司（下称安徽公司）。该公司的设立、登记事项均由周某某经手办理。安徽公司于 2001 年 4 月成立后，华某任执行董事、法定代表人，名义持股 80%，周某任总经理，名义持股 20%。此后，该公司的日常经营管理工作一直由周某主持。2002 年 8 月，华某去世，吴某接任北京投资公司和安徽公司的法定代表人。2003 年 6 月，周某假冒华某、吴某的签名（此时华某已去世 10 个月），虚构华某与江某（周某之夫）签订股权转让协议的情节，伪造安徽公司股东会会议纪要、公司章程修正案等文件，欺骗工商行政管理部门，为江某骗取了华某代北京投资公司名义持股的另外 80% 的股权，将安徽公司法定代表人吴某变更为周某。至此，北京投资公司在安徽公司的全部股权均被周某夫妇非法占有。

直到 2006 年 3 月，工商部门根据公安部门的侦查结论进行变更登记，安徽公司的全部股权重新登记在了北京投资公司的名下。6 月 19 日，合肥市检察院对周某提起公诉。公诉书中仅针对周某的其他行为，指控其涉嫌挪用资金罪和职务侵占罪，涉案金额 200 余万元。但对周某侵占股权一事，该案公诉人表示，目前司法界对股权是否能成为犯罪对象尚存在争议，之前也没有类似案例可供参考，因此没有就这一项提起公诉。

【议题一】股权是否能成为犯罪对象？

主持人：股权是否能够成为犯罪对象？对于此案有专家提出，股权是否构成犯罪对象尚存争议，因为股权有正值、负值的变化。对此您怎么看？

谢望原：股权是财产权的表现形式之一。对公司的财产拥有多少股权就意味着股东在公司享有多少财产权。非法将他人的股权转到自己名下，就是直接侵吞了他人的财产，这与将他人的现金非法占有并无二致。至于有人认为股权可能存在正价值与负价值，因而不好把握股权的真实财产价值，这并不能成为不把该种行为作为犯罪处理的理由。对此，可以根据行为人行为时股权的市值来确定。

【议题二】侵占股权构成什么罪？

主持人：如果股权能构成犯罪对象，那么您认为本案中周某侵占股权的事实应该构成什么罪名？

谢望原：我认为，就本案而言，周某采取非法手段侵占他人股权的行为已经构成刑法上的职务侵占罪。[①] 我国刑法第 271 条规定，职务侵占罪，是指公司、

---

① 公安部经济犯罪侦查局 2005 年 6 月 24 日发布《关于对非法占有他人股权是否构成职务侵占罪问题的工作意见》。该《意见》引述了最高人民法院刑事审判第二庭书面答复意见，认为公司股东之间或者被委托人利用职务便利，非法占有公司股东股权的行为，……可以职务侵占罪论处。但是，由于职务侵占罪侵犯的是公司的财产权利，而公司的部分有管理权的股东利用职务便利将其他股东的股权转移到自己名下，并没有改变公司财产性质，也没有损害公司财产，只是剥夺了其他股东的财产权，故对此以侵占罪论处可能更合理。

企业或者其他单位的人员，利用职务上的便利，将本单位财物非法占为己有，数额较大的行为。职务侵占罪之对象乃是"财物"。所谓"财物"，应当是指一切具有经济价值之物，包括有形之物与无形之物，前者如现金、汽车等，后者如知识产权、电力等。股权以一定有形或者无形的具有经济价值的财物为根据，如果法律上丧失了股权，则原股权所有人就失去了对其原股权下的财产行使所有、使用、处分和收益的任何一项权利了。

67. 专家在线解读两高"网络传黄"司法解释

（2010 年 2 月 5 日接受中国网络电视台记者曹煊一访谈内容）

主持人： 各位好，欢迎收看中国网络电视台直播访谈节目，我是曹煊一。2009 年 12 月 8 日，中央外宣办、公安部等九部委联合召开全国电视电话会议，决定从 2009 年 12 月到 2010 年 5 月底，在全国范围内联合开展深入整治互联网和手机媒体淫秽色情及低俗信息专项行动。互联网和手机媒体上大量传播的淫秽色情和低俗信息，已经成为网上一大顽疾。近年来，对这种被百姓视为"过街老鼠，人人喊打"的网络"黄毒"，政府部门多次开展专项行动。应该说整治行动的效果是十分明显的，但要彻底清除仍要很长时间。最近的围剿手机网络黄毒专题中有这样一条视频引起众多网友关注，我们一起来看。

主持人： 从这段视频当中我们真的是能够特别深切地感受到这位母亲眼睁睁地看着自己的孩子陷入网络黄毒的悲伤和绝望。整治互联网和手机媒体淫秽色情及低俗信息专项行动开展以来，经过一段时间的酝酿，最高人民法院、最高人民检察院在今年 2 月 3 日联合发布了《关于办理利用互联网、移动通讯终端、声讯台制作、复制、出版、贩卖、传播淫秽电子信息刑事案件具体应用法律若干问题的解释（二）》（以下简称《解释二》），这一司法解释针对利用互联网、移动通讯终端、声讯台制作、复制、出版、贩卖、传播淫秽电子信息刑事犯罪及其利益链条等问题，进一步明确了相关刑事案件法律适用标准。今天我们就带着众多网友的心声和疑问，对话法律专家，我们今天邀请到的专家是：中国人民大学刑事法律科学研究中心副主任，法学院教授谢望原教授，您好。

谢望原： 很高兴来中国网络电视台参加节目演播。

主持人：大家一直以来都在关注网络黄毒的问题，这一次出台了《解释二》，能不能先讲讲这个司法解释出台的背景是什么？

谢望原：就我个人的理解，我们国家的司法机关，特别是最高人民法院和最高人民检察院历来都非常重视利用刑事司法的国家权力打击与防范利用网络移动通讯终端、声讯台制作、复制、出版、贩卖、传播淫秽电子信息刑事犯罪。

在 2004 年 9 月，"两高"联合出台了一个同名字的司法解释。从 2004 年到现在又有 5 年多的时间，快 6 年的时间过去了，我们国家随着政治、经济、文化高速的发展，犯罪也出现了千变万化的形态，特别是近几年来，社会上利用互联网移动通讯终端、声讯台制作、复制、出版、贩卖、传播淫秽电子信息刑事犯罪的案件有愈演愈烈的趋势，特别是这种犯罪的形式在年轻人之中广为传播，特别是对不满 14 周岁的年轻人，对少年儿童造成了恶劣的影响，这正是本节目开头的时候看到的一位母亲的心声。因此，如果我们国家不及时采取及时有效的严厉措施，制止利用网络信息终端、声讯台制作传播淫秽电子信息的犯罪行为，那就不能够及时保护我们国家公民，特别是未成年人的健康成长。正是在这种大的背景下，"两高"及时推出了《解释二》。我个人认为这个《解释二》对于我们当前和今后一个时期，正确认定和处理利用互联网、移动通讯终端、声讯台制作、复制、出版、贩卖、传播淫秽电子信息的违法犯罪案件提供了一个非常有效的工具和司法的指南，同时我也认为这个司法解释并没有限制公民个人依法行使言论自由与信息交流自由的权利。

主持人：具体来讲的话，这个《解释二》相对于《解释一》而言，网络黄毒方面的整治有哪些不一样的变化？比如增加了哪些内容？

谢望原：司法解释它的内容非常的丰富，它涉及的问题也确确实实比较复杂，从专业的角度来看，我认为这个司法《解释二》它有以下一些问题值得我们关注：

第一，该司法解释进一步强化了对未成年人健康成长环境的保护。具体来讲体现在以下方面：该解释专门规定了涉及不满 14 周岁的未成年人淫秽信息行为的定罪和量刑的问题。该解释第 1 条第 2 款明确指出，以牟利为目的，利用互联网移动通讯终端、声讯台制作、复制、出版、贩卖、传播淫秽电子信息刑事犯罪含有不满 14 周岁的未成年人的淫秽电子信息，具有以下情形之一的，依照刑法

361 条第 1 款定罪，以制作、复制、出版、贩卖、传播淫秽物品罪来定罪处罚，而 2004 年当时没有对不满 14 周岁的未成年人作出专门性的保护规定，前一个司法解释中只是考虑到了不满 18 周岁的未成年人的保护。所以说在当前的形势下来看《解释二》，我们认为更进一步突出了对少年儿童的健康成长环境的保护。

第二，降低了定罪标准。就传播淫秽信息毒害青少年的犯罪而言，就当前颁布的《解释二》来看，比 2004 年的定罪的标准要大大地降低了。我们注意到 2004 年的标准，即关于定罪的标准，也就是 2004 年的同名司法解释的第 1 条，定罪的标准比现在正好高出了一倍，比如说现行解释第 1 条第 1 款第 1 项规定，制作、复制、出版、贩卖、传播淫秽电影、表演、动画等视频文件 10 个以上的，现在就可以作为犯罪来处理，但是以前的规定正好是这个数字的两倍，是 20 个，当然还有很多类似情况，因为时间关系我们就没有必要在这里一一地去列举了。

主持人：那两位同时也是家长，你们的孩子有没有遇到过类似的现象？有没有什么好的办法让孩子明确，网络黄毒的毒害性，并且远离他们。

谢望原：确实是这样，我们做老师的既是很多年轻学生的师长，也是我们自己家里孩子的父辈，面对网络上大量出现的黄色淫秽的电子信息，我们确实是深感忧虑。现在是一个信息化的时代，这种言论自由、思想自由确实越来越广为人们所接受，但是对于未成年的孩子来说，他们并不真正理解什么是言论自由，什么是信息自由，哪些他是可以接收的，哪些是不该接收的，所以对于网络里面的这些黄色淫秽信息不加以清除，那么未成年的这些少年儿童他们就会受到思想上严重的腐蚀，这种严重腐蚀带来的直接的后果可能表现两个方面，一个是使整个社会伦理道德受到冲击，甚至正气沦丧；从另外一个方面来讲，这些孩子长期受黄色信息的影响，他们自己的人生观、价值观会背离社会正常的道德价值的体系。那么久而久之，对于国家的占主导地位的道德价值体系的培育和发展就会产生毁灭性的影响。所以我们认为两高出台的《解释二》非常及时，特别是对于有效的保护未成年人的健康环境有非常重要的价值。

主持人：另外《解释二》当中还提到了"明知"，这个具体认定，应该如何认定明知？

谢望原：这个"明知"是刑法学上一个非常普遍使用的专业术语。根据我们国家的刑法规定和"两高"的司法解释来看，明知实际上包括两层含义，包括知道或者应当知道。知道这个意义上的明知比较好解释，就是这个事情清清楚楚，明明白白，我就知道它是一个电子淫秽作品，我还把它传播了，这个比较好掌握，理解，证明起来也并不困难。比较麻烦的是应当知道，这种情况下就比较复杂。你指控张三涉嫌某罪他是明知的，你就有义务列举相关的事实来证明，他为什么是明知的。但是我们注意到这一次的《解释二》，在第 8 条中把 5 种情况，就是第 8 条的第 1 到 5 项所规定的情况，不需要证明就可以推定行为人具有"明知"心态。《解释二》第 8 条第 1 到 5 项，"两高"现在推定为凡是符合这五项条件的，那么法官就可以认定他是明知的。这样一来实际上就是把这个证明的责任转移了，原来是需要检察官来证明的，《解释二》第 8 条这样一规定，就把检察官的证明责任免掉了，反过来这个时候被告人必须要证明自己不具有明知，才能够脱罪。但是它带来的一个问题是在这种情况下不需要检察官来证明被告人具有明知这样的责任，所以它是否符合现代刑事诉讼的证明责任原则，是值得进一步考量的。

68. 孕妇即将分娩，执法者拒不放行，秉公执法还是严重违法

（2000 年 9 月 5 日《北京青年报》访谈内容）

谈话背景：2000 年 7 月 16 日晨，四川威远县，一位即将临盆的孕妇在丈夫陪同下乘面包车向医院疾驶途中，交管所四名执法人员以查"黑车"为由，拒不放行，延误抢救时间，导致孕妇死亡；2000 年 8 月 22 日上午，沈阳法库县，一位乘"板的"临产孕妇在距镇医院仅 5 分钟路程时被交警拦住，以此为迎宾道，县里规定不许"板的"过为由，命令绕行，25 分钟后，绕行至医院的孕妇将婴儿产于医院门口，婴儿夭折，产妇因大出血送入医院急救。产妇着急去医院，交警不让"板的"过，新生婴儿落地身亡！

议题一：交警是否承担责任？

谢望原（中国人民大学法学院教授）：我个人认为，如果本报道属实，第一个事件中的几位值班交警应当承担刑事责任。理由是，第一，交通警察也属于警察，不管是临时聘用的，还是国家正规的法律院校培养的交通警察，都属于具有警察特定身份的国家工作人员，警察的一个基本使命，或者说基本的责任就是维

护人民生命财产的安全和国家的合法利益。事件中，孕妇和胎儿乘坐的"板的"到了法库县所谓的迎宾大道，几位值班交警有义务保护辖区范围内的公民的人身财产安全，有义务进行救助，而且孕妇家属已经向执勤的交警说明了产妇的危急情况，交通警察仅仅根据法库县的地方规定，不准许"板的"通过迎宾道是站不住脚的。由于交警的阻拦行为，延误了救治时间，对于延误救治时间可能导致的严重社会危害性，他们是有可能预见到的，但是他们放任了这种行为，所以说他应当承担法律责任。

第二，在这种情况下，执勤的交警严重地侵犯了公民紧急避险的权利，从而导致了后来恶性事件的发生。

至于交警承担什么样的法律责任，如果能够证明胎儿在母腹中是活的，是因延误抢救时间导致婴儿夭折，那么交警的行为严重点，就是涉嫌间接故意杀人，轻一点就是过失致人死亡。但如果胎儿在母腹中时就已经没有生命力，这种情况下可以排除交警的责任。

谢望原： 交警的行为肯定是渎职行为，但并不见得所有的渎职行为都要按渎职犯罪来办理，贪污、受贿也是渎职，但该定贪污罪要定贪污罪，该定受贿罪要定受贿罪。这起事件情况比较特殊，恰是交警的作为而不是不作为的行为导致了严重的后果。作为性就表现在交警没有让孕妇通行，没有准许孕妇实行紧急避险的权利。因此交警的违法行为和危害后果是有直接因果关系的，并足以认定。

民事或刑事的危害后果必须和行为有直接的因果关系，没有因果关系不好认定。究竟是过失还是间接故意要由法官来判断，但是必须要证明这个孩子在生出来以前是有生命力的，如果是一个死胎，就没有产生危害后果，另当别论。

谢望原： 四川这个案子，我认为完全应该定为间接故意杀人。交通局的运政人员可以进行合法检查，但是在检查的过程中，他有刁难和故意阻拦人家及时救助的举动，把汽车的点火开关拿走了，把人家带下来盘问，怎一个过失了得？

议题二：什么是紧急避险？

谢望原： 从刑事法律的紧急避险的原则和原理来看，紧急避险涉及的是两个合法的利益发生冲突时如何处理？法律为什么要肯定紧急避险的合法性，有一个基本原则叫两害相权取其轻，也就是说当发生冲突时，不得不舍弃一个利益而保全另一个利益的时候，应该权衡两方面的轻重，舍弃较小的利益，保全较大的利益，这是法律赋予每一个公民合法的权利。我们假定法库县的规定是合法的，交警在执行职务的时候，禁止"板的"通过，即便认为是合法的，但是他没有权利剥夺公民紧急避险的权利，也就是说，即使"板的"上孕妇和她的家属强行通过，虽与当地政府制定的政策发生了冲突和矛盾，也是完全符合行使紧急避险权利的合法行为，不承担法律责任。

议题三：法库县的规定有无法律依据？

谢望原： 县政府虽没有立法权，但显然有行政权力，可以依法制定管理本辖区行政事务的政策性规定。对于法库县制定的交通管制，迎宾大道不准其他非规范车辆通行，我们很难说是不合法的。问题在于，这个规定是否科学，是否合乎情理和法律的规定，在极端情况出现的时候，有没有救助措施？

69. 关于网络团伙犯罪的若干问题

（2005 年 5 月回答《中国青年报》记者万兴亚采访问题）

问题一：犯罪新形式有何特点？

谢： 由于计算机网络技术的普及运用，一方面使得我们的生活、工作更加便捷、高效，另一方面也使得犯罪形式花样翻新。以犯罪为目的组成的"黑帮"或者"团伙"并非什么新鲜事情，只是以网络来传递信息网罗犯罪团伙较之于其他传统方式更为方便快捷，因而具有更大的社会危害性。近年来通过网络形式联络、组织犯罪团伙的犯罪，在我国时有发生，值得引起社会高度重视。

问题二：以网络联系、组织团伙犯罪之特点有哪些？

谢： 计算机网络是信息社会的主要技术支柱。以计算机网络技术联系、组织犯罪，主要有以下特点：（1）信息传播速度快、传播范围广；（2）隐蔽性强；（3）组织者可远距离操控；（4）更具有欺骗性，容易诱使不明真相者上当受骗等。

问题三：青少年何以容易参加网络组织犯罪？

谢： 主要因为：

1. 青少年认识能力与自我控制能力较弱，容易上当受骗；

2. 青少年的一个重要心理特点就是好奇心强，容易意气用事，这给了那些组织犯罪团伙者以可乘之机；

3. 社会对青少年缺乏正确的、经常性的良性教育引导，导致部分青少年心理空虚，进而误入歧途。

问题四：如何防范网络黑帮？

谢： 主要应当采取以下措施：（1）加强对青少年的关爱，特别是应当强化青少年人格、品德的教育与培养，提高他们对是非善恶的识别能力；（2）充分利用家庭与学校对青少年的影响作用，净化青少年成长环境，提高其拒绝网络诱惑能力；（3）加强对网络安全的监护，及时发现网络犯罪信息与动态，将犯罪消灭在初始状态。

70. 跨域协作携手推进网络犯罪治理

（接受《法制日报》记者蒋安杰采访内容，载2015年6月3日《法制日报·法学院》）

2015年5月12日，由国家重点研究基地中国人民大学刑事法律科学研究中心、中国犯罪学学会、腾讯研究院犯罪研究中心共同筹组的"中国人民大学网络安全与犯罪研究中心"正式挂牌成立，同时"网络诈骗案件认定问题"学术研讨会也在中国人民大学如期举行。多家单位跨域协作，针对网络安全与犯罪问题筹建专门研究机构，在我国尚属首例。为此，本报记者就研究中心的宗旨、组成、任务以及成立意义等问题对中心主任谢望原教授进行了专访。

记者： 谢教授，为什么要特别针对网络犯罪与安全这个问题成立专门的研究机构？

谢望原： 首先，当前网络犯罪日渐高发，且不断呈现出明显的专业化、规模化与产业化趋势，其产业链的上、中、下游都伴随有相应的严重犯罪，已经成为严重影响人民群众生活工作、社会经济发展以及国家安全的重大问题，可以说网络犯罪与安全已经成为国际和国内共同关注且必须严肃认真解决的热点问题。其次，与欧美等发达国家相比，我国法律界在对网络犯罪及安全问题的研究方面尚处于起步阶段，不仅理论研究相对薄弱，而且有关网络空间的立法也不尽完善，难以有效遏制日渐呈递增、高发态势的网络犯罪。基于此，无论从国际形势，还是从打击网络犯罪、维护国家安全出发，都需要法律理论界、实务界及互联网业界共同应对，跨域协作，携手开展对网络犯罪及安全的学术与对策研究，实现网络犯罪的跨域治理。正是这样的背景下，中国人民大学刑事法律科学研究中心、中国犯罪学学会、腾讯研究院犯罪研究中心共同筹建了"中国人民大学网络安全与犯罪研究中心"。

记者：谢教授，我们注意到该中心并非由中国人民大学刑事法律科学研究中心一家独办，而是同时有中国犯罪学学会、腾讯研究院犯罪研究中心的加盟，这样的合作模式是出于什么样的考虑呢？

谢望原：选择"中国人民大学刑事法律科学研究中心＋"模式主要是出于两个方面的考虑：一方面，从自身属性上看，网络犯罪既是犯罪学概念也是刑法学概念，是基于网络而出现的一种新型犯罪现象，而且就发案环境而言，其开放性、虚拟性的特点又使得互联网空间成为了网络犯罪滋长的沃土，因此，打击网络犯罪，维护网络安全，既需要有刑法学和犯罪学专业人士的积极努力，也需要互联网企业的协作参与，从而以"产学研"相结合的模式推进网络犯罪与安全研究，实现网络犯罪与安全的跨域治理。另一方面，三家合作单位各有所长，可谓强强联合，优势互补。作为教育部人文社会科学重点研究基地，中国人民大学刑事法律科学研究中心具有得天独厚的理论研究环境，可以有效整合刑法学、刑事诉讼法学、刑事证据法学、物证技术等学科力量，开展多维度、全方位刑事法学研究；中国犯罪学学会则是具有相当国际影响力的犯罪学研究团体，拥有广泛的国内外犯罪学研究资源；而腾讯研究院犯罪研究中心则具有强大的数据资源和计算机专业技术，可以调动网络信息资源，及时汇总最新网络刑事案件以及网络犯罪态势，描述网络犯罪发展的整体走向，为网络犯罪研究提供大量鲜活的研究素材。因此，"中国人民大学刑事法律科学研究中心＋"模式，可以充分整合各种研究资源，更好地实现对网络犯罪与安全的跨域治理。

记者：谢教授，中国人民大学网络犯罪与安全研究中心成立以来，备受社会各界关注，我们很想了解一下中心目前都做了哪些工作？

谢望原：有关"中国人民大学网络犯罪与安全研究中心"的具体工作，目前来说，主要分为前后相继的两个部分。一是成立前阶段。事实上早在中心成立前，我们就已经做了大量的铺垫工作，比如 2014 年 12 月，中国人民大学刑事法律科学研究中心便与腾讯信息化治理研究中心共同举办过"2014 互联网刑事法制高峰论坛"；今年年初又与安利公司共同举办了"利用互联网损害商业信誉、商品声誉违法犯罪问题"的学术研讨会。这两次重要会议均取得了良好的学术效果与社会效果。二是成立后阶段。中心成立之后，围绕中心宗旨，集中开展了多项工作，使中心的各种规划逐步实施、逐个落地。比如，中心成立伊始便邀请国内法律理论与实务两界及互联网业界著名专家、学者，针对"网络诈骗案件认定问题"召开高规格的学术研讨会，从刑法学、犯罪学、刑罚学等多个视角对网络诈骗案件的认定进行研讨，澄清了许多理论上模糊不清的认识，为今后网络诈骗案件的司法认定提供了充分理论支持。再比如，通过多种形式搭建中心与司法实务部门及互联网企业之间的合作平台，接受其委托进行专项网络犯罪风险防范、安全管控等法律问题的咨询与研究。

记者：请问中心下一步的工作计划是什么？

谢望原：下一步所有的工作计划都将紧紧围绕"一个中心""多个板块"展开，确保网络犯罪治理与网络安全建设探索在多个领域全面纵深铺开。"一个中心"是指各项具体工作都要紧紧围绕"携手推进网络犯罪治理"这一中心目标展开；"多个板块"是指中国人民大学刑事法律科学研究中心、中国犯罪学学会、腾讯研究院犯罪研究中心三家主体通力合作，群策群力，共同探讨网络犯罪的特点、原因、对策，开辟网络犯罪惩治与预防的多个工作板块，全方位、多领域探索网络犯罪的跨域治理模式。具体言之，主要做好以下方面工作：其一，中心准备组织专门人员或队伍针对网络犯罪专门问题集中进行深入研究，强化法律理论界与实务界对互联网犯罪与安全的理论探索，针对相应问题提出对策，以有效指导网络犯罪治理实践；其二，对外层面上，中心拟着手积极准备搭建各种平台，促进理论界、法律实务界及互联网业界的咨询交流，特别重视国际交流，及时引进国际社会互联网安全及信息化治理的最新研究成果，保证网络犯罪治理与国际社会同步；其三，在资源培植层面，拟逐步开发和建立网络犯罪信息库，同时积极推进网络犯罪信息化专门人才培养工作，建立网络犯罪治理专家智囊团，为更好地实现网络犯罪跨域治理做好人才储备。总之，中心准备通过各种途径，在多个领域积极探索，以不断强化和完善网络犯罪的跨域治理模式。

记者：谢教授，您认为该中心的成立对网络犯罪治理理论研究和实务工作有哪些意义?

谢望原: 中心的成立对理论研究的意义主要在于: 其一, 可以进一步推动网络犯罪与安全问题理论研究走向深入。比如中心可以利用自身优势, 促使高水平、高规格有关网络犯罪与安全的学术研讨会常态化、制度化, 为国内网络犯罪治理研究者、实践者搭建交流平台, 借以推动网络犯罪与安全问题理论研究进一步走向深入; 其二, 有助于推进网络犯罪治理模式的探索与建构。在国家对总体安全、网络空间、依法治国等一系列重大问题作出高瞻远瞩的战略部署的时代背景下, 中心实践的"产学研"相结合模式本身既是对国家"全面推进网络空间法治化"建设的积极响应, 也是对网络犯罪多学科交叉跨域治理模式的有益探索与尝试。对于实务工作的意义在于: 其一, 有助于在学科和部门之间搭建桥梁, 通过中心的纽带地位, 集中资源优势, 整合多方网络犯罪治理资源, 以点带面, 全面推进网络犯罪的跨域治理工作; 其二, 通过对中心理论研究成果的不断转化, 可以为实务界提供理论咨询与实务指导, 有助于促进互联网业界业务或司法审判实务规范运行, 从而收到网络犯罪预防与惩治的双重功效。

记者: 谢教授, 您认为网络犯罪与安全的研究工作会朝一个什么样的方向发展?

谢望原: 我认为在"互联网+"的时代背景下, 网络犯罪与安全研究工作的未来, 必然要走向跨域治理, 即共同应对、跨域协作, 携手推进网络犯罪治理与网络安全建设。从国际社会治理网络犯罪的经验模式上看, 鉴于互联网犯罪地域无界性、联系匿名性及犯罪场所虚拟性等特征, 惩治及预防互联网犯罪无不采取多部门通力合作、多领域综合治理模式。如美国互联网犯罪举报中心的重要的职能之一就是接受、分析网络犯罪举报信息, 在司法机关等互联网犯罪治理部门之间搭建平台、建立纽带, 以达到对网络犯罪的综合治理。就当前我国网络犯罪的治理而言, 还存在立法依据不足、治理手段单一、治理部门之间联动性不强等一系列问题, 难以有效应对日渐严峻的网络犯罪, 因此急需强化跨域治理模式的建构与实施。总之, 在大数据、云计算背景下, 网络安全与犯罪研究工作必将是融刑法学、犯罪学、社会学, 甚至是计算机科学为一体的综合性研究。我坚信, 在掌握互联网犯罪的基本特征与规律的前提下, 通过这种多学科的交叉与融合, 多管齐下、多策并举, 网络犯罪治理一定能够取得良好的成效。

71. 我坚持刑法学研究的独立性

（接受《检察风云》记者肖崇俊访谈，原载该刊 2010 年第 19 期，略有删节）

"一部中国法制史实际上就是一部刑法史。刑事法学，特别是刑事实体法学在国家和社会的生活中扮演着非常非常重要的角色。"

记：您能讲讲您在中南政法学院学习的情况吗？

谢：在上世纪 80 年代，中南政法学院刑法学专业的教学研究力量应该说在全国名列前茅。当时中南刑法学专业就有四位教授，其中曾昭琼老师是 40 年代从日本留学回来的，民国时期就已经是一位非常有影响的刑法学家了。其他老师的为人和做学问也确确实实堪称典范。那个时侯，中南政法学院的图书资料相当丰富，学术气氛也非常浓厚。所以在那三年的时间，我打下了比较坚实的基础。除了学校安排的课程之外，我还选修了很多法律基础课程，比如民法、国际公法、国际私法等等，以弥补之前自学的不足。同时，我还选修了第二外语——德语。在硕士研究生期间，我发表了十五六篇论文，其中有些是发表在现在所谓的核心期刊上的，如北大的《中外法学》、中国政法大学的《比较法研究》、还有《法商研究》（原来叫《中南政法学院学报》）等等。

记：硕士阶段学习之后，您就到人民大学来工作了吗？

谢：不是。1990 年我硕士研究生毕业后到山东大学法学院去工作了。考上中南政法大学之后，山东大学让我作为他们的委培师资，按照委培的要求，我毕业后要去山东大学当老师。这样 1990 年 7 月我就到山东大学去报到了。那个时候，山东大学还没有硕士点，我就给本科生上课，主要讲中国刑法学和外国刑法学。在这里我扎扎实实地工作了四年。1994 年以后，我希望自己在刑法学的研究上还有进一步的发展，于是就考到武汉大学法学院马克昌老师的名下攻读刑法学的博士学位。从 1994 年到 1997 年这三年期间，我基本上是在武大珞珈山下度过的。其间，有时我也回山东大学去给学生上课。

1997 年我博士毕业后，我向中国人民大学博士后流动站提出进站研究申请并获准。1997 年 9 月，我又来到人民大学的博士后流动站，跟随我国刑法学泰斗高铭暄教授和王作富教授等从事博士后的研究工作。到 1999 年底，博士后研究工作完成，通过人民大学和山东大学校方的交涉，我留在了人民大学工作，一直到现在。

记：谢老师，那您在选择专业的时候，为什么会选择刑法而不是其他方向呢？

谢：这是个很复杂的问题。从一定意义上讲我自己认为，一部中国法制史实际上就是一部刑法史。刑事法学，特别是刑事实体法学在国家和社会的生活中扮演着非常非常重要的角色。无论是维护国家的政权，维护社会的稳定，还是保障公民个人的合法权益不受侵犯，刑事法都是必不可少的，都是最有力的。这是从它的意义和价值的角度来看。

从个人兴趣来看，我觉得刑法是一个很严肃的科学。首先，它有源远流长的法文化根基，中国是先有了刑制，然后才有了法。中国法实际上是从刑开始的。再者，从中国的实际情况来看，中国最成熟的法学学科是刑法学。之所以这样说，有两个理由。第一，中国本土的法文化传统中，刑法史可以说占到了百分之八九十的比重，内容丰富，值得我们去学习和研究。第二，从向西方法文化的学习或者"西学东渐"来看，中国受西方法学影响最大的也是刑法。比如《大清新刑律》，实际上就是受到大陆法系德国和日本的刑法方法和刑法学理论的影响。西方的刑法学对中国传统刑法的发展和深化起了非常好的推进作用。我在学习法律的过程中也受到了"西学东渐"中刑法方面知识的重要影响。

另外，刑法学是与哲学分不开的，刑法学要学好，必须有非常好的哲学基础，而这一点正好和我以前对哲学的兴趣不谋而合。用哲学的眼光来看待刑法，你确实会觉得奥妙无穷。在西方有叫刑法哲学的研究领域，中国这些年也有些学者提倡这种研究方法。刑法哲学实际上是用哲学的方法来看待刑法问题，研究刑法问题，解决刑法问题。由于上述原因，我自己在学习法律的过程中，有意也好无意也罢，就坚信刑法学是最有学问的学科，所以自己就选择了刑法学。

"刑法学界可谓英雄辈出，故我不敢说自己有何贡献。我只能说自己还能坚持一点刑法学研究的独立性。"

记：经过这么多年的研究，您认为您在刑法研究领域的贡献有哪些呢？

谢：刑法学界可谓英雄辈出，故我不敢说自己有何贡献。我只能说自己还能坚持一点刑法学研究的独立性。我始终认为，学者的使命就在于不断提出新思想、新见解，从而推动学术进步，乃至推动社会进步。我在2009年《中国法学》第3期发表了一篇文章，叫做《论刑事政策对刑法理论的影响》，探讨刑事政策和刑法，特别是同刑法理论的关系问题。很长时间以来，国内没有人研究这个问题。

在此，我提出了两个基本的观点：一是刑事政策决定了刑法理论的基本走向，二是刑事政策决定了刑法理论的选择。有什么样的刑事政策就有什么样的刑法理论，是刑事政策决定了刑法理论的发展方向。比如费尔巴哈提出的"罪刑法定"的思想就要求，立法应当把犯罪的要件都规定得清清楚楚，什么犯罪适用什么样的刑罚，这些刑法上应当规定得清清楚楚，这样老百姓才能够有所遵循。这就是费尔巴哈的刑法立法政策，这也就是刑事政策之一。正是这种刑事政策的思想，导致了"罪刑法定"这一重要的刑法理论现在被各国普遍接受了。

再者，刑法的打击面是应该更广一点，还是应该更窄一点？这也是一个刑事政策问题。比如，同性恋应不应该作为犯罪处理？英国著名的文学家王尔德就因为是同性恋而被判处过很重的刑罚。现在刑事政策更宽容了，打击面小了，同性恋不再作为犯罪处理了。这就是刑事政策对法律的一个重要影响。所以，刑事政策对刑法理论的选择有重要影响。不同的刑事政策，决定了不同的刑法理论的选择。这是我个人特有的见解。

记：谢老师，能谈一下您在刑法学领域的一些主要观点吗？

谢：这个问题涉及面很广，也不容易说清楚。这里，我可以谈一谈我对刑法学研究的看法。2007年《检察日报》邀请我写过一篇小文章，题目叫做《中国刑法学研究向何处去》，里面主要谈到一个研究方法或者说是理论选择的问题。近年来，国内一些中青年学者，特别是受过日本刑法学影响的一些中青年学者，坚决主张完全否定中国现在来源于前苏联的这种四要件的犯罪构成理论，重新回到民国时期采用的德、日刑法的三要件理论体系上去。这导致刑法学界出现严重分歧，造成了很大的影响。这不是坏事。

但我自己在这个问题上的看法是：中国作为一个大国，作为一个历史最悠久的文明古国之一，作为人口最多的国家，作为联合国安理会的常任理事国，中国的刑法学和中国的其他文化，应当在世界上有自己的独立地位。世界上任何一个大国的法律制度、刑法学理论都不可能全盘地接受他国的法律制度和法律理论。前苏联不用说了，法国、德国都有各不相同的法律制度。英国和美国本是两个兄弟，美国的法律制度基本上是来源于英国，但是经过这二百多年的发展，美国的法律制度和英国的法律制度越来越分道扬镳了。中国刑法学虽然受到过德、日刑法学的重要影响，更受到过前苏联刑法学的重要影响，但是当代中国刑法学者的使命应当是在总结吸取原来的刑法学研究成果的基础上，借鉴国外先进的刑法学说和理论，建立有中国特色、符合中国国情的刑法理论，这才是正确的思路。我们要做的不是简单地照搬某个国家的刑法理论，而是要在现有的刑法理论基础上进行改革完善，使中国的刑法学说真正显示出中国特色。这并不是一句政治口号，而是要真正在中国国情和社会的基础上建立一套符合中国社会实际的、能够解决中国刑事法律问题的刑法理论体系，这才是我们应该做的。

"国外刑法学中有许多值得我们学习和借鉴的地方。但是我们不能够简单地照搬照抄，因为各国立法不一样，理论根基也就不一样。"

记：就研究水平而言，我国跟别的国家是否存在差距呢？

谢：在这个问题上，没有统一的评价标准存在，只能看个人的兴趣。就像人们对菜式的偏好一样，喜欢吃粤菜的人肯定说粤菜好，而喜欢吃川菜的人则认为川菜好。评价标准不一样，很难说哪个国家的刑法学说比其他国家的研究得更深。但是一般认为，就大陆法系刑法学来看，德国刑法学和日本刑法学被中国学者公认为是研究得比较精细的。而就德、日刑法学来看，一般又认为德国的刑法学研究在大陆法系刑法学的体系中是比较先进的。然而英美学者则不认同这个观点，他们多数人认为英美的刑法制度及其刑法学更优越于大陆法系诸国。

当然，国外刑法学中有许多值得我们学习和借鉴的地方。但是我们不能够简单地照搬照抄，因为各国立法不一样，理论根基也就不一样。比如，德国现在刑法学理论认为，帮助他人自杀不是犯罪。这个理论在中国行得通吗？肯定是行不通的。理论有相对的局限性，我们之所以强调要建立有中国特色的刑法学，就是要符合中国的国情，传承中国的法文化传统，最关键的是要能够解决中国的问题。

记：谢老师，您在研究过程中有没有比较偏好的研究方法呢？

谢：对于学术研究而言，各人有各人的写作方法、思考的方法、看待问题、解决问题的方法等等。就纯学术而论，每个学者都应当有自己的兴趣，在具体研究刑法问题的时候，应当有自己的准则，不能够人云亦云。这是一个学术信仰的问题。在我看来，学术与信仰有很重要的关系，你相信哪一门学说是真理，你就可能会站在那个学说的立场上来看待、研究和解决问题。在我们选择学术的立场时，学术信仰起了非常关键的作用。理论研究必须有自己的立场，否则就只是资料的汇集。

在具体的研究方法上，我最喜欢的还是比较研究的方法。我大多从比较刑法的角度来看待刑法的具体问题。中国学者和外国学者在研究方法上有很大的距离。比如，国外的学者多采用实证分析研究的方法，而中国的学者则喜欢推理，坐在家里想当然。在研究方法上，这应该是我们要向外国学者学习的一个重要的方面。

记：如果一开始就对某个理论有了偏好，那在研究的过程中怎样把握一个客观的标准呢？

谢：你要相信人是有识别和判断能力的。通过比较和认真分析，或许你会发现有一种理论比以前你信奉的那种理论更科学，更合理，更能解决中国的问题，这个时候你可能就会改弦易辙了。一竿子插到底，错了都还坚持，那是不可取的。学术应该是有自己的见解，更应该从善如流。有好的思想和理论应该谦虚的学习和吸取。

记：谢老师，您认为刑法学的研究还存在哪些不足呢？

谢：这是一个很大的问题，我只能谈谈一些个人的看法。现在刑法学的研究存在着非学术化现象。刑法学是一门学问，应该从学术研究的立场上来研究刑法学，而不应当将其意识形态化、社会工具化。虽然政治会影响法律，但是学术研究应当保持中立，否则，不会产生真正的学术精品。这是学者应当坚持的基本立场。

记：谢老师，谢谢您！最后能不能请您给我们年轻的学生提几点期望呢？

谢：作为一个老师，我当然希望年轻的学生们都能够学有所成。每个人都有自己的人生道路，但是我认为，在学习的每一个阶段你都应该把学业做到扎扎实实，问心无愧。毕业之后，每个人可以有不同的选择，但是学习期间应当是这样。比如，我们并不要求每一个博士以后都从事教学研究工作，但是既然读了博士，你就应该读得像个博士，读得名副其实。如果你有志于从事教学研究，那么更要打好基础。对相近的学科应当有必要的了解，对于外语应当有基本的读和译的能力。更重要的是，在学习的过程中，要能独立思考，横向比较，要形成自己的观点。

刑事访谈 三

图书在版编目（CIP）数据

刑事正义与学者使命/谢望原著. —北京：中国人民大学出版社，2016.11
ISBN 978-7-300-23491-5

Ⅰ.①刑… Ⅱ.①谢… Ⅲ.①刑法-研究-中国 Ⅳ.①D924.04

中国版本图书馆 CIP 数据核字（2016）第 243723 号

刑事正义与学者使命

谢望原　著

Xingshi Zhengyi yu Xuezhe Shiming

出版发行	中国人民大学出版社			
社　　址	北京中关村大街 31 号		邮政编码	100080
电　　话	010－62511242（总编室）		010－62511770（质管部）	
	010－82501766（邮购部）		010－62514148（门市部）	
	010－62515195（发行公司）		010－62515275（盗版举报）	
网　　址	http://www.crup.com.cn			
经　　销	新华书店			
印　　刷	天津中印联印务有限公司			
规　　格	170 mm×250 mm　16 开本		版　　次	2016 年 11 月第 1 版
印　　张	14.75　插页 1		印　　次	2023 年 3 月第 2 次印刷
字　　数	234 000		定　　价	62.00 元